Hike & Bike

Kostenlos die App traumtouren nutzen

Lesen, laden, losgehen: So einfach war es noch nie, die beschriebenen Routen auf dem Smartphone anzuzeigen. Laden Sie dazu bei Apple iTunes (für iPhones und iPads) oder im Google Play Store (für Android-Geräte) die kostenlose Basisversion der App **traumtouren**.*

1. Öffnen Sie die App. Im Buch finden Sie in jedem Kapitel einen QR-Code. Scannen Sie den Code aus der geöffneten App heraus.

2. Automatisch wird die entsprechende Tour auf der Kartengrundlage von Google Maps angezeigt. Beim Laden ist dazu eine Mobilfunk- (hier fallen evtl. Kosten an) oder WLAN-Verbindung notwendig.

3. Unterwegs können Sie jederzeit Ihre aktuelle Position verfolgen und (bei bestehender Mobilfunkverbindung) zusätzliche Informationen, Tipps und Fotos abrufen.

Bitte beachten Sie: Das Scannen der QR-Codes klappt am besten mit Smartphones, die über eine Autofocus-Funktion verfügen. Alternativ zum Scannen können Sie in der App den TourCode eingeben.

Wichtig: Scannen Sie den TourCode versehentlich nicht direkt aus der App **traumtouren** (sondern über einen normalen QR-Scanner), öffnet sich nur die Karte mit dem Startpunkt der Tour. Via Google Maps können Sie sich dann dorthin navigieren lassen. Je nach Mobilfunk-Vertrag können für die Datenübertragung (besonders im Ausland) Kosten anfallen.

*Die Basisversion von „traumtouren" ist gratis und enthält als Bonus weitere fünf Wander- und Radtouren. Bitte beachten Sie die gesonderten Nutzungsbedingungen. Es besteht kein Anspruch auf Verfügbarkeit. Die App ist nicht Bestandteil des Buchkaufs.

Lesen. Laden. Losgehen.

traumtouren

Inhalt *Idar-Oberstein nach Boppard*

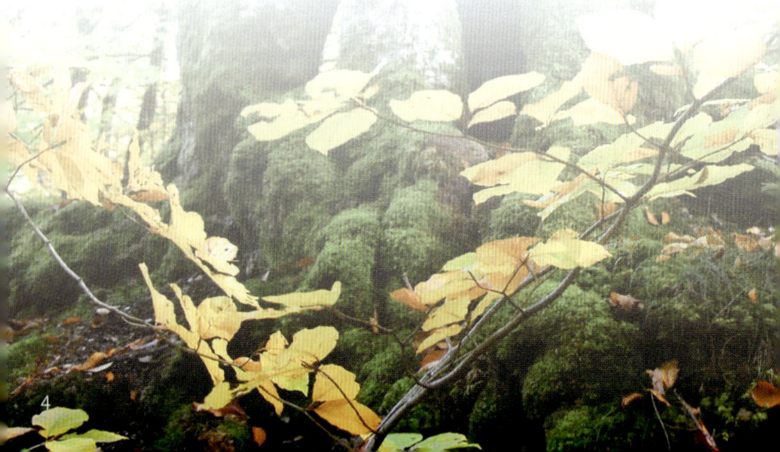

Ulrike Poller • Wolfgang Todt

Saar-Hunsrück Steig

PREMIUM-WANDERN

Band 2

Rauschende Wälder und malerische Wasserfälle, romantische Fachwerkstädte und traumhafte Weitblicke: Der neue Saar-Hunsrück-Steig verbindet Mosel und Saar mit dem Rhein. Von Perl im Dreiländereck Deutschland-Luxemburg-Frankreich führt die erweiterte Trasse jetzt über Idar-Oberstein und Kastellaun bis nach Boppard am Rhein. Ergänzt wird der Steig durch die so genannte Ruwer-Route vom Keller Steg nach Trier.

Der vorliegende Band 2 (Ost) beinhaltet die komplett neue Route von Idar-Oberstein an der Nahe bis Boppard am Rhein. Ulrike Poller und Wolfgang Todt beschreiben detailliert die neuen Etappen, stellen Kunst, Kultur und Küche vor und zeigen, welche Abstecher sich bei den 12 Tagesetappen wirklich lohnen. Band 1 (West) enthält die Trassenführung von Perl bis Idar-Oberstein. Die herausnehmbare Faltkarte gibt einen Gesamtüberblick zum Weg.

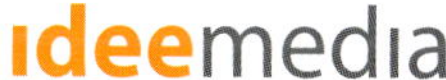

Zeichen im Buch

Wanderweg

Zuwege

Einfach

Mittel

Schwer

Sehr schwer

Erläuterung zur Schwierigkeit unter:
www.schoeneres-wandern.de/html/schwierigkeit.html

Parkplatz

(1) Besonderer Streckenpunkt

Abholpunkt (AHP)

Telefonnummer

Internet-Adresse

Öffnungszeiten/Termine*

Start/Ziel

Streckenpunkt

Tourist-Info

Einkehren

Übernachten

Bahn

Bus

Taxi

Entdecken

Kindertipp

Burg

Hundetipp

QR-Code (► s. Seite 173)

- **Wegformat**

Fester Belag | Harter Belag | Natur-Belag

- **Höhenangaben:** Bezogen auf NN
- **Entfernungsangaben:** Beschriebene Hauptstrecke inkl. empfohlener Abstecher (ca.)
- **GPS-Daten:** Kürzeste Strecke
- **Zeitangaben:** Mittleres Wandertempo (reine Gehzeit, ohne Pausen)
- **Koordinatenangaben der POIs:** Wir geben UTM-Koordinaten der Zone 32 U WGS 84 an. Dieses System nutzen u.a. alle offiziellen Karten der Landesvermessungsämter. Für die Pkw-Navigationsgeräte geben wir für die Park-/Startplätze die geografischen Koordinaten in Breite/Länge (hddd°mm'ss.s) an. Diese können von den meisten gängigen AutoNavis verwendet werden. In den Outdoor GPS-Geräten sowie auf PCs und mobilen Geräten können die Koordinatensysteme entsprechend eingestellt werden.
- **Kalorienberechnung:** Für jede Etappe wird der Kalorienverbrauch angegeben. Dieser wird unter Berücksichtigung von Entfernung, Aufstieg, Zeit, Geschlecht, Alter, Gewicht und Körpergröße für zwei Beispielpersonen berechnet (Mann: 50 Jahre, 175 cm, 70 kg; Frau: 50 Jahre, 165 cm, 60 kg). Ihre persönliche Berechnung können Sie unter www.schoeneres-wandern.de durchführen. Die Kalorienberechnung ist für Mittelgebirgstouren optimiert. www.schoeneres-wandern.de/html/cal-rechner.html

* *Öffnungszeiten sind saisonabhängig. Bitte telefonisch erfragen.*

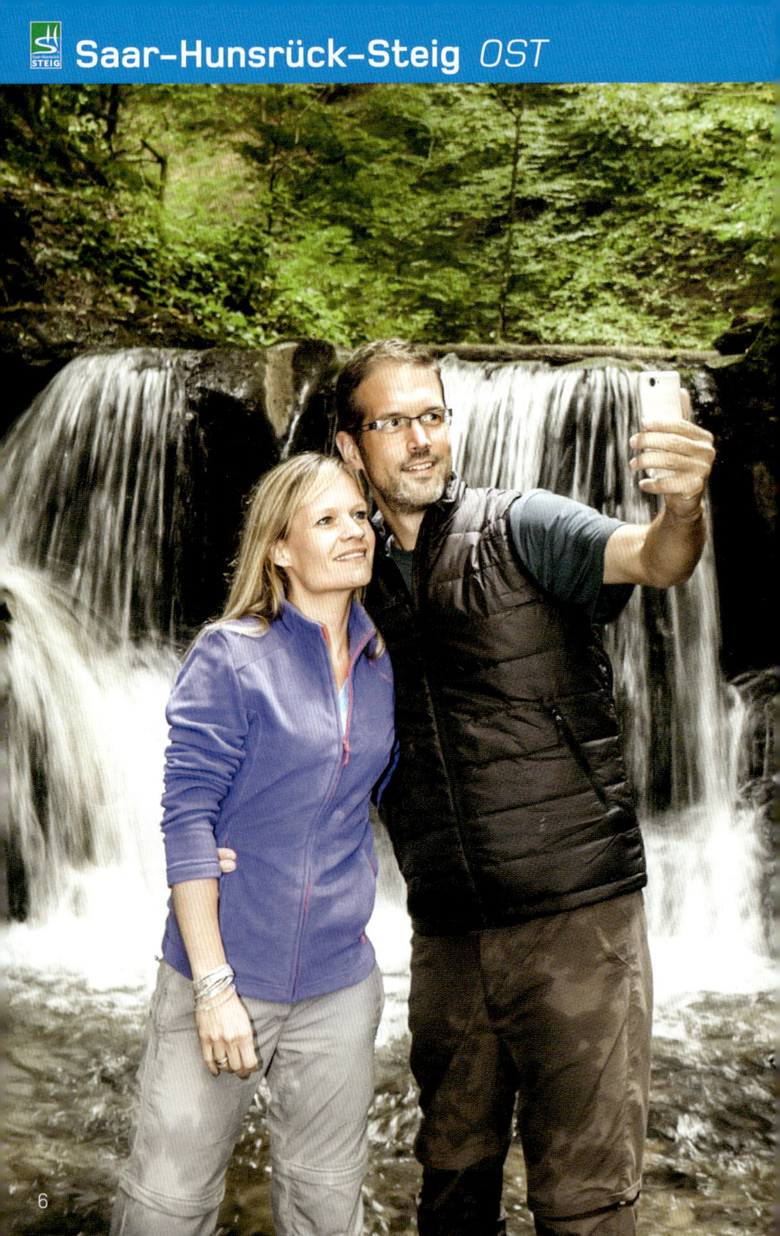

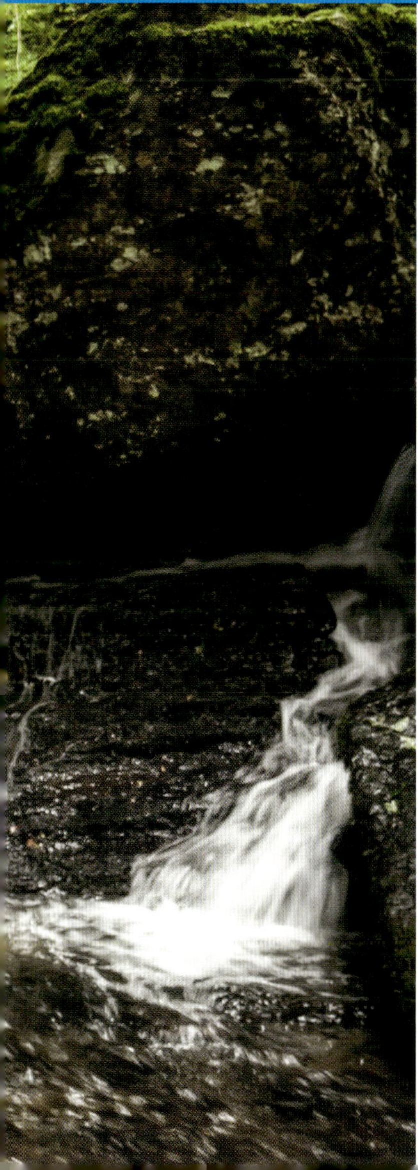

- 12 Etappen
- davon eine (Nr. 5) in eine Streckentour und eine Rundtour teilbar

- **Start:** Idar-Oberstein
- **Ziel:** Boppard

Gesamtweg Band 2 Ost

- Idar-Oberstein – Herrstein – Bundenbach – Rhaunen – Sohren – Altlay – Blankenrath – Kastellaun – Baybachklamm – Morshausen – Ehrbach-klamm – Oppenhausen – Udenhausen – Boppard

Eckdaten

- 183 km, 5149 m Anstieg, 5222 m Abstieg

Hauptweg gesamt Band 1 West und Band 2 Ost

- Perl – Idar-Oberstein – Boppard
- 24 Etappen
- 370 km Hauptweg

Ruwerroute

- 3 Etappen Keller-Steg – Ruwertal – Trier
- 35+7 km bis Trier

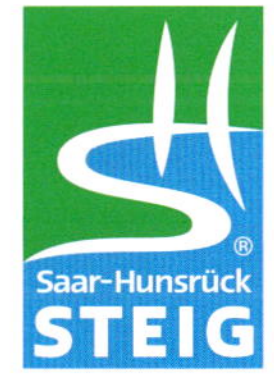

Übersichtskarte

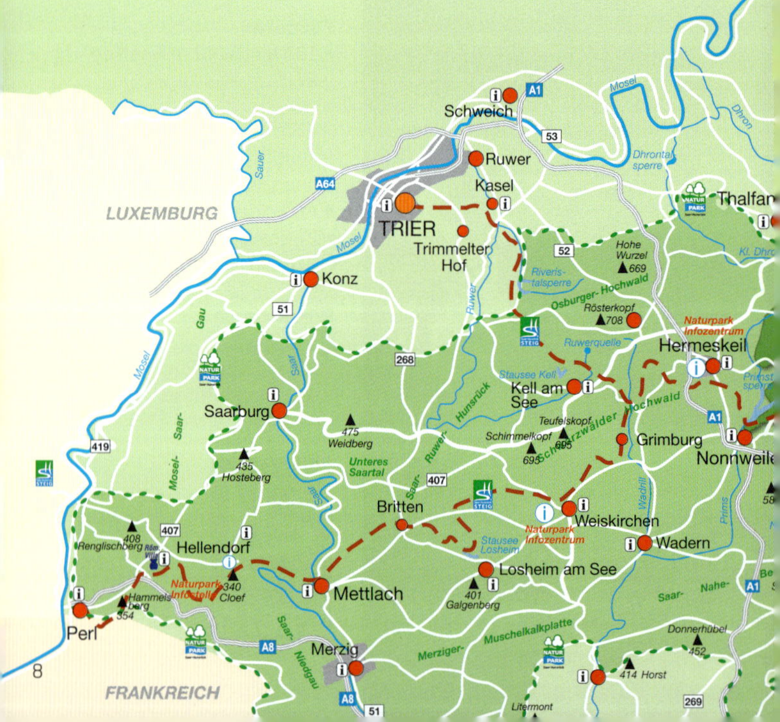

Saar-Hunsrück-Steig

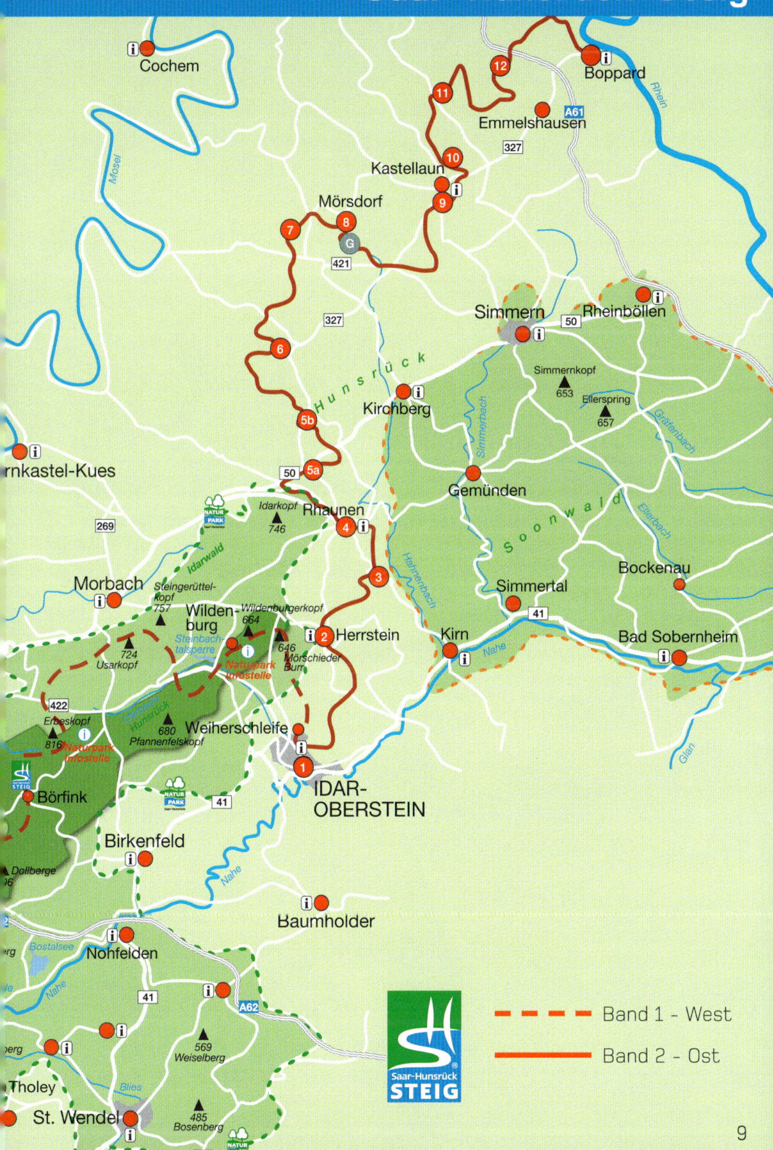

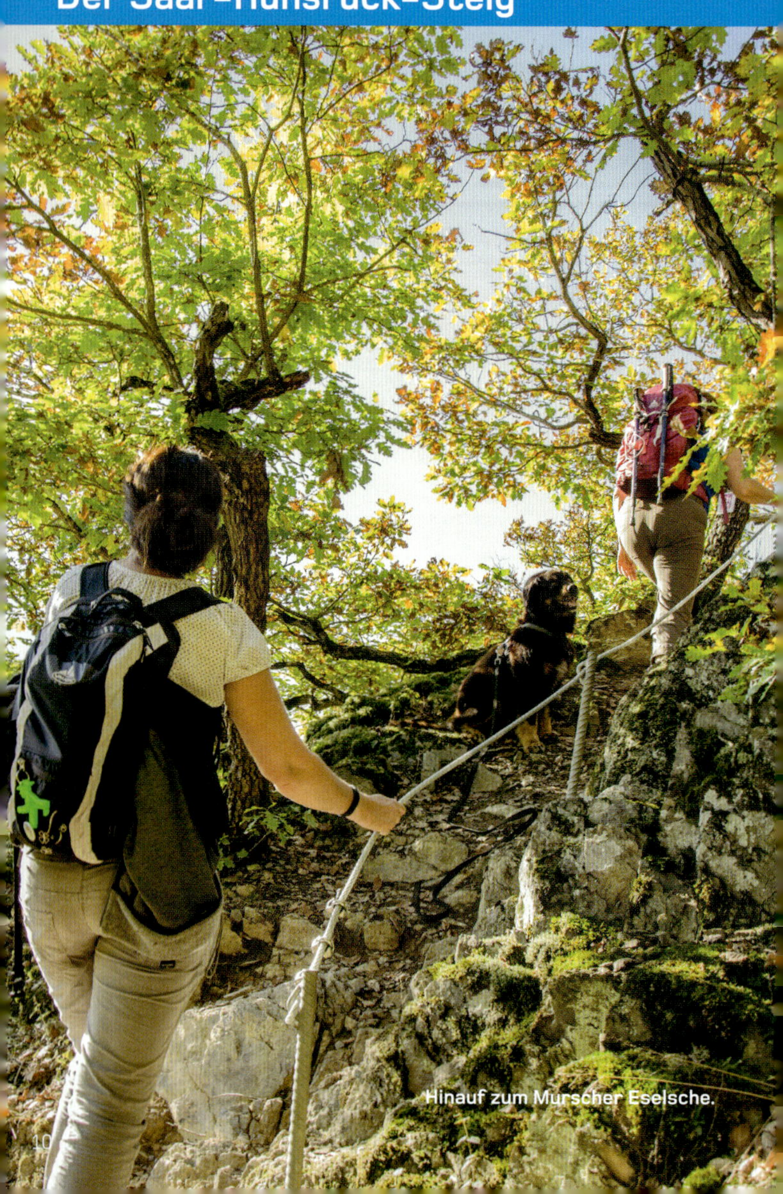

Hinauf zum Murscher Eselsche.

Der Saar-Hunsrück-Steig ist ein Premiumweg des Deutschen Wanderinstituts und gehört zu den höchstbewerteten Fernwanderwegen Deutschlands. Durch die regelmäßige Nachzertifizierung ist er hervorragend gepflegt und garantiert einen sehr hohen Wandergenuss. Die beschriebenen Etappen werden mit Karten, genauen Streckenbeschreibungen und Hinweisen auf kulturelle und touristische Angebote der Region vorgestellt. So finden Sie alles, was Sie zu einer Wanderung im Hunsrück brauchen – gutes Wetter können wir Ihnen allerdings nur wünschen!

Die GPS-Tracks zu den einzelnen Etappen dieses Buches erhalten Sie im Internet unter: **www.wander-touren.com**

Im Naturpark Saar-Hunsrück mit rund 2.000 Quadratkilometer Größe verläuft der größte Teil des SHS. In diesem Naturpark sind weite Flächen als Landschaftsschutzgebiete ausgewiesen und Teil des neuen Nationalparks Hochwald.

Der Hunsrück präsentiert sich facettenreich mit ausgedehnten Wäldern, artenreichen Wiesen, Hecken- und Buschlandschaften, Mooren sowie charakteristischen Felsformationen.

Bei der Wegführung des SHS wurde besonders darauf geachtet, dass oft pfadige, naturnahe Wege genutzt werden. Der Steig berührt idyllische Wasserläufe und mächtige Felsen, bindet atemberaubende Aussichtspunkte ein und führt zu beeindruckenden Kultur- und Naturdenkmälern. Der Gesamtasphaltanteil liegt weit unter zehn Prozent.

Streckencharakteristik

Länge und Höhenmeter der Touren: Die SHS-Etappen in diesem Buch reichen von kürzeren Wanderungen auf einfachen Wegen bis hin zu anspruchsvollen Tagestouren ab.

Wegweisung

Der SHS ist mit seinem markanten Logo nahezu unverlaufbar markiert. Hinzu kommt das Wegweisersystem: blaue Spitzen weisen Ziele am Hauptweg, gelbe Spitzen zeigen Ziele an Zuwegen an.

Anforderungen

Die Etappen sind meist sehr gut zu begehen und nur an einzelnen Stellen etwas anspruchsvoller. Kurze Steilstücke, auch über Felspfade, können immer wieder vorkommen und erfordern Trittsicherheit. Bei Nässe können einzelne Passagen etwas schwierig zu begehen sein. Im Winter sind Teilbereiche (wie die Baybachklamm) oft unpassierbar.

Tourenplanung

Auf der Homepage des Wanderbüros gibt es aktuelle Meldungen zum Weg und viele Zusatzinfos zu ÖPNV, Gastgebern und Veranstaltungen:

- Wanderbüro Saar-Hunsrück, Zum Stausee 198, 66679 Losheim am See ✆ 06872/9018100 @ www.saar-hunsrueck-steig.de
- Naturpark Saar-Hunsrück e.V. Trierer Str. 51, 54411 Hermeskeil ✆ 06503/9214-0 @ www.naturpark.org

An- und Abreise mit Bahn und Bus

- Deutsche Bahn AG @ www.bahn.de. Reise-Service. ✆ 0180/5996633 (€ 0,14 Minute aus dem Festnetz, Tarif bei Mobilfunk abweichend)
- Auskünfte über Zugverbindungen, Fahrpreise im In- und Ausland, Buchung. Kostenlose Fahrplanauskunft ✆ 0800/1507090.
- Mit dem Bus ab Frankfurt Bahnhof und Flughafen Frankfurt/Main und auch ab Heidelberg, Mannheim und Luxemburg zum Flughafen Frankfurt-Hahn (fast alle Linien mit der Fa. Bohr: @ www.bohr.de). Der Steig ist vom Flughafen nur 3 Kilometer entfernt (Sohren).

An- und Abreise mit dem Auto

Über die Autobahnen 1, 8, 61 und 62 erreichen Sie den Hunsrück.

Beste Wanderzeit

Frühling und Herbst sind ideal. Durch die nicht allzu große Seehöhe hat das Wandern im Winter (ohne Schneelage) auch seinen ganz besonderen Reiz. Im Hochsommer kann es tagsüber zum Wandern zu heiß sein.

Bekleidung, Ausrüstung

Für eine gelungene Wanderung ist die Ausrüstung ein wichtiger Faktor. Der Markt für Outdoorbekleidung ist mittlerweile riesig, deswegen hier nur einige Grundregeln: Der wichtigste Ausrüstungsgegenstand ist ein gutes Paar Schuhe mit Profilsohle. Die Passform sollte man vor einer längeren Unternehmung unbedingt auf Tagestouren überprüfen!

Für die Kleidung gilt das „Zwiebelschalenprinzip": Mehrere Schichten erfüllen verschiedene Funktionen und lassen sich separat tragen und vielfältig kombinieren. Die innerste Schicht soll Schweiß vom Körper wegführen, darüber folgen bei Bedarf eine wärmende Schicht und zuletzt die äußerste Hülle, die Wind und Regen abhalten, trotzdem aber von innen nach außen dampfdurchlässig sein soll.

Als Materialien kommen entweder Kunstfasern – leicht, wenig Feuchtigkeitsaufnahme, leider manchmal starke Geruchsbildung – oder (in Schicht 1 und 2) hochwertige Merinowolle – etwas schwerer, wärmt aber auch im nassen Zustand und nimmt kaum Geruch an – in Frage. Baumwolle ist für anspruchsvolle Routen nicht geeignet, denn sie nimmt viel Feuchtigkeit auf und braucht sehr lange zum Trocknen.

Für Tagestouren benötigt man einen Regenschutz, eine Trinkflasche, Sonnenschutz, ein kleines Erste-Hilfe-Set und etwas Verpflegung für unterwegs. Bei Mehrtagestouren kommen noch Wäsche zum Wechseln, ein kleines Waschzeug und Kleidung für den Abend dazu. All das sollte in einem Rucksack von maximal 35 Liter Volumen Platz finden. Vor allem untrainierte Personen sollten darauf achten, sich nicht zu viel zuzumuten, denn die zusätzliche Belastung durch das Tragen kann eine schöne Wanderung schnell zur Quälerei werden lassen.

www.schoeneres-wandern.de/html/praxistests.html

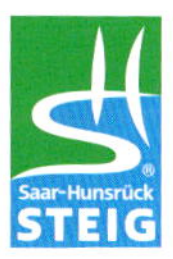

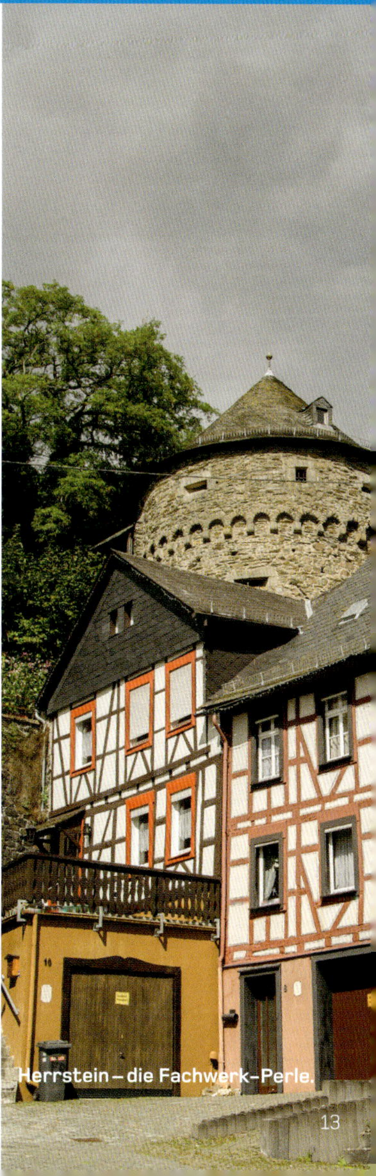

Herrstein – die Fachwerk-Perle.

Schwierigkeitsgrade der Touren

Leicht (bis):
Leichte Touren weisen nur geringe Höhenunterschiede auf und sind, was die Entfernung angeht, meistens auch in einem halben Tag zu bewältigen. Sie stellen keine besonderen Anforderungen an Kondition und Trittsicherheit. Es gibt keine Wegabschnitte, die Schwindelfreiheit erfordern. Kurze steilere Abschnitte sind möglich. Je nach Wegformat können Teilbereiche bei nassem Wetter schwierig begehbar sein.

Mittel (bis):
Mittelschwere Touren sind mit normaler Kondition gut zu bewältigen. Pfadige Abschnitte können gute Trittsicherheit verlangen, daher ist festes Schuhwerk wichtig, Wanderstöcke können sinnvoll sein. Einige etwas längere und auch steilere An- und Abstiege sind möglich. Schwierige Passagen sind die absolute Ausnahme und können in der Regel per Umgehung vermieden werden. Vor allem naturbelassene Abschnitte können bei nassem Wetter schwierig zu begehen sein.

Schwer (bis):
Schwere Touren verlangen aufgrund der Länge und/oder der zu bewältigenden Höhenmeter sehr gute Kondition und Ausdauer. Auch sehr gute Trittsicherheit ist notwendig, um steile An- und Abstiege auf teils anspruchsvollen Pfaden zu bewältigen. Seilgesicherte Abschnitte und auch einfache Kletterpassagen, die ein Mindestmaß an Schwindelfreiheit erfordern, sind möglich. Festes Schuhwerk und Wanderstöcke sind wichtig. Pfade und ausgesetzte Passagen sind bei nassem oder winterlichem Wetter oft nur schwierig oder auch gar nicht zu begehen.

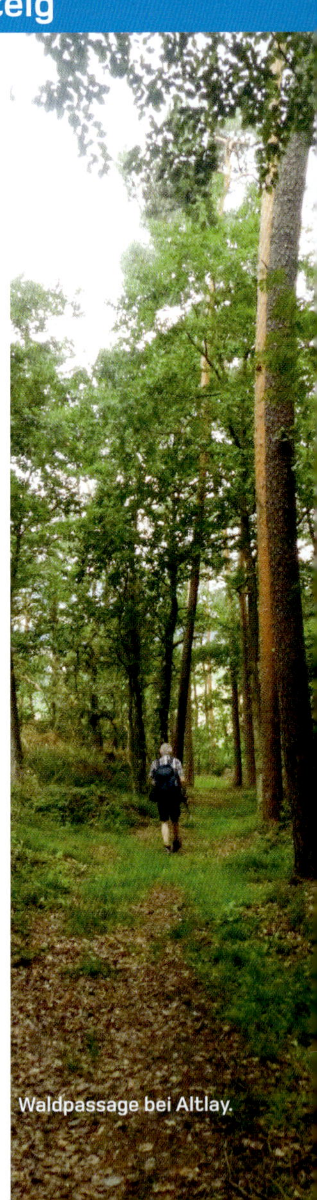

Waldpassage bei Altlay.

Das Buch-Konzept

Am Beginn jeder Tour finden Sie grundlegende Informationen wie Start- und Zielort mit Parkmöglichkeiten, die Länge, die zu bewältigenden Höhenmeter im Auf- und Abstieg, die Gesamtschwierigkeit, die durchschnittliche Wegzeit bei normalem Gehtempo (ohne Pausen), ein Höhenprofil und die Anteile an Asphaltwegen, Wanderwegen und -pfaden sowie eine kurze Charakteristik der Tour. Die Gehzeiten und die Schwierigkeitsgrade werden in allen Büchern der Serie nach einem einheitlichen Prinzip ermittelt.

Karte & Profile

Die Übersichtskarte ordnet die geografische Lage des SHS ein. Zusätzlich gibt es Detailkarten für alle Etappen. In jedem Kapitel zeigt ein detailliertes Höhenprofil den Verlauf der An- und Abstiege einer Etappe. Auch diese Höhenprofile können über den Code heruntergeladen werden.
Zu- und Abwege sind in der Regel nicht im Höhenprofil enthalten.

Textteil

Der Textteil besteht im Wesentlichen aus der genauen Routenbeschreibung. Manche besonders markante oder wichtige Punkte auf der Strecke sind als Wegpunkte (POI) 1, 2, 3, usw. ... durchnummeriert und – zur besseren Orientierung – auch in den Karten und Höhenprofilen wiederzufinden. Die Kilometerangaben, im Text farbig unterlegt, zeigen Ihnen die schon zurückgelegte Strecke seit dem Tourenstart an, sie sind auf hundert Meter gerundet und beziehen sich auf die Entfernungen auf dem Hauptweg.

GPS-Navigation

GPS (Global Positioning System) erlaubt eine präzise Positionsbestimmung mittels Navigationssatelliten und einem Empfangsgerät, dem GPS Empfänger. Karten und Tracks sind auf das UTM-System (Universal Transverse Mercator) eingestellt. Das Gebiet dieser Karten liegt in der Zone 32 und hat den Bezugsmeridian 9 Grad Ost. Um zu navigieren, ist der GPS-Empfänger auf WGS 84 (World Geodetic System 1984) und UTM-Projektion einzustellen. Die Koordinaten (East und North) sind in der Karte in Kilometern (Meridian 9° East wird auf 500 km festgesetzt, um negative Zahlen zu vermeiden), auf dem GPS-Empfänger in Metern angegeben.

1 *Idar-Oberstein nach Herrstein*

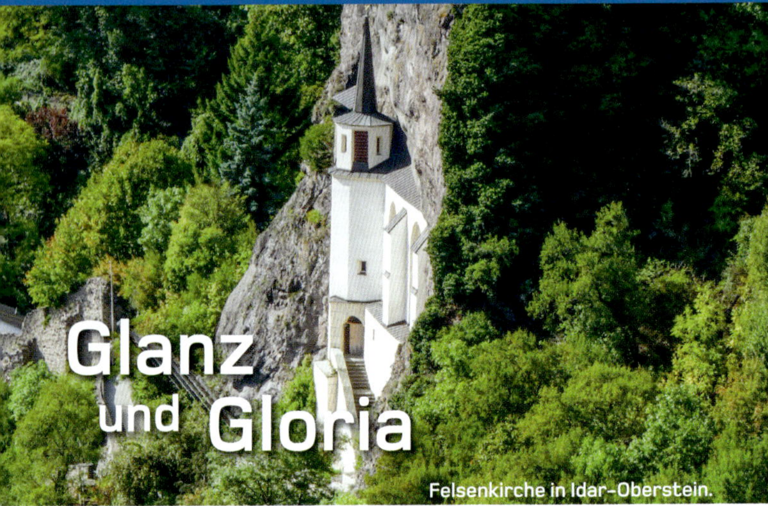

Glanz und Gloria

Felsenkirche in Idar-Oberstein.

- **Start:** Idar-Oberstein
- **Ziel:** Herrstein
- **Länge Hauptweg:** 19.7 km + 0.6 km Zuweg
- **Gesamtzeit:** 6 Std. 15 Min. + 15 Min. Zuweg
- **Kalorien:** ♀ 1594 ♂ 1870
- **Tour Download**: SHS2TX1

Anfahrt: Start: Idar-Oberstein erreicht man über die B 41 durch das Nahetal oder aus Nordwesten über die B 422. Ziel: Aus dem Nahetal (B 41) gelangt man von Fischbach aus über die L 160 nach Herrstein. Von Tiefenstein (Idartal, B 422) aus folgt man der L 175 bis Herrstein.

19% 79.2%

scan to go®

QR-Code mit dem internetfähigen Smartphone einscannen und Startpunkt direkt anzeigen lassen.

Parken:

- Parkplatz Schloss/Auf´m Soder N49° 42' 26.3'' • E7° 19' 35.2''
- Parkplatz Am Schlossweiher N49° 42' 31.2'' • E7° 19' 56.1''
- Parkplatz Herrstein Brühlstraße N49° 46' 43.7'' • E7° 20' 10.3''

Wegpunkte:

P1: Abzweig Zuweg Innenstadt 32 U 379538 5507323
P2: Hommersfels 32 U 379809 5507152
P3: Gefallener Fels 32 U 380839 5507284
P4: Sinnesbank Naheblick 32 U 381320 5508055
P5: Abzweig Hintertiefenbach 32 U 383321 5512072
P6: Hütte & Fischbachblick 32 U 383568 5511972
P7: Abzweig Kupferbergwerk 32 U 382938 5513097
P8: Trennung Kupfer-Jaspis-Pfad 32 U 381210 5514844
P9: Herrstein 32 U 380305 5515642

■ Höchster Punkt: 429 m ■ Steigung: 852 m ■ Gefälle: 878 m

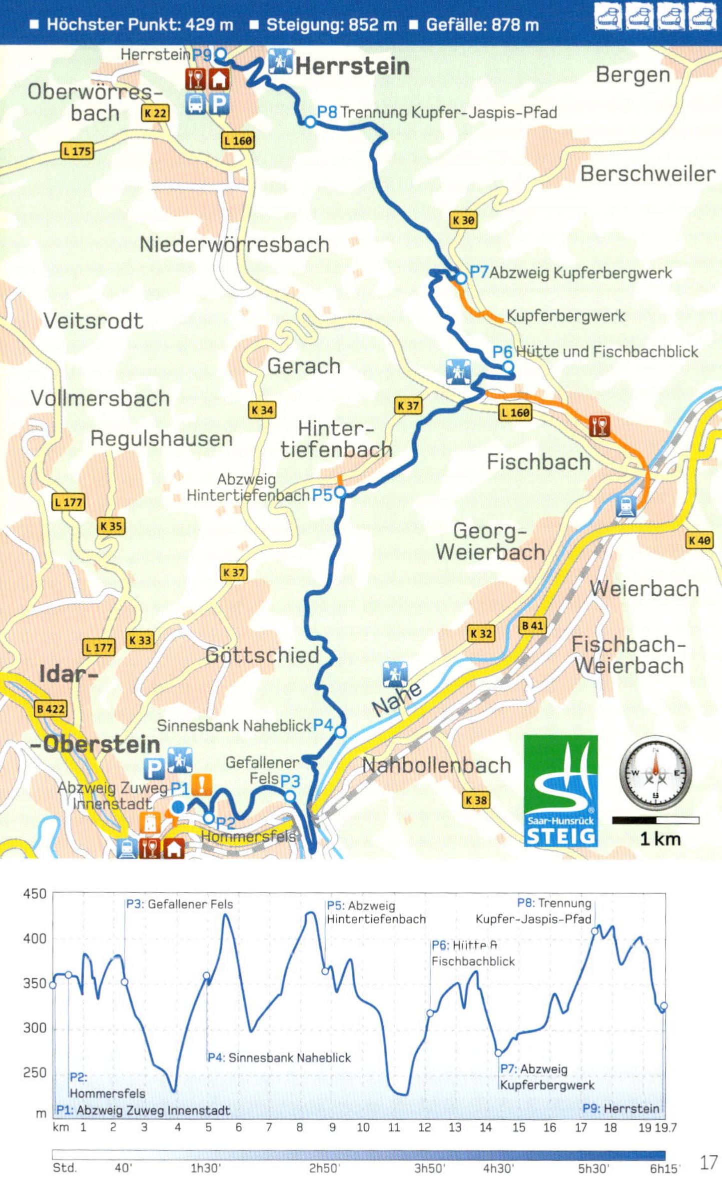

Zum Auftakt führt uns der Saar-Hunsrück-Steig von der Edelsteinstadt Idar-Oberstein durch eine traumhafte Felsenlandschaft und zur Nahe. Danach streifen wir durch verwunschene Wälder und verträumte Bachtäler, wobei unsere Kondition immer wieder herausgefordert wird. Bei Fischbach lockt ein Abstecher zum nahen Kupferbergwerk, bevor wir durch eine grandiose und kurzweilige Naturlandschaft wandern und in Herrstein im Mittelalter ankommen.

Wir beginnen die Fortsetzung des Abenteuers Saar-Hunsrück-Steig auf dem Marktplatz Idar-Oberstein.

> **!** Zuwegung: Von hier folgen wir dem gelborange markierten Zuweg über die Felsenkirche zum eigentlichen Steig **(1)**. Der Zuweg ist zwar nur 600 m lang, aber schon diese ersten 75 Höhenmeter Anstieg geben uns einen Vorgeschmack darauf, dass auch der Ostteil des Saar-Hunsrück-Steigs kein Spazierweg sein wird ...

Mitten im Stadtwald von Idar-Oberstein stoßen wir also auf die ersten grünblauen Logos des Steigs. Wir wenden uns gemeinsam mit der Traumschleife Nahe-Felsenweg (sie begleitet uns knapp 5 km) nach rechts und folgen nach dem knackigen Aufstieg aus der Stadt nun deutlich moderater einem asphaltierten Fußweg.

Schon wenig später treffen wir an einer Bank auf einen Pfad, dem wir weiter in den Wald folgen. Wir passieren ein Haus, und bald zieht eine tolle Aussicht zum Hommersfels unsere Aufmerksamkeit auf sich. Die Waldpassage endet an einem Wegweiser. Wir wenden uns nach rechts und laufen hart an der Hangkante zur nahen Aussicht auf dem Hommersfels **(2)**. Von hierer-freuen wir uns nach **0.5 km** an den Blick zurück auf Idar-Oberstein mit den beiden Burgen und der Felsenkirche, an der wir vor Kurzem noch vorbeigekommen sind. Nachdem wir den Felssporn verlassen haben, lädt am Wegesrand eine bequeme Sinnesbank zum Verweilen ein, auch hier haben wir zumindest Schloss Oberstein gut im Blick.

Wir setzen die Tour fort, passieren eine Streuobstwiese und wenden uns an deren Ende einem abwärts führenden Waldpfad zu. Der bringt uns rasch zum Steg über den Seitzenbach. Hier beginnt eine sehr abwechslungsreiche Passage mit einigem Auf und Ab, die Natur begeistert uns und zaubert mit grünen Naturtunneln eine besondere Atmosphäre. Festes Schuhwerk und Stöcke sind nun sinnvoll, denn die schwierigsten Stellen, an denen auch immer wieder die steinige Seele des Hunsrücks zu Tage tritt, meistern wir mit Hilfe von Seilsicherungen.

Nach **1.4 km** endet diese erste abenteuerliche Passage, und wir

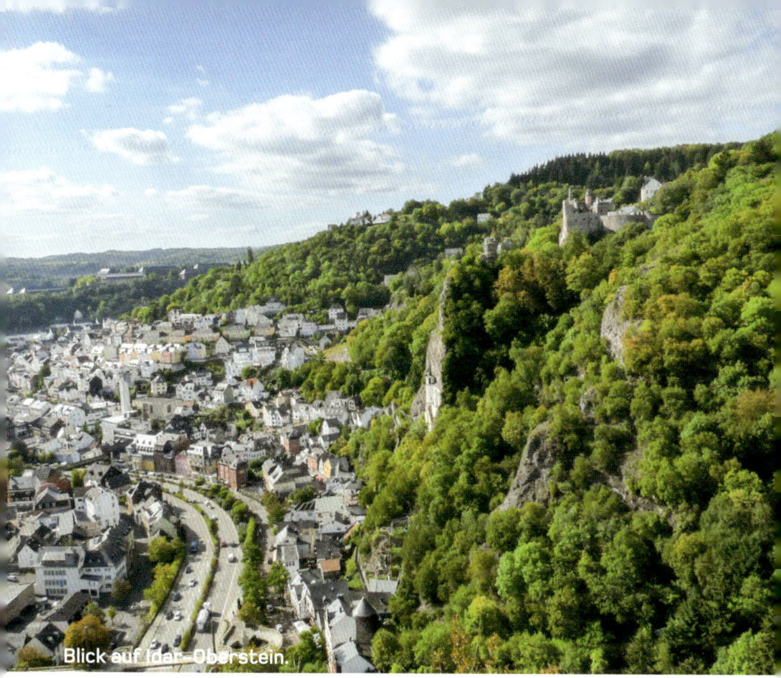

Blick auf Idar-Oberstein.

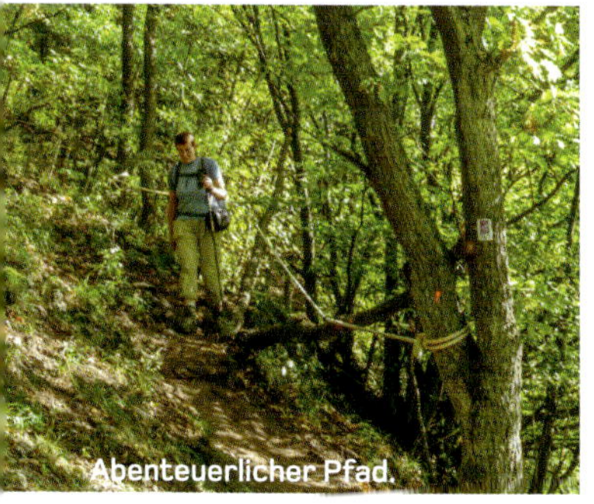

Abenteuerlicher Pfad.

wandern noch immer pfadig, aber weniger anspruchsvoll weiter. Üppige Hecken begleiten die Strecke, und immer wieder glitzert frischer Porphyr in der Sonne. Der Weg wird etwas breiter und bringt uns zu einer großen Kreuzung. Hier wenden wir uns rechts und freuen uns, als der leicht abfallende Pfad uns aus der Vegetation hinausführt und wir uns nach 2.3 km in luftiger Umgebung auf dem „Gefallenen Fels" wiederfinden. Eine Sinnesbank (3) steht zur aussichtsreichen Pause bereit und wir genießen es, den Blick übers tief unter uns liegende Nahetal schweifen zu lassen.

Doch auch die folgende Passage ist einfach atemberaubend: Der Pfad führt uns stetig abwärts durch das Naturschutzgebiet Altenberg. Dabei begleiten uns tolle Ausblicke auf das Nahetal und in die Region. Doch auch der Pfad selbst begeistert uns, denn er windet sich über felsigen Grund durch eine zugleich karge und doch üppige Natur, die einen ganz eigenen Charakter besitzt. Markant zeichnen sich beim Ausblick nach links die Felswände ab, während sich rechts Idar-Oberstein ins Tal duckt. Nur gut, dass immer wieder Bänke zum geruhsamen Genießen dieser Ein- und Ausblicke bereitstehen.

Schließlich erreichen wir nach deutlichem Höhenverlust die Hecken am Rand des Ortsteils Almerich. Unser Pfad biegt nach links, um und wir passieren den unterhalb gelegenen Friedhof. Nach **3.2 km** lassen wir den Zuweg zum dortigen Parkplatz unbeachtet und behalten auch über zwei querende Wege hinweg die Richtung bei.

Im Tal sehen wir die B 41 unvermittelt im Tunnel unter uns verschwinden, dann senkt sich der SHS zur Nahe hin ab, und nach **3.9 km** bietet sich ein kleiner Abstecher zum Fluss an, wo eine Sinnesbank zum Träumen am Wasser lockt.

Zurück auf dem Hauptweg, erwartet uns wenig später eine herausfordernde Überraschung: Mitten im duftenden Nadelwald gilt es per Baumtreppe einige Höhenmeter gutzumachen.

Dank perfekter Sicherung durch Geländer meistern wir auch diesen ungewöhnlichen Anstieg und setzen anschließend den Aufstieg auf normalem Waldweg fort. Der Wald um uns herum sorgt für steten Wechsel, denn nach würzigem Tann umfangen uns schon bald rauschende Laubbäume. Dann treffen wir auf einen Querweg, dem wir rechts bergan folgen. Auf herrlich federndem Grasweg wandern wir durch ein Spalier aus Eichen und treffen nach **4.9 km** an einem Aussichtspodest mit Sinnesbank **(4)** ein. Hier trennen wir uns vom Nahe-Felsenweg und setzen die Tour nach ausgiebigem Fern-Sehen geradeaus fort.

Nach kurzem Abstieg wenden wir uns an einem Schotterweg nach rechts, biegen aber nur wenige Schritte später scharf links zum nahen Bach hinab. Nachdem wir den Bach über einen Holzsteg gequert haben, erklimmen wir die Uferböschung und wenden uns danach rechts auf einen grasigen Waldweg. Gemütlich gewinnen wir etwas an Höhe und freuen uns am ruhigen Wald. Doch dann wird es mal wieder ernst: Der SHS verengt sich zum Pfad, der mit einigen Windungen den steilen Hang vor uns erklimmt. Wir kommen ordentlich ins Schnaufen und atmen erleichtert durch, als wir an einen querenden Waldweg gelangen.

Wir behalten unsere Richtung bei und wandern geradeaus durch den Mischwald. Sanft verlieren wir die zuvor so schwer erkämpften Höhenmeter wieder, folgen dem Weg um eine Linkskurve und dringen immer tiefer in den urwüchsigen Wald ein.

Nach **5.9 km** queren wir einen im Sommer oft nur zu erahnenden Bach und biegen anschließend scharf rechts ab. Nun folgen wir dem Wasserlauf teils über steinigen Grund deutlich bergab.

> **!** Festes Schuhwerk und – besonders nach Regenfällen – auch Wanderstöcke sind hier absolut sinnvoll.

Der Abstieg endet im Ringelbachtal, wo wir links auf einen Forstweg wechseln. Nach **6.5 km** erreichen wir eine Kreuzung, wo von links der Nahehöhenweg aus dem Rötzelbachtal kommt. Rechts umringen die Wände eines längst aufgegebenen Steinbruchs eine Bank. Wir biegen rechts ab und bleiben dem Ringelbach treu, auch als sich nur 80 m später der Nahehöhenweg links ins Ballenbachtal verabschiedet. Nun begeistert der Ringelbach mit ursprünglicher Idylle! Leise murmelt das Wasser talwärts, und immer wieder stechen mächtige und markante Buchen aus dem Grün des Waldes heraus. Schritt für Schritt gewinnen wir an Höhe, ohne dass die Steigung anstrengt.

Erst als wir nach **7.3 km** rechts abbiegen und zunächst den Talbach queren und ihm dann auf weichem Pfad folgen, wird der Höhengewinn spürbar. Bald ändert sich auch die Umgebung: Statt feuchter Waldluft schnuppern wir zumindest im Sommer den Duft von Heu, denn rechter Hand begleitet uns bald eine ausgedehnte Weide. Dann verlassen wir vollends die Waldkulisse und erreichen bei einer markanten Rotbuche nebst Bank eine Kreuzung. Hier können wir den Blick über die

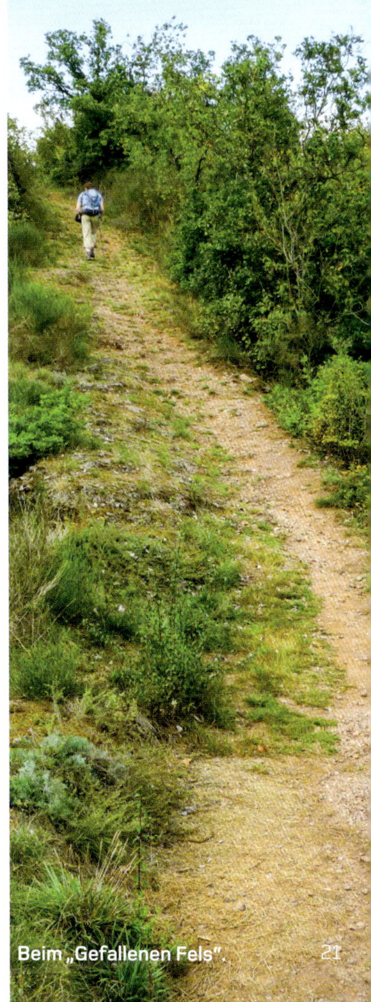

Beim „Gefallenen Fels".

Felder und Hügel streifen lassen, bevor wir uns erst rechts, dann bei nächster Gelegenheit wieder nach links wenden. Wir wandern durch die Wiesen und Felder zum nahen Waldrand, tauchen kurz unters Blätterdach und folgen dem Saar-Hunsrück-Steig nach **8.5 km** mit einem scharfem Knick nach links.

Der Pfad bringt uns durch Wald und über wilde Wiesen talwärts, bis wir unweit von zwei Holzbänken oberhalb von Hintertiefenbach **(5)** auf die Traumschleife Kupfer-Jaspis-Pfad treffen, die uns nun bis kurz vor Herrstein begleiten wird.

Vom Waldrand aus erhaschen wir einen Ausblick auf den Ort, bevor sich die Vegetation um uns schließt. Nach einigen Richtungswechseln erreichen wir ein Bachtal, wo wir rechts auf breitem Forstweg bergan wandern. Doch schon bald dürfen wir wieder links auf einen Pfad abbiegen, der uns, stetig ansteigend, durch den abwechslungsreichen Wald führt.

An einem Querweg erreichen wir an einer imposanten Eiche einen Rastplatz. Nach geruhsamer Pause im Grünen halten wir uns rechts und wandern kurzweilig durch die Flanke des Seitzenbachtals. An einer Bank beginnt auf einem Serpentinenpfad der steile Abstieg ins Tal. In zahllosen Kurven schlängelt sich der Pfad abwärts, bis wir nach **10.8 km** am Seitzenbach eintreffen. Ein breiter Weg bringt uns links aus dem Tal zur nahen L 160. Nach kurzer Begleitung queren wir unweit eines Abholpunktes vorsichtig die viel befahrene Straße und streifen auf der anderen Seite zunächst durch die Wiesen. Dann haben wir den Fischbach erreicht und folgen dem ruhig strömenden Bach nach rechts. Mit der Straßenbrücke gelangen wir am Ortsrand von Fischbach über das Wasser.

Wem die erste Etappe insgesamt zu lang ist, der kann hier durch Fischbach ins Nahetal und zum dortigen Bahnhof wandern. Entfernung: ca. 2.7 km.

Noch vor den ersten Häusern wenden wir uns links auf einem Grasweg wieder der Talaue zu. Lange bleiben wir aber nicht im Tal, denn bald biegt der Pfad rechts bergan in die üppigen Hecken. Der Aufstieg wird rasch steiler, und an einem Querweg sind wir froh über die bereitstehenden Bänke.

Der Saar-Hunsrück-Steig führt uns noch einmal an den Rand von Fischbach, bevor wir nach **12 km** endgültig nach links bergan biegen. Vorbei an einer Infotafel über Kupfer meistern wir den Anstieg und werden an der Hangkante mit einer bequemen Sinnesbank **(6)** sowie einer Schutzhütte belohnt. Nachdem wir das Gehölz verlassen haben, treffen wir an einer Kreuzung auf den Bergbaulichen Lehrpfad.

Gemeinsam setzen wir den Aufstieg fort. Allerdings verlassen wir den breiten Weg nur 200 m später und wandern links auf engem Wiesenpfad aufwärts. Mitten durch die wogenden Wiesen zu streifen, lässt

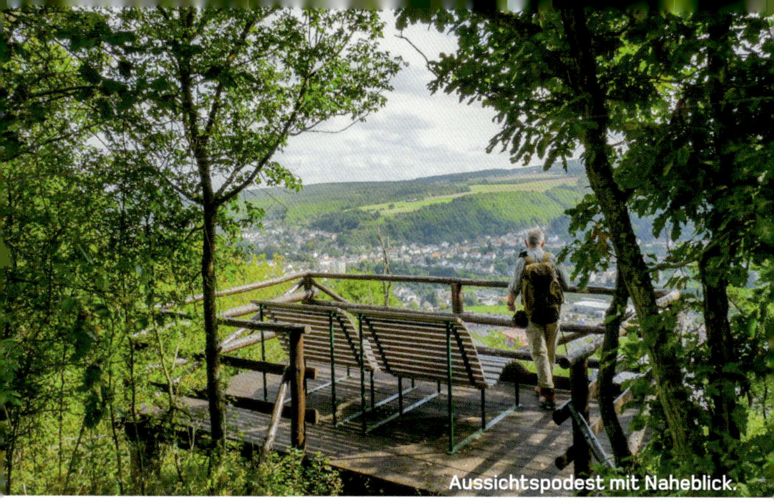
Aussichtspodest mit Naheblick.

unsere Herzen höherschlagen, und die herrliche Aussicht verstärkt die Glücksgefühle. Bei **Kilometer 13** treffen wir wieder auf den Feldweg und laufen links zu einer nahen Weide. Hier wechseln wir rechts auf einen Grasweg, der uns abwärts in ein Wäldchen bringt. Dort erwartet uns die nächste Überraschung: Plötzlich klafft links neben dem Weg ein großes Loch, per Treppe kann man hier einen Abstecher in die einstige Grube Birfinck unternehmen, die einbrach und dann als Tagesbruch weiterbetrieben wurde. Heute bietet der „Turnierplatz" einen Rastplatz zum einsamen Waldpicknick in geologisch bedeutender Kulisse.

Anschließend schwingt sich der Steig zur oberen Kante des Bruchs auf und verlässt einmal mehr den Wald. Wieder genießen wir eine herrliche Wiesenpassage und die freie Sicht ringsum, bevor ein weiteres Waldstück für Abwechslung sorgt. An dessen Ende wartet die nächste Sinnesbank auf müde Gäste. Doch uns zieht es nun unaufhaltsam hinab ins Hosenbachtal. So laufen wir zügig abwärts und treffen im Wald wieder auf den Bergbaulichen Lehrpfad. In weiten Kurven folgen wir einem Forstweg abwärts, wechseln auf einen Stichpfad und treffen nach **14.3 km** im Hosenbachtal ein. Hier gibt es nicht nur einen Rastplatz, sondern von hier führt auch ein Zuweg zum nahen Kupferbergwerk Fischbach **(7)**.

Wir aber folgen dem Rauschen des Wassers nach links. Der Hosenbach stürzt sich an dieser Stelle in kleinen Kaskaden über die Felsen talwärts. Wir wandern mit stetem Sichtkontakt zum Wasser auf idyllischem Pfad in das urige Tal. Dabei geht es auf und ab, und kleinere Seitenbäche sind zu überwinden. Die sehr kurzweilige Passage durch das zunehmend unberührte Tal führt

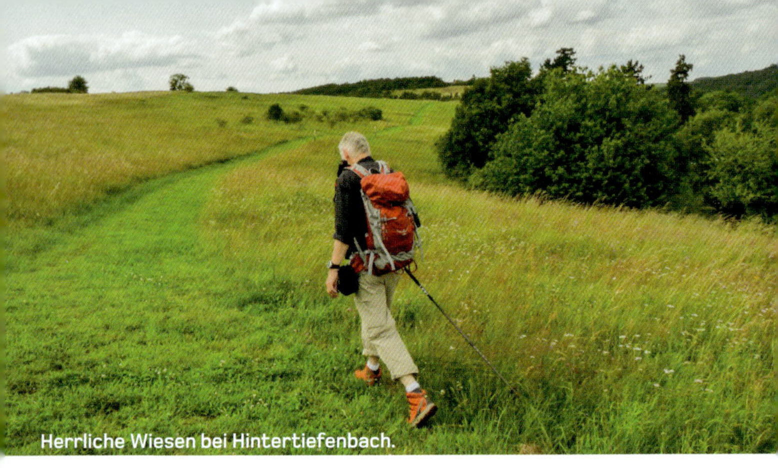
Herrliche Wiesen bei Hintertiefenbach.

uns auch an längst verschwundenen Wasserschleifen vorbei, an die eine Tafel erinnert. Allmählich wandelt sich der Charakter des Tals, Auenwald übernimmt die Regie, bis schließlich sogar eine Feuchtwiese an den Wegesrand grenzt. Hier nehmen wir Abschied vom Hosenbach, denn nun biegen wir links in die Hangwiesen ab und umrunden die Flanke des Bosenbergs.

Nach **16.2 km** treffen wir den Sironaweg und biegen wenig später links Richtung Volkesberg ab. Zunächst laufen wir eben durch Nadelwald und gelangen zu einem im Wald versteckten Rastplatz. Dann queren wir ein Bächlein und wandern auf breitem Weg zunehmend bergan. Vom zuletzt deutlichen Anstieg können wir uns kurz vor Verlassen des Waldes auf einer Bank erholen.

Mit frischen Kräften streifen wir nun durch Felder und Wiesen und gewinnen nur noch wenig an Höhe. Nach **17.5 km** biegen wir an einer Kreuzung links auf einen Feldweg ab. Nur 100 m später nehmen wir Abschied vom Kupfer-Jaspis-Pfad (8) und wenden uns auf einem befestigten Weg nach rechts in den Wald. Bald gabelt sich der Weg, und wir wandern links weiter. Hecken und Jungwald begleiten uns und bringen uns zu einer kleinen Waldlichtung. Hier laufen wir geradeaus weiter und spüren nun weiches Gras unter den Sohlen.

Nach **18 km** führt uns der Steig an den Waldrand, und die herrliche Aussicht lässt uns kurz innehalten. Dann wenden wir uns nach links und folgen dem Waldrand bald erneut nach links. Kurz tauchen wir in einer Rechtskurve noch mal in den Wald, dann folgen wir den Hecken am Rand einer Weide abwärts.

Am Ende des Abstiegs queren wir im Wald einen Asphaltweg und laufen geradeaus auf befestigtem Grund weiter. Wir lassen eine mächtige

Eiche (samt Bank) rechts liegen und erobern in weiter Linkskurve wieder etwas Höhe, bevor wir mit einem Knick nach rechts den Wald erneut verlassen. Nur noch gemächlich wandern wir nun durch eine offene Feld- und Wiesenlandschaft bergan und lassen den Blick umherschweifen.

Nach 18.9 km beginnt der Endabstieg nach Herrstein mit scharfem Knick nach links. Ein Grasweg führt uns an den Rand des Waldes, wo wir aber links abbiegen und außen an einem Gehölz und später über eine Wiese wandern. Erst am unteren Wiesenrand treten wir ein letztes Mal für heute in den Wald ein und folgen einem Pfad stetig abwärts. Bald sehen wir die Dächer von Herrstein vor uns und steigen vollends in den Ort hinab.

Unser Pfad endet an der Kirner Straße, der wir links abwärts folgen. Wir queren die Niederhosenbacherstraße und laufen geradeaus durch die Hauptstraße zum historischen Zentrum. Das erreichen wir, indem wir rechts in die Uhrturmgasse abbiegen, wo uns der altehrwürdige Uhrturm einen ersten Eindruck von der historischen Kulisse Herrsteins gibt. Dann biegen wir rechts in die Schlossstraße ein und erreichen nach 19.7 km am Rathausplatz in Herrstein (9) das Ende dieser ersten sehr ereignisreichen, aber auch kräftezehrenden Etappe auf dem östlichen Saar-Hunsrück-Steig.

Belohnung und Stärkung verspricht übrigens die nahe Zehntscheune, in der wir einige der verlorenen Kalorien auf sehr leckere Art und Weise wieder zurückerhalten.

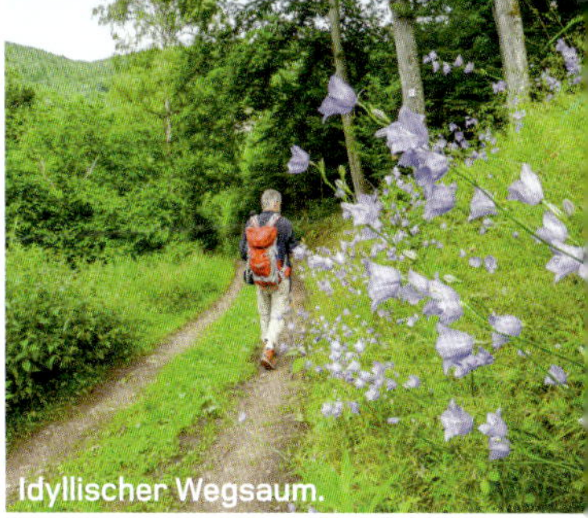
Idyllischer Wegsaum.

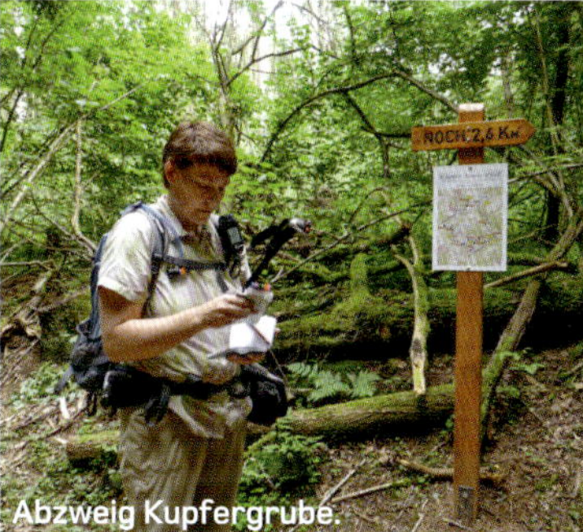
Abzweig Kupfergrube.

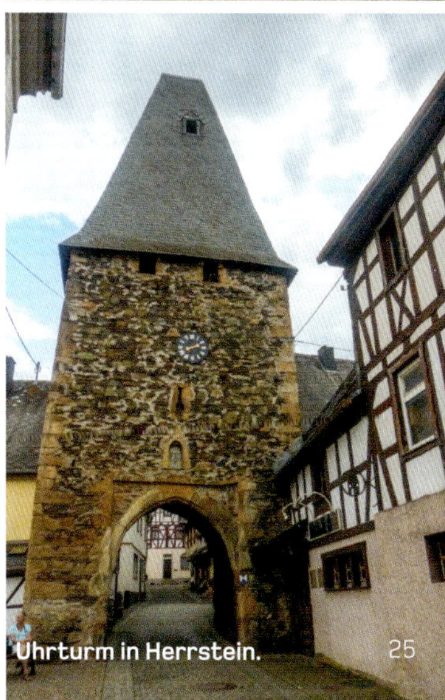
Uhrturm in Herrstein.

Wanderbüro Saar-Hunsrück, Zum Stausee 198, 66679 Losheim am See 06872/9018100 www.saar-hunsrueck-steig.de
■ Tourist-Information EdelSteinLand: Büro Idar-Oberstein, Hauptstraße 419, 55743 Idar-Oberstein, 06781 – 64-871 www.edelsteinland.de
■ Tourist-Information EdelSteinLand: Büro Herrstein, Brühlstraße 16 , 55756 Herrstein 06785 – 79-104 www.edelsteinland.de

Ratsstübchen, Hauptstr. 432, 55743 Idar-Oberstein 06781/28059 tgl. 11-22.30 Uhr
■ Zum alten Goten, Hauptstr. 468-470, 55743 Idar-Oberstein 06781/208820 Mo. Ruhetag

Hotel Restaurant Schloßschenke, Hauptstr. 442, 55743 Idar-Oberstein, 06781/22853 Mo. Ruhetag www.schlossschenke-oberstein.de
■ Restaurant, Cafè, Pension Zehntscheune, Schlossweg 13, 55756 Herrstein 06785/1658 Küche 10-21 Uhr, kein Ruhetag, ges. Winteröffnungszeiten.

Idar-Oberstein hat Bahnanschluss. Wochentags Buslinien 346 bzw. 351 nach Herrstein www.rnn.info

■ Taxenbetrieb Schwenn 06781/44911
■ Taxen- u. Lotsendienst e.V. 06781/22240 oder 24379 oder 25050
■ Taxi Allmang GmbH 06781/219121 oder 22478

Felsenkirche
Zwischen 1482 und 1484 wurde auf Befehl von Wyrich IV. die Felsenkirche in einer Felsnische hoch über der Stadt Idar-Oberstein erbaut. Zugänglich über einen in den Fels geschlagenen Gang, beherbergt das Bauwerk einen kostbaren Altar aus dem frühen 15. Jahrhundert. www. idar-oberstein-touristinfo.de (Eintritt)

Die erste Etappe des SHS nutzt viele Pfade und naturbelassene Wege. Bei feuchter Witterung erfordern diese Passagen gute Trittsicherheit. Aufgrund der Länge und der Höhenmeter ist gute Kondition notwendig. In Fischbach (Bahnhof ca. 2.7 km vom SHS entfernt) kann man die Etappe teilen.

Unterwegs bieten die Nahe, der Ringelbach, der Fischbach und der Hosenbach Zugang zum Wasser.

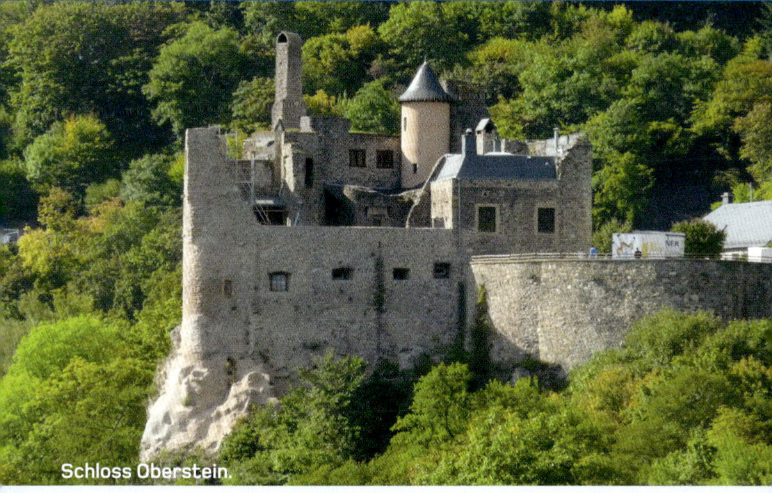
Schloss Oberstein.

Adlige Logenplätze

Hoch über der Stadt Idar-Oberstein thronen die Ruine der Burg Bosselstein und das Schloss Oberstein. Eng an die Felsen geduckt, bieten die beiden alten Gemäuer einen Logenplatz für den Blick auf die Edelsteinstadt zu ihren Füßen.

Die Burg Bosselstein wurde bereits 1150 erbaut und ist damit deutlich älter als das erst um 1325 entstandene Schloss Oberstein. Während die Burg Bosselstein bereits Anfang des 17. Jahrhunderts von ihren Herren verlassen wurde (heute sind nur noch Ruinen der einst trutzigen Burg erhalten), erging es Schloss Oberstein besser. Ursprünglich als Burg erbaut, wandelte Wyrich IV. die Burg zu einem Schloss um. Fortan diente es als Grafenresidenz bzw. Sitz eines Amtmanns. Im Zuge des Pfälzischen Erbfolgekriegs kam es 1680 zum festungsähnlichen Ausbau der Anlage. Allerdings wurden bereits 1697 große Teile der Anlage zerstört.

Nachdem das Schloss bis 1815 in französischem Besitz war, wurde es Teil des deutschen Fürstentums Birkenfeld zu Oldenburg. Doch 1855 brannte das Schloss weitgehend aus und verfiel.

Zwischen 1926 und 1956 diente es dann als Jugendherberge. Heute finden regelmäßig Veranstaltungen und Feierlichkeiten im Schloss statt. Von April bis Oktober bietet der Burgenverein jeweils sonntags kostenlose Führungen durch das Schloss an.
Weitere Informationen beim Burgenverein Schloss Oberstein e. V.
✆ 06781/27705 🌐 www.schloss-oberstein.de

2 Herrstein nach Forellenhof

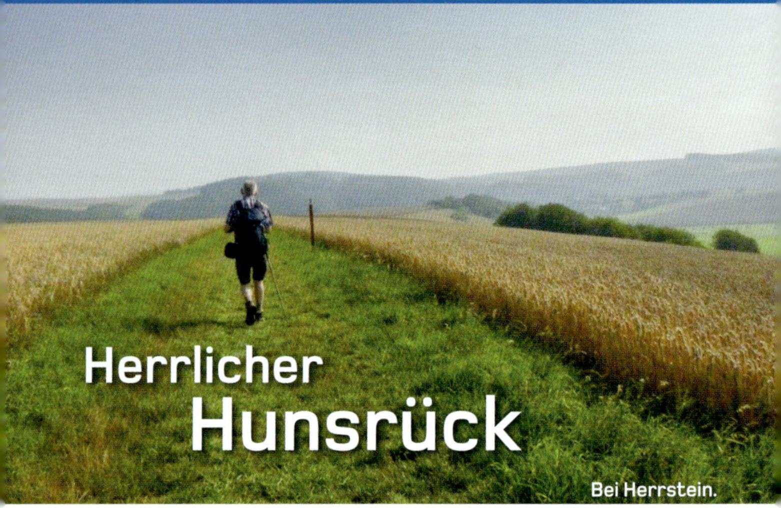

Herrlicher Hunsrück

Bei Herrstein.

- **Start:** Herrstein
- **Ziel:** Forellenhof/Reinhardsmühle
- **Länge Hauptweg:** 13.5 km
- **Gesamtzeit:** 4 Std.
- **Kalorien:** ♀ 895 ♂ 1051
- **Tour Download**: SHS2TX2

- **Anfahrt:** Start: Aus dem Nahetal (B 41) gelangt man von Fischbach über die L 160 nach Herrstein. Ziel: Von Kirn aus fährt man auf der L 182 durchs Hahnenbachtal nach Rudolfshaus und weiter nach Bundenbach.

36.3%	10.1	53.6 %

scan to go®

QR-Code mit dem internetfähigen Smartphone einscannen und Startpunkt direkt anzeigen lassen.

- **Parken:**
- Parkplatz Herrstein Brühlstraße
  N49° 46' 43.7'' • E7° 20' 10.3''
- Parkplatz Forellenhof
  N49° 50' 17.5'' • E7° 23' 32.1''

- **Wegpunkte:**

P1: Herrstein 32 U 380305 5515642
P2: Sinnesbank 32 U 380622 5516553
P3: Rastplatz Rabenkanzel 32 U 380820 5517577
P4: Panoramablick 32 U 383717 5519312
P5: Grillhütte Sonnschied 32 U 384396 5519766
P6: Treffen Soonwaldsteig 32 U 384341 5521165
P7: Forellenhof 32 U 384503 5521965

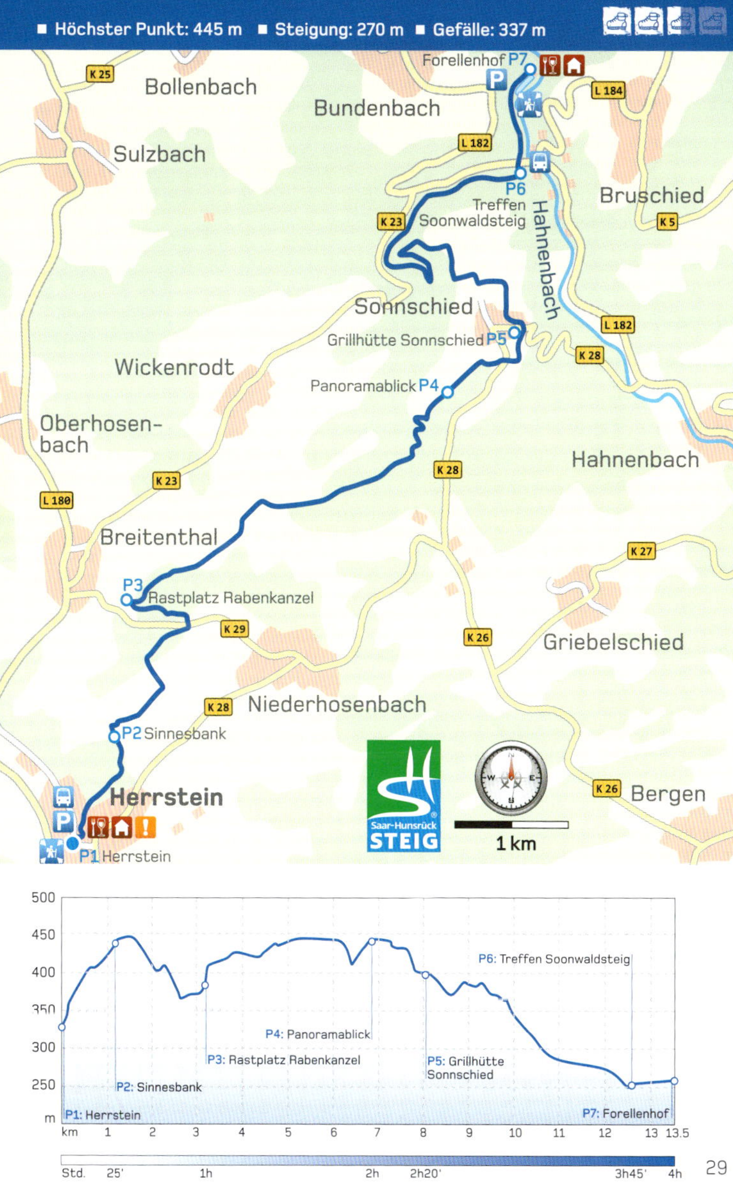
■ Höchster Punkt: 445 m ■ Steigung: 270 m ■ Gefälle: 337 m
K 25
Bollenbach
Bundenbach
Forellenhof P7
L 184
Sulzbach
L 182
P6
Treffen
Soonwaldsteig
Bruschied
K 23
K 5
Hahnenbach
Sonnschied
Grillhütte Sonnschied P5
L 182
K 28
Wickenrodt
Panoramablick P4
Oberhosen-
bach
Hahnenbach
K 23
K 28
L 180
Breitenthal
K 27
P3
Rastplatz Rabenkanzel
K 29
K 26
Griebelschied
K 28
Niederhosenbach
P2 Sinnesbank
Saar-Hunsrück
STEIG
K 26
Bergen
Herrstein
1 km
P1 Herrstein
500
450
400
350
300
250
m
P1: Herrstein
P2: Sinnesbank
P3: Rastplatz Rabenkanzel
P4: Panoramablick
P5: Grillhütte Sonnschied
P6: Treffen Soonwaldsteig
P7: Forellenhof
km 1 2 3 4 5 6 7 8 9 10 11 12 13 13.5
Std. 25' 1h 2h 2h20' 3h45' 4h

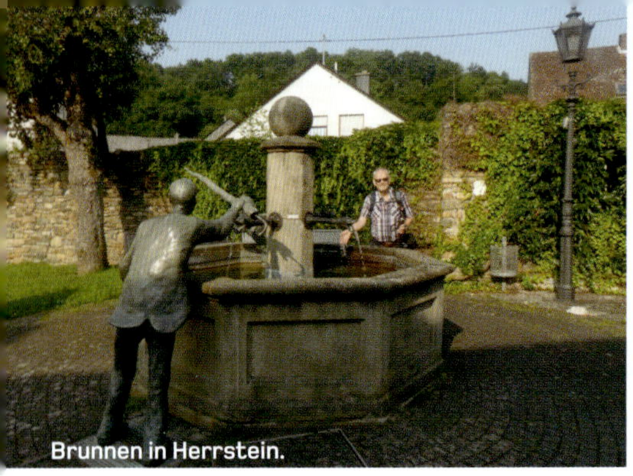
Brunnen in Herrstein.

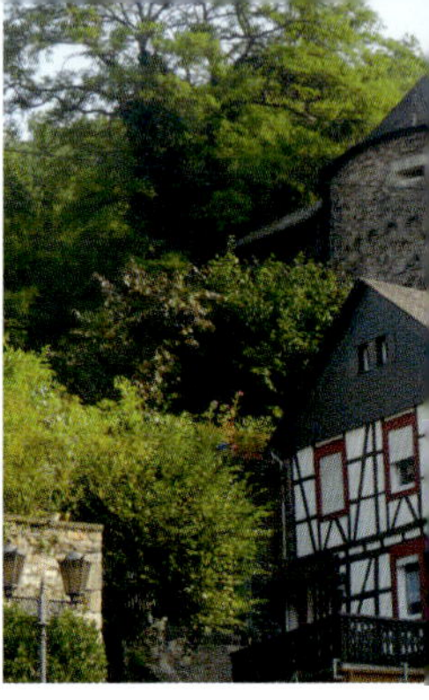

Vom historischen Zentrum Herrsteins aus erobern wir mit dem Saar-Hunsrück-Steig die weiten Hochflächen der Umgebung, genießen die sagenhaften Aussichten, um anschließend auf stillen Waldpassagen zu träumen. Von Sonnschied aus queren wir die Hochfläche, bevor wir ins idyllische Steinbachtal absteigen, wo wir mit dem schwarzen Hunsrückgold Kontakt aufnehmen.

Im historischen Zentrum von Herrstein **(1)**, auf dem Rathausplatz, beginnen wir im Angesicht des Prangers die zweite Etappe auf dem Saar-Hunsrück-Steig (SHS) nach Boppard. Wir lassen die pittoresken, aufwendig restaurierten Fachwerkhäuser aus den Baustilen (von Gotik bis Barock) hinter uns und steigen die Treppe hinauf zur Schlosskirche. Noch einmal genießen wir den Blick übers Meer der Schieferdächer, dann entlässt uns die Pforte am Glockenturm in die Natur. Pfadig erobern wir einige Höhenmeter, dann wechseln wir links auf einen Forstweg und wandern weiter bergan. Einige Kreuzungen überstehen wir problemlos und genießen die luftige Umgebung des Mischwalds.

Nach **0.7 km** ist es Zeit für einen Szenenwechsel: Wir verlassen den Wald und sehen uns der herrlichen Weite der gewellten Hunsrücklandschaft gegenüber. Wir queren eine Wiese, dann begleitet uns links der Wald, während wir nach rechts unserem Blick freien Lauf lassen können.

Am Ende des Waldes schwenken wir leicht nach links und wandern nun mitten durch freies Feld und genießen das weiche Gras unter den Sohlen. Nach kurzem Anstieg erreichen wir einen Fichtenriegel und biegen ab nach scharf rechts bergan. Der kurze Aufstieg wird umgehend belohnt, denn eine erste Sinnesbank lädt zum Verweilen und

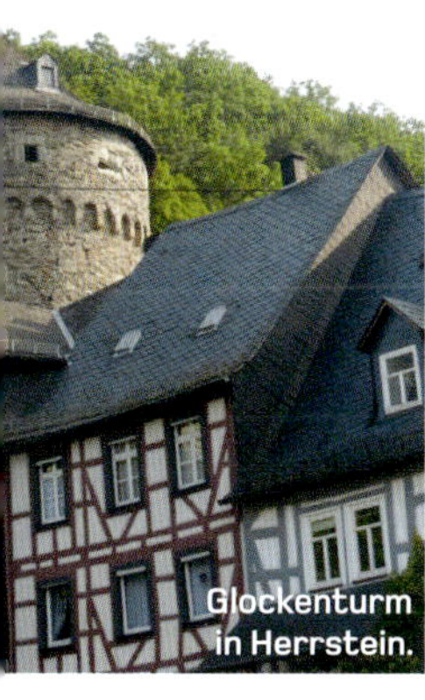

Glockenturm in Herrstein.

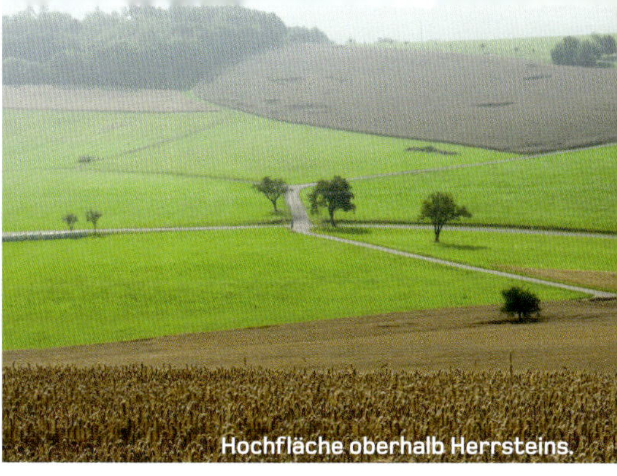

Hochfläche oberhalb Herrsteins.

Träumen ein. Damit haben wir auf der bequemen Holzbank angesichts der grandiosen Aussicht (2) wirklich kein Problem. Schwieriger ist es schon, sich wieder loszureißen, doch die heutige Etappe hält noch weitere tolle Höhepunkte bereit.

Wir wandern also weiter, treffen auf die Römerstraße, der wir aber nach nur 20 Metern wieder den Rücken kehren. Was nun kommt, ist Genusswandern pur! Der SHS führt uns mitten durch die wogenden Felder und präsentiert dabei überwältigende Panoramablicke in die Umgebung. Besonders im Frühsommer, wenn leuchtend gelbe Rapsfelder bunte Tupfer in die unzähligen Grüntöne des Waldes bringen, ist diese Passage paradiesisch.

Doch auch mitten in dieser Naturidylle sorgen die Tafeln der begleitenden Traumschleife weiterhin für einen Bezug zum Mittelalterpfad. So lernen wir an der „Moraltafel" einiges über die damaligen Ansichten der Bürger. An einer Kreuzung halten wir uns links und folgen dem Naturweg nun langsam abwärts ins Tal, wo am Waldrand eine Bank zur Rast bereitsteht. Kurz führen die Logos uns am Waldrand entlang, dann geht es links pfadig unter das lichte Blätterdach der fast schon krüppelig gewachsenen Eichen: Der karge Boden ist für den kümmerlichen Wuchs der alten Bäume verantwortlich. Wir überschreiten eine Kuppe, dann senkt sich der Weg ab und bringt uns zur K 29, die wir nach 2.6 km problemlos queren. Auf der anderen Seite dürfen wir nach wenigen Metern auf einen schmalen Pfad wechseln, der hinab zum Hosenbach führt. Ein Steg führt über den rauschenden Bach, bevor wir direkt danach links auf einen herrlichen Wiesenpfad geschickt werden.

Mitten durch den sattgrünen Wiesengrund zu wandern, macht einfach nur Spaß, und so bedauern wir es fast, als wir zum Waldrand schwenken. Dort erwartet uns eine Tafel mit Infos zur heiligen Hildegard, die 1098 im nahen Niederhosenbach geboren sein soll.

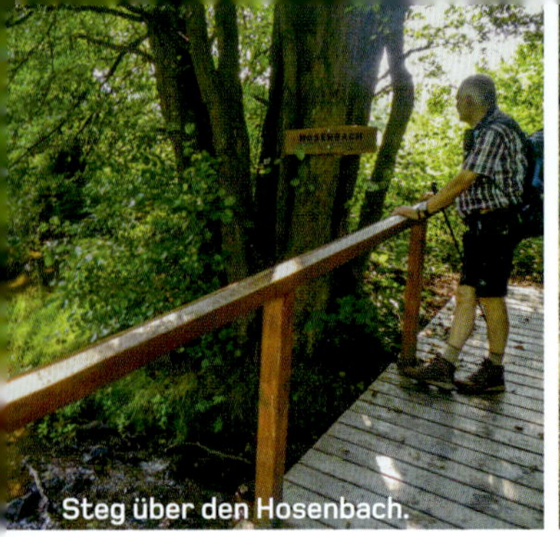
Steg über den Hosenbach.

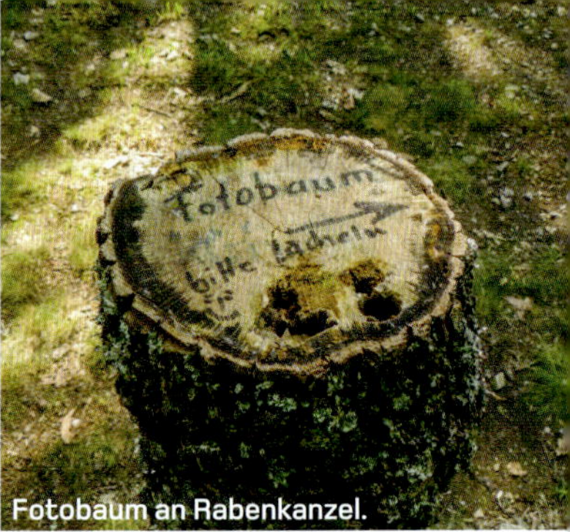

Fotobaum an Rabenkanzel.

Wir biegen nach links und wandern nun – begleitet von Haselnuss und Buche – durch das Hosenbachtal. Als wir rechts auf einen ansteigenden Pfad abbiegen, ziehen sofort die grauen Klippen der Rabenkanzel unsere Aufmerksamkeit auf sich. Vom Rastplatz **(3)** aus nehmen wir nach **3.2 km** den Fels genauer in Augenschein, bevor es auf steilem Serpentinenpfad aufwärtsgeht. Heidelbeeren, Niedereichen und vereinzelte knorrige Kiefern stehen in Kontrast zu den rauen Felsen, die den Weg säumen. Es handelt sich übrigens um Quarzit, der dank seiner Härte der Erosion bis heute getrotzt hat.

Wir stoßen auf einen Querweg, dem wir links sanft abwärts folgen. An der Tafel „Am Galgen" trennen wir uns nach **3.7 km** vom Mittelalterpfad, der links abbiegt. Wir wandern an einem Jungwaldareal geradeaus und erreichen wenig später die offene Flur. Nun können wir uns ganz dem Bewundern des Rundumblicks widmen, der sich ringsum über die hügelige Hunsrücklandschaft eröffnet. In einer Senke biegen wir links auf einen leicht ansteigenden Feldweg ab und wechseln wenig später rechts auf einen Kammweg. Der bringt uns zu einem Wirtschaftsweg, dem wir nach rechts folgen. Wenig später spüren wir Asphalt unter den Füßen, doch als wir nach **4.9 km** am Waldrand an einer Weggabelung links weiterlaufen, endet der harte Belag. Wir bewegen uns nun am Waldrand, und links reicht der Blick weit ins Land.

Nach so vielen Aussichten und freier Flur freuen wir uns über den Wechsel in den Wald. Hier können wir auf bequemem Forstweg laufen und dabei den Schatten des Buchenmischwalds genießen. Nach **6.2 km** dürfen wir den Abzweig nach links auf einen federnden Waldpfad nicht verpassen. Der führt uns im Bogen abwärts, bald begleitet uns rechts ein Graben.

Dann dürfen wir diesen über einen Holzsteg queren und zu einem nahen Querweg aufsteigen. Dieser führt uns im weiten Bogen links bergan zum Waldrand, wo wir un-

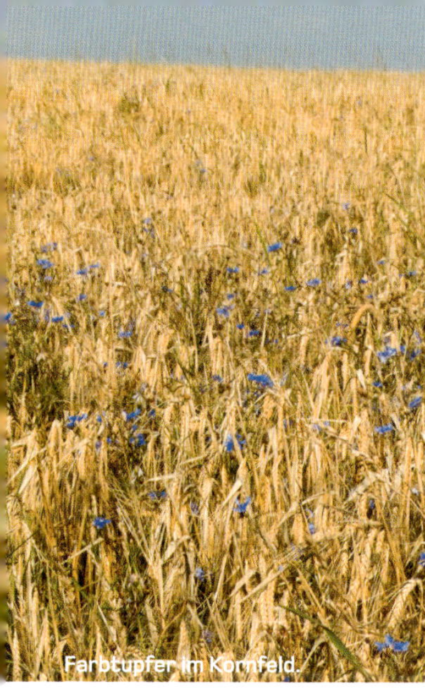
Farbtupfer im Kornfeld.

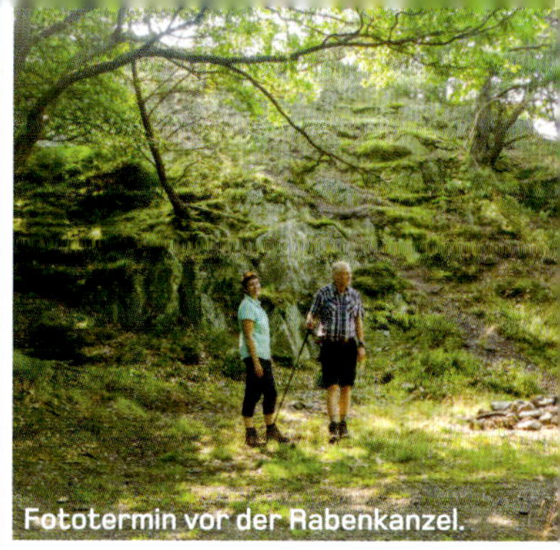
Fototermin vor der Rabenkanzel.

vermittelt stehen bleiben, beeindruckt von der schönen Aussicht (4) vor uns.

Der Saar-Hunsrück-Steig biegt rechts ab und bringt uns zur nächsten Kreuzung, wo wir links an den Waldrand wechseln. Ein wenig gewinnen wir noch an Höhe, wobei mit jedem Schritt der Panoramablick nach links besser wird. So kurzweilig unterhalten, dürfen wir nach 7.4 km den Abzweig rechts auf einen Pfad in den Wald nicht übersehen.

Mit einigen Schlenkern wandern wir durch den Niederwald und erreichen bald die K 26. Auf Höhe eines kleinen Parkplatzes nebst Rastplatz queren wir die Straße und genießen nun die Aussicht ins Hahnenbachtal und Richtung Kirn.

Wir wandern über die Wiese abwärts zu einem dichten Heckengürtel und wenden uns dort nach links. Bald tauchen wir in das Gehölz ein und stoßen auf einen Wirtschaftsweg, der uns links zu den ersten Häusern von Sonnschied bringt. Wir lassen die Grillhütte (5) links liegen und wandern zur Hahnenbachtalstraße, die wir mit einem Knick nach rechts queren. Auf der anderen Straßenseite wenden wir uns am Ortsschild nach links und dürfen nun am Rand der ausgedehnten Wiese unterhalb des Ortes entlangwandern.

Nach 8.3 km schicken uns die Logos unvermittelt rechts über die Wiese und durch eine Baumzeile hindurch zu einem Feldweg. Der führt uns mitten in die offene Flur. Bei erster Gelegenheit biegen wir links bergan auf einen weiteren Grasweg ab, der auf der Höhe an einem Asphaltweg endet. Wir halten uns rechts, dürfen aber schon wenig später auf den ersten Feldweg links abbiegen. Der bringt uns fast an den Heckenrand, doch wir nutzen zuvor einen Feldweg nach rechts, um wieder vollends auf das Plateau zu laufen. Weit erstreckt sich die Aussicht nach fast allen Seiten, während wir mitten durch die Felder wandern.

Erst nach **9.5 km**, als sich der Weg bereits wieder absenkt, biegen wir links ab und steuern nun den Wald an. Dort wenden wir uns nach rechts, queren ein letztes Feld, bevor wir an einem Hochsitz dem Waldrand nach links folgen. Dann schließt sich nach langer Passage durch offene Flur wieder das Blätterdach des Waldes über uns. Urig umfängt uns der sehr ursprüngliche Mischwald, während wir stetig an Höhe verlieren. Nach **10 km** biegt der Weg scharf nach links, um und erste Felsen, teils von dicken Moospolstern überzogen, säumen den Weg.

Mehr vom schwarzen Hunsrückgold bekommen wir wenig später zu sehen, als wir in einer Spitzkehre das Steinbachtal erreichen und an einer alten Schieferhalde im Wald vorbeikommen. Nun begleitet uns der zunächst noch recht schmale Steinbach mit leisem Murmeln. Erst als zunächst der Kalmersbach und wenig später auch noch der Eschenbach einmünden und der Steinbach seinen Namen in Wildenbach ändert, rauscht das Wasser deutlich hörbar zu Tale.

Wir freuen uns am mäandrierenden Wegbegleiter und genießen das Wandern im idyllischen Wald auf sanft abwärtsführender Trasse. Als wir auf der anderen Talseite eine Hütte sehen, beherrschen Weiden den Talgrund. Nach **12.5 km** endet diese sehr schöne Passage an der Neumühle. Wir wenden uns links zur Straße, queren sie und treffen auf den Soonwaldsteig **(6)**. Von hier nutzen wir die Zufahrt zum Forellenhof. Nach einem weiteren Kilometer passieren wir zunächst den hiesigen Abholpunkt am Parkplatz und treffen dann am Forellenhof **(7)** im Hahnenbachtal ein, wo diese zweite Etappe inmitten der Natur nach **13.5 km** endet.

Übrigens: Wer die lange Asphaltpassage am Ende meiden möchte und wem ein paar Höhenmeter bergan zum Abschluss nichts ausmachen, der sollte nach der Straßenquerung **(6)** dem Soonwaldsteig bergan folgen. Diese naturnahe und sehr schöne, pfadige Trasse ist um 200 m länger als die Asphaltstrecke und steigt im Wald insgesamt noch einmal rund 60 Höhenmeter an, bevor man per 200 m langem Zuweg (hier verläuft auch die Traumschleife Hahnenbachtaltour und der SHS, Etappe 3 nach Rhaunen) zum Forellenhof **(7)** absteigen kann.

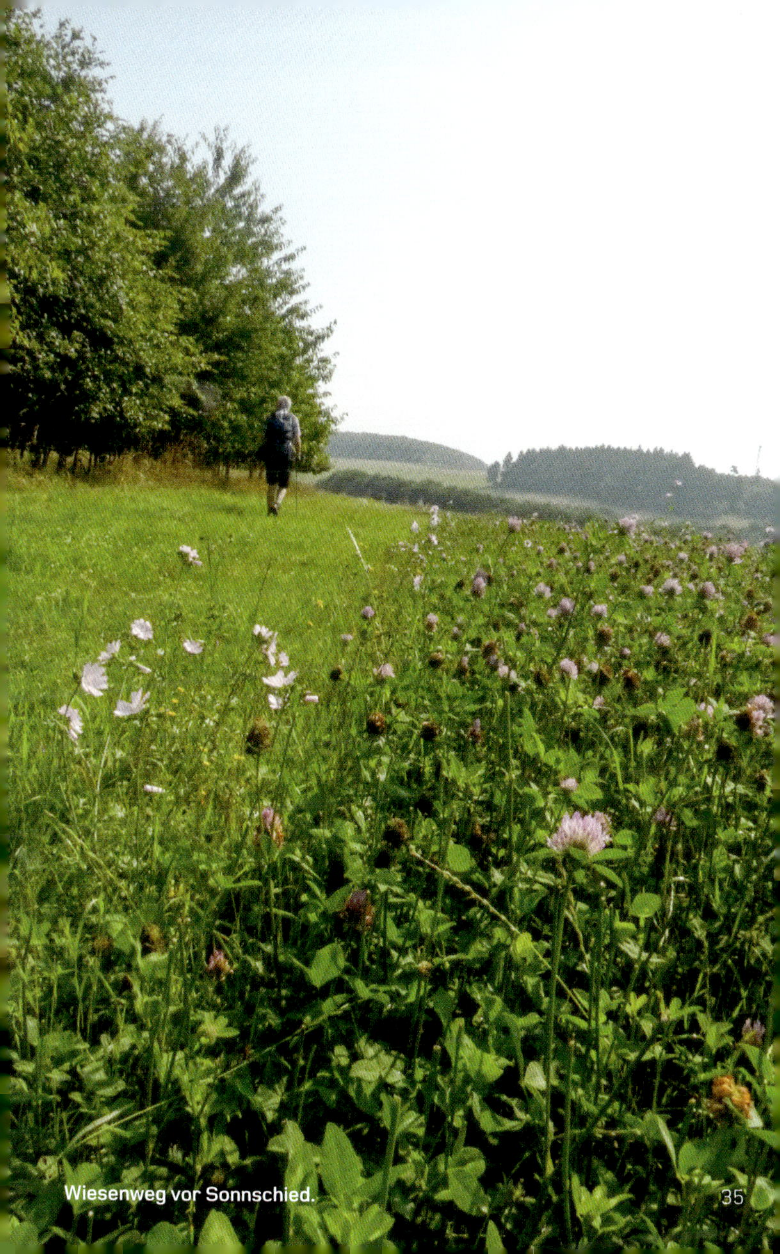
Wiesenweg vor Sonnschied.

Wanderbüro Saar-Hunsrück, Zum Stausee 198, 66679 Losheim am See ✆ 06872/9018100 www.saar-hunsrueck-steig.de
- Tourist-Information EdelSteinLand Büro Herrstein, Brühlstraße 16, 55756 Herrstein ✆ 06785 – 79-104 www.edelsteinland.de
- Naheland Touristik, Bahnhofstr. 37, 55606 Kirn ✆ 06752/137610 www.naheland.net

Restaurant, Cafè, Pension Zehntscheune, Schlossweg 13, 55756 Herrstein ✆ 06785/1658
durchgehend Küche 10-21 Uhr, kein Ruhetag, gesonderte Winteröffnungszeiten.

Land-Gut-Hotel Forellenhof, Reinhardsmühle, 55606 Rudolfshaus ✆ 06544/373
www.hotel-forellenhof.de

Von Idar-Oberstein, das gut mit der Bahn zu erreichen ist, kann man unter der Woche mit den Regio Buslinien 346 bzw. 351 nach Herrstein fahren. Zum Forellenhof ist eine Anfahrt mit dem ÖPNV wenig praktikabel. www.rnn.info

- Taxi Kirsch ✆ 06781/42033
- Taxi Frey ✆ 06765/7592

Historisches Herrstein
Von Mai bis Oktober gibt es donnerstags (16.30 Uhr) und samstags (14.30 Uhr) Stadtführungen durch das mittelalterliche Herrstein, dessen Wurzeln bis 1250 zurückreichen. Schon 1428 durfte sich Herrstein „Stadt" nennen. Und natürlich stattet die Führung auch dem „Schinderhannesturm", in dem der berüchtigte Unhold einsaß, einen Besuch ab. Sondertermine für Gruppen ab 10 Personen können bei der Touristinformation in Herrstein vereinbart werden.

Die zweite Etappe des SHS hat einen hohen Anteil an Naturwegen und Pfaden. Bei feuchter Witterung erfordern diese Passagen gute Trittsicherheit. Knöchelhohe Wanderstiefel und Wanderstöcke sind empfehlenswert.

Die Wegstrecke weist keine unüberwindbaren Hindernisse für Hunde auf. Unterwegs bieten Hosenbach, Steinbach und Hahnenbach Zugang zum Wasser.

Kupferbergwerk Fischbach

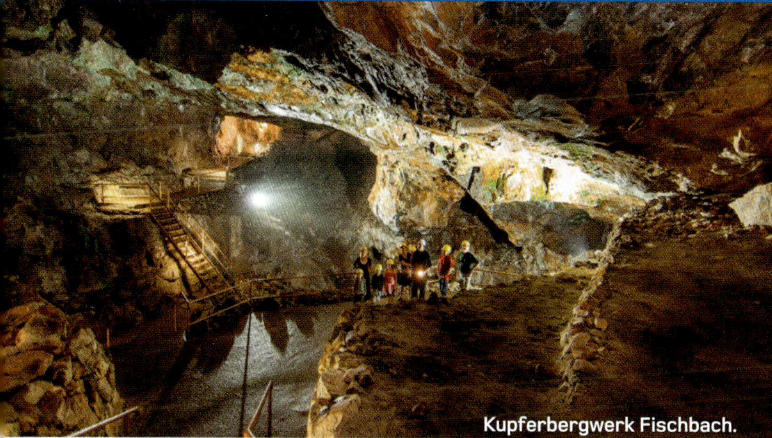
Kupferbergwerk Fischbach.

Glänzende Geschäfte

Bis ins hohe Mittelalter reichen die Anfänge des Kupferbergbaus am Hosenberg in Fischbach zurück. Zwar konnte es die Grube in Fischbach bezüglich der Quantität nicht mit anderen europäischen Lagerstätten (beispielsweise Schwaz in Tirol) aufnehmen, doch die Qualität des Kupfererzes aus Fischbach war unerreicht gut. So war das Kupfer aus Fischbach bald ein begehrter Rohstoff, weit über die Landesgrenzen hinaus. In Belgien wurde mit dem Fischbacher Kupfer besonders gut zu bearbeitendes Messing hergestellt, das einen höheren Zinkanteil aufwies und sich durch einen Goldglanz hervortat. In den Wirren des 30-Jährigen Krieges wurde der Bergbaubetrieb eingestellt, erst 1697 konnten die Bergleute wieder einfahren. Wirtschaftlich ging es dann ab dem 18. Jahrhundert bergab. 1792 wurde der Kupferabbau eingestellt. Mehrfache Versuche, ihn wiederzubeleben, scheiterten. Noch heute lagern gut 72.000 Tonnen Kupfererz in der Region, die aber aufgrund der heutigen Marktsituation als nicht abbauwürdig eingestuft sind.

Das Bergwerk ist ganzjährig geöffnet. Zwischen 15.2. und 14.11. finden zwischen 10 und 17 Uhr ca. alle 40 Minuten Führungen (Dauer ca. 1 Stunde) statt. Im Winter gibt es um 11.30 und um 13.30 Uhr Führungen.

Im Bergwerk herrschen konstant 11 °C, festes Schuhwerk und angemessene Kleidung sind wichtig. Historisches Kupferbergwerk Fischbach, 55743 Fischbach/Nahe
✆ 06784/2304 ⓘ www.besucherbergwerk-fischbach.de
Im Sommer: Kombiticket mit dem Museum Idar-Oberstein erhältlich! Außerdem ermöglicht die Familienkarte der Deutschen Edelsteinstraße den ermäßigten Besuch zahlreicher Sehenswürdigkeiten in der Umgebung.

3 Forellenhof nach Rhaunen

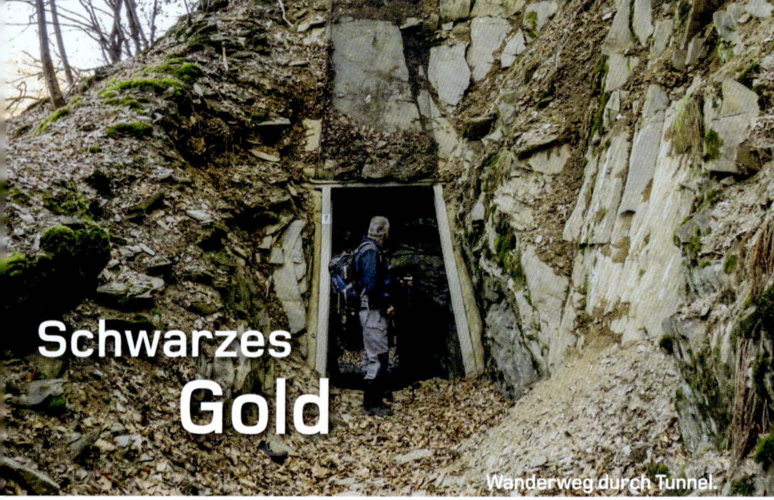

Wanderweg durch Tunnel.

- **Start:** Parkplatz Reinhardtsmühle (Forellenhof)
- **Ziel:** Rhaunen
- **Länge Hauptweg:** 12.3 km + Abweg 0.5 km
- **Gesamtzeit:** 3 Std. 45 Min. + 10 Min. Abweg
- **Kalorien:** ♀ 886 ♂ 1040
- **Tour Download**: SHS2TX3

- **Anfahrt:** Start: Von Kirn aus folgt man der L 182 durchs Hahnenbachtal nach Rudolfshaus und biegt zum Forellenhof ab. Ziel: Rhaunen erreicht man durchs Idartal über die L 182 oder die L 185.

26.3 % | 68.4 %

scan to go®

QR-Code mit dem internetfähigen Smartphone einscannen und Startpunkt direkt anzeigen lassen.

- **Parken:**
- Parkplatz Forellenhof N49° 50' 17.5'' • E7° 23' 32.1''
- Parkplatz Besucherbergwerk Herrenberg N49° 50' 48.5'' • E7° 23' 07.5''
- Parkplatz Rhaunen L 185 N49° 50' 06.9'' • E7° 20' 38.8''

- **Wegpunkte:**

  P1: Forellenhof 32 U 384503 5521965
  P2: Burgblick 32 U 384216 5522620
  P3: Parkplatz Grube Herrenberg 32 U 383920 5522849
  P4: Grube Herrenberg 32 U 384147 5523092
  P5: Schutzhütte 32 U 384147 5524066
  P6: Grillhütte 32 U 383829 5525316
  P7: Aussicht Rhaunen 32 U 371398 5525158
  P8: Abzweig Rhaunen L 182 32 U 381000 5525286

■ Höchster Punkt: 387 m ■ Steigung: 358 m ■ Gefälle: 285 m

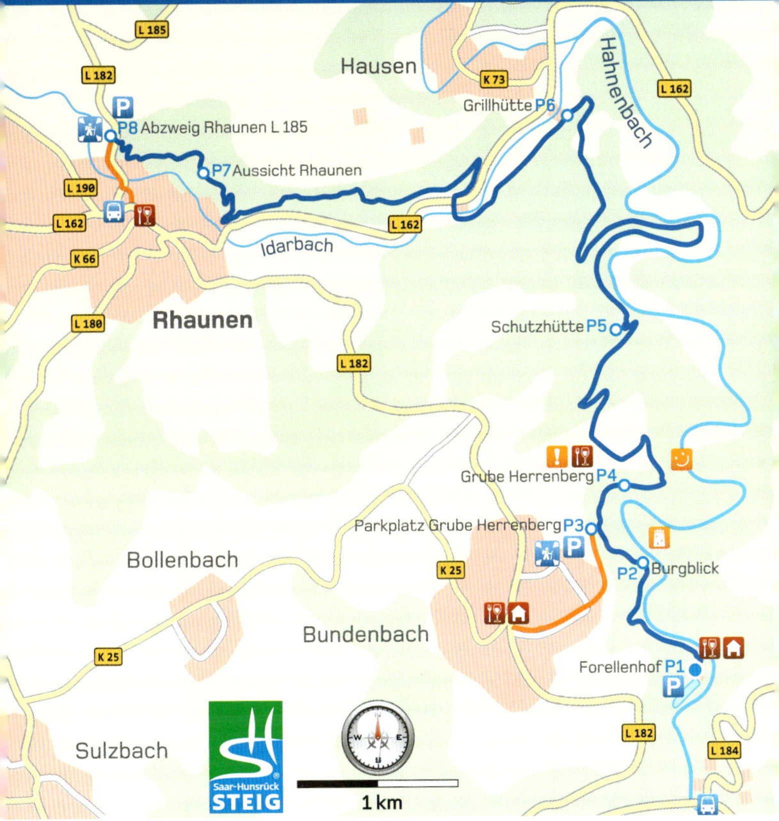

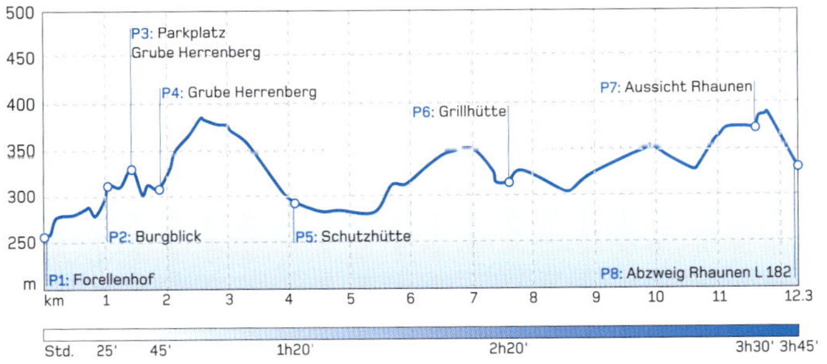

Was für eine Etappe: Der Saar-Hunsrück-Steig führt uns gleich am Anfang durch einen Schiefertunnel zu einem phänomenalen Burgenblick und weiter zum Besucherbergwerk Herrenberg. Danach queren wir das Plateau, bevor wir im Hahnenbachtal Genusswandern pur erleben. Doch auch der Endspurt durchs Idartal offenbart tolle Pfadpassagen, vor dem Abstieg nach Rhaunen.

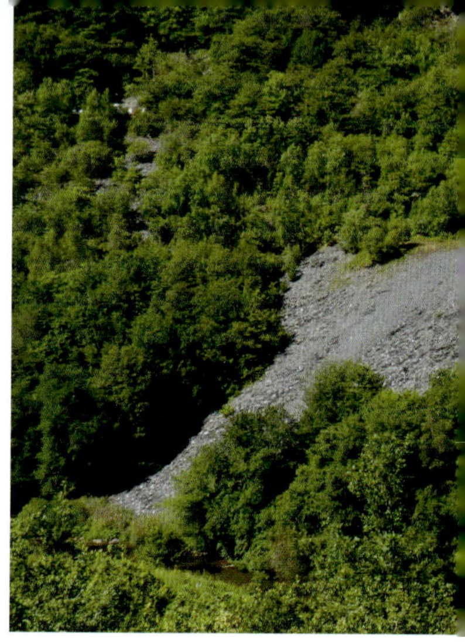

Direkt an der alten Reinhardtsmühle (1), die heute vom Hotel und Restaurant Forellenhof genutzt wird, beginnen wir die dritte Etappe auf dem Saar-Hunsrück-Steig (SHS). Die ersten 4 km werden wir dabei von der Traumschleife Hahnenbachtaltour begleitet. Vom Hotel aus nutzen wir den ansteigenden Pfad rechts bergan in den Wald und treffen nur 200 m oberhalb auf den Soonwaldsteig, der uns bis zur Grube Herrenberg ebenfalls begleitet.

Wir wandern zunächst ohne großen Höhengewinn oberhalb des Hahnenbachs entlang der Hangflanke tiefer ins stille Hahnenbachtal. Abwechslungsreicher Laubwald sorgt für eine kurzweilige Umgebung, doch dann ist es die Geologie, die unsere Aufmerksamkeit auf sich zieht. Vor uns öffnet sich nach 0.5 km gähnend ein Tunnelmund! In den beiden kurzen Schiefertunnels kommen wir in direkten Kontakt zum uralten Gestein. Und auch nach der nächsten Wegbiegung zeugen alte Gleise an einem Seitenbach vom ehemals regen Bergbau.

Nach diesem Exkurs in die Bergmannswelt freuen wir uns am Auf und Ab des Weges im dichten Mischwald. Schließlich biegen wir nach einer Linkskurve abrupt rechts auf einen engen Pfad ab. Der führt uns über eine Klippe, und kaum haben wir die überwunden, bleiben wir unwillkürlich stehen: Genau gegenüber befindet sich die Schmidtburg, und von der bereit stehenden Sinnesbank (2) können wir die riesige und sehr beeindruckende Burganlage in Ruhe studieren. Begeistert setzen wir die Tour fort, durchschreiten dabei eine Senke, bevor der nächste Anstieg ruft. Auch der bietet noch einen lohnenswerten Abstecher zu einem Aussichtspunkt rechts des Weges. Nach 1.1 km haben wir es vorerst

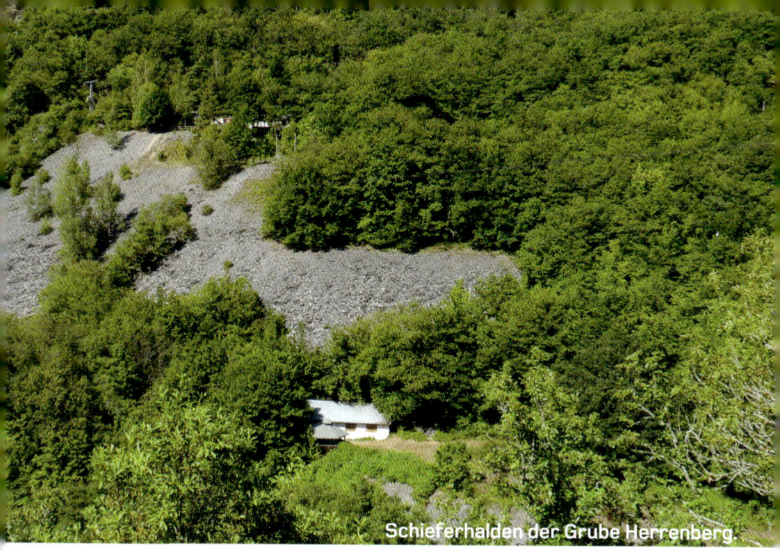

Schieferhalden der Grube Herrenberg.

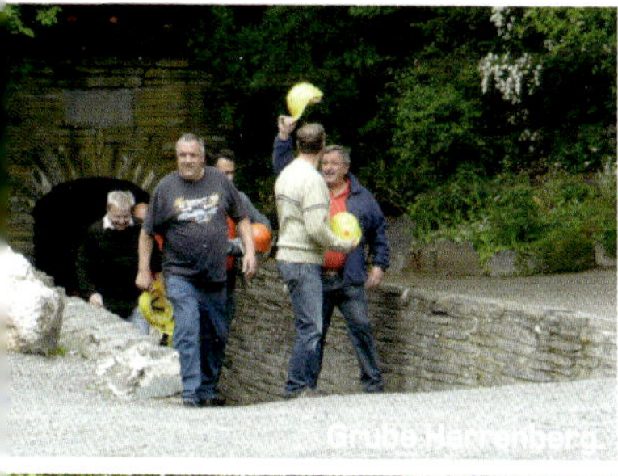

Grube Herrenberg.

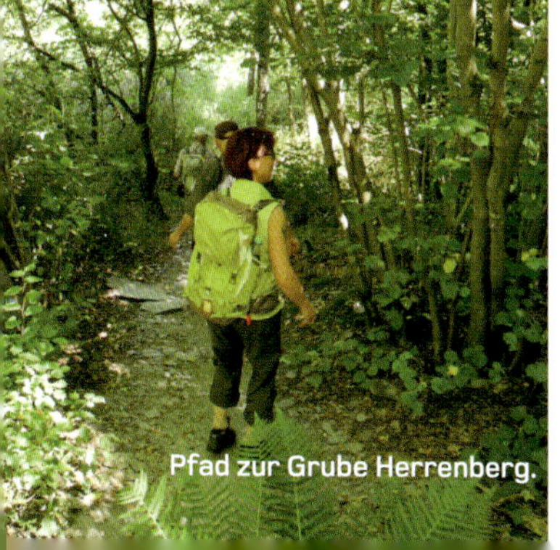

Pfad zur Grube Herrenberg.

geschafft und stehen etwas atemlos, aber begeistert am Parkplatz der Grube Herrenberg (3), wo sich auch ein Abholpunkt befindet.

Am Rand des Parkplatzes biegen wir rechts auf einen Pfad ab und steigen einige Meter durch die Hangflanke ab. Bald schließt sich das Blätterdach des lichten Laubmischwalds über uns, und wir treffen auf einen breiteren Waldweg. Dem folgen wir nun bergan. Nach kurzem Anstieg endet der Waldweg an der Zufahrt zur Schiefergrube. Bei bester Sicht auf das Hahnenbachtal und die eindrucksvolle Schmidtburg erreichen wir nach 1.9 km die Schiefergrube Herrenberg (4).

Hier bietet sich zwischen April und Oktober die Gelegenheit, auf Entdeckungsreise unter die Erde zu gehen und das Schiefergebirge

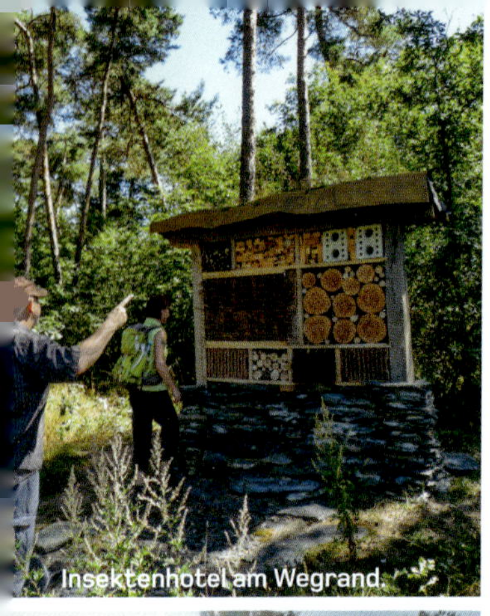
Insektenhotel am Wegrand.

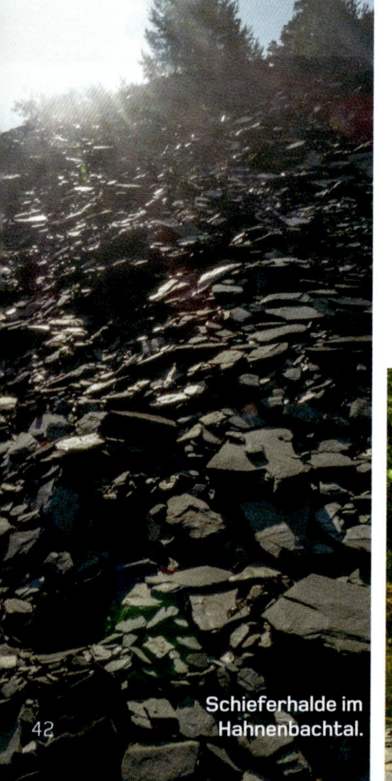
Schieferhalde im Hahnenbachtal.

hautnah zu erleben. Doch auch über Tage gibt es einiges zu entdecken und, die herrliche Aussicht ins Tal und zur Burg sind eine kurze Pause wert. Die Bergwerksschänke hält zudem Erfrischungen und kleine Leckereien bereit.

Wir verlassen das Grubenareal und wandern auf dem SHS leicht ansteigend durch den Mischwald. Am Abzweig zur nur etwa 200 m entfernten Keltensiedlung Altburg verabschiedet sich der Soonwaldsteig, der nach rechts abbiegt. Wir biegen gemeinsam mit dem Sironaweg halb links ab und steigen auf breitem Weg weiter bergan.

Bald weichen die Bäume zurück und tiefgrüne Ginster säumen unseren Weg und strahlen im Sommer in prächtigem Gelb. Wir passieren einen Rastplatz und verharren, um den schönen Ausblick ins Hahnenbachtal auszukosten. Dann erreicht der Weg den Feldrand und biegt nach links. Ein kurzes Stück wandern wir noch entlang den Hecken bergan, dann wenden wir uns dem freien Feld zu.

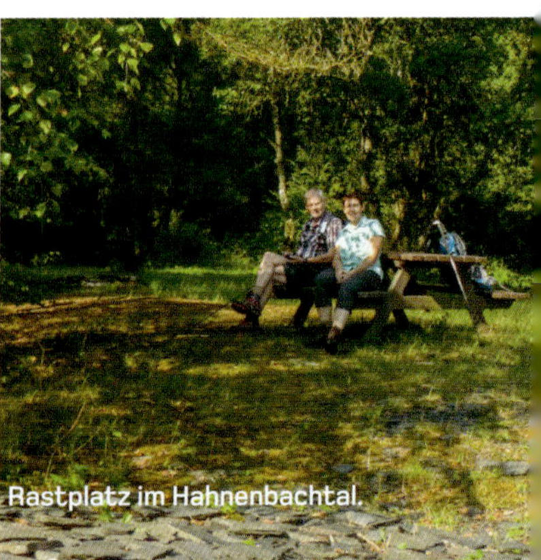
Rastplatz im Hahnenbachtal.

Auf asphaltiertem Grund erobern wir die Offenfläche und genießen die Rundumsicht vom höchsten Punkt der Tour. Mit einem Schwenk nähern wir uns wieder dem Wald und finden dort weicheren Untergrund vor. Am Wegesrand macht uns nach **3.1 km** emsiges Summen auf ein Insektenhotel aufmerksam, das den fliegenden Nützlingen sicheren Unterschlupf bietet. Würzige Kiefern und heimische Laubbäume, später auch himmelhohe Douglasien bilden den Rahmen beim folgenden Abstieg vom Auenerberg hinunter ins Hahnenbachtal. In weiten Schleifen verlieren wir gemütlich an Höhe und freuen uns über die Ausblicke, die wir dabei erhaschen können.

Nach **3.9 km** treffen wir an einer mächtigen Schieferhalde am Sinsenbach ein. Unterhalb befindet sich eine Schutzhütte, doch wir nehmen zunächst auf der bereit-stehenden Sinnesbank an der Hangkante Platz und frönen der sagenhaften Aussicht ins unberührte Hahnenbachtal. Hier trennen wir uns auch von der Traumschleife, die uns nach rechts verlässt. Wir wandern nach ausgiebiger Rast links im Bogen vollends zum Talgrund hinab, passieren am Fuß der beeindruckenden Schieferhalde die Schutzhütte **(5)** und wenden uns dann links dem Hahnenbachtal zu. Im schummrig grünen Wald säumen linker Hand schroffe Felsen den Wegesrand, während uns rechts unterhalb der plätschernde Bach begleitet.

Wir genießen die Stille des wildromantischen Tals und lassen uns vom mäandrierenden Hahnenbach in den Bann schlagen. Stets im Blickkontakt zum Wasser dringen wir immer tiefer ins unberührte Tal vor, bis wir nach **5.4 km** eine Furt über den Hahnenbach erreichen. Die nutzt allerdings nur der Sironaweg, während wir mit dem Saar-Hunsrück-Steig links auf verschlungenem Pfad wenige Meter bergan steigen.

Nun folgen wir dem Bach noch ein wenig entlang der felsigen Hangkante, bevor wir uns allmählich vom Wasser entfernen und tiefer in den urigen, von mittelhohen Eichen dominierten Wald eindringen. Mit einigen kleinen Schlenkern führt uns der SHS weg von der Schleife des Hahnenbachs und tiefer in den Wald, wo wir nun auch Schritt für Schritt an Höhe gewinnen. Unser Waldweg trifft auf einen befestigten Weg, dem wir in die Hangflanke bergan folgen. An einem Felsaufschluss biegen wir scharf rechts ab und laufen nun nur noch unmerklich ansteigend auf breitem Weg weiter. Nach **6.5 km** öffnet sich rechter Hand ein toller Blick hinab ins Hahnenbachtal, wo wir auch die markante Schieferhalde an der Schutzhütte von vorhin erkennen können.

Wir dringen weiter in den hochgewachsenen Mischwald ein und treffen bald auf einen befestigten Waldweg, dem wir nach rechts folgen. Nun öffnet sich die Waldkulisse, und wir wandern mitten durch Felder sanft bergab. Am Waldrand dürfen wir dann den scharfen Knick nach links nicht verpassen: Eine Treppe bringt uns in den Wald, und ein kurzer Stichpfad führt zu einem

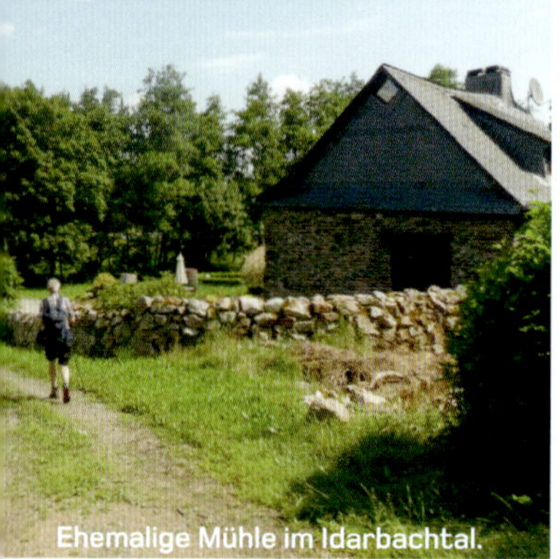

Ehemalige Mühle im Idarbachtal.

Im Idarbachtal.

querenden Forstweg. Dem folgen wir links zur nahen Grillhütte **(6)**, die sich auf einem ehemaligen Steinbruchareal befindet.

Wir laufen geradeaus an der Hütte vorbei und lassen uns vom idyllischen Pfad durch den Wald des Idartals führen. Kurz unterbricht nach **7.8 km** eine Wiesenpassage die Waldumgebung, dann setzen wir die Tour mit etwas Auf und Ab unterm schattigen Blattbaldachin fort. An einer ehemaligen Mühle verlassen wir den Wald und queren erst den Idarbach und anschließend die Straße nach Rhaunen. Wir wenden uns nach rechts und folgen einem ansteigenden Weg durch ein ehemaliges Windbruchareal moderat bergan. Als der SHS mit scharfem Linksknick auf einen Pfad abbiegt, gesellt sich auch wieder der Sironaweg zu uns.

Die Passage durch die abwechslungsreiche Hangflanke bietet Wanderspaß auf hohem Niveau, auch wenn die Geräusche der Straße den Genuss etwas stören.

Nach **9.5 km** mündet unser Pfad auf einen etwas breiteren Waldweg, der uns nun fast höhenparallel durch den attraktiven Laubmischwald führt. Wir umrunden einen kleinen Taleinschnitt und genießen wenig später von einer Schneise aus einen ersten Blick auf Rhaunen. Dann tauchen wir wieder in den Wald ab, wo immer wieder Bänke am Wegesrand zur Pause einladen.

Nach **10.7 km** zweigt ein erster Zuweg nach Rhaunen ab. Der Saar-Hunsrück-Steig führt uns an dieser Stelle rechts pfadig weiter durch den Wald. Mit zwei Kurven erobern wir etwas Höhe und gelangen auf einen Sattel, wo gleich vier Wege aufeinandertreffen. Wir entscheiden uns für den ganz rechts abbiegenden Pfad, der über einen kleinen Grat sanft aufsteigt. Von zwei Bänken bieten sich schöne Blicke auf Rhaunen, bevor wir etwas weiter im Wald an eine Kreuzung kommen. Hier biegen wir links ab und laufen nun hangparallel durch den Mischwald. Nach **11.6 km** lockt uns ein Aussichtspodest **(7)** nebst

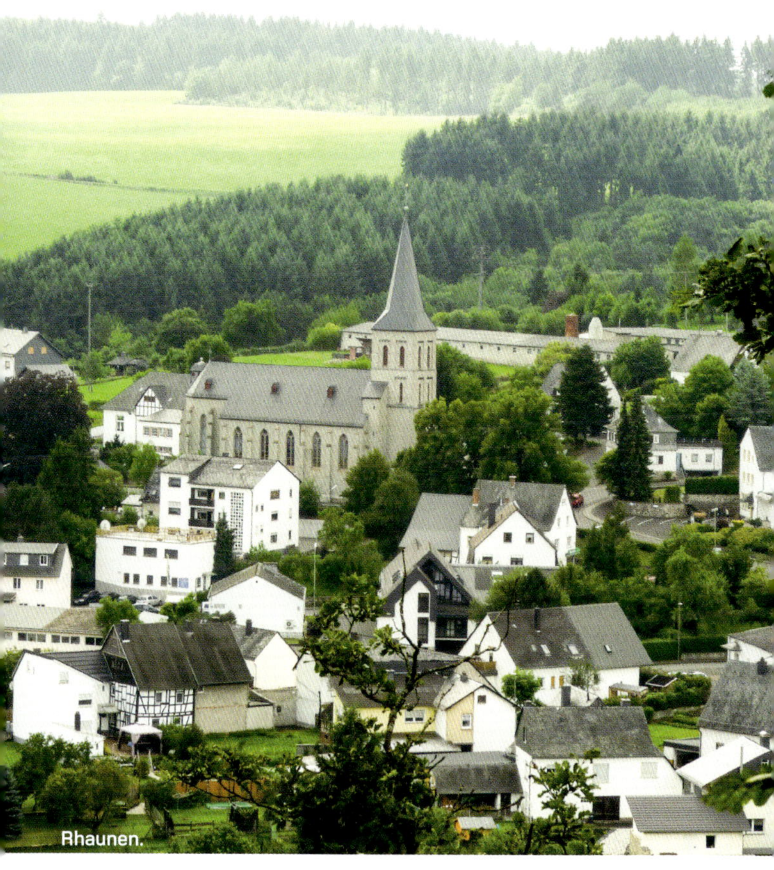
Rhaunen.

Bank zum Innehalten, denn von hier haben wir Rhaunen perfekt im Blick!

Wir setzen die Tour geradeaus fort, 100 m später trifft von links unten ein weiterer Zugang aus Rhaunen auf den Steig. Wir wandern noch leicht ansteigend weiter und erreichen einen Sattel, wo wir links zum nahen Sendemast abbiegen. Wir lassen den Mast rechts liegen und beginnen den Abstieg ins Tal. Mit einigen Schlenkern geht es stetig bergab, bis wir nach 12.3 km wenig außerhalb von Rhaunen an einem weiteren Abholpunkt die L 182 nach Gösenroth queren (8). Hier verlassen wir für heute den Steig und wandern entlang der Straße auf dem Zuweg bergab ins nur 500 m entfernte Rhaunen.

Wanderbüro Saar-Hunsrück, Zum Stausee 198, 66679 Losheim am See ✆ *06872/9018100*
🛈 *www.saar-hunsrueck-steig.de*
▪ *Naheland Touristik, Bahnhofstr. 37, 55606 Kirn* ✆ *06752/137610*
🛈 *www.naheland.net*
▪ *Hunsrück-Touristik, Gebäude 663, 55483 Hahn-Flughafen* ✆ *06543/507700*
🛈 *www.hunsruecktouristik.de*
▪ *Verbandsgemeinde Rhaunen, Zum Idar 23, 55624 Rhaunen*
✆ *06544/18130* 🛈 *www.vg-rhaunen.de*

▪ *Bergmannsschänke (Schieferbergwerk Herrenberg)*
1.4.-31.10. ✆ *06544/9272*
▪ Metzgerei & *Gasthaus Weber, Am Bach 6, 55624 Rhaunen*
✆ *06544/210*

Land-Gut-Hotel Forellenhof, Reinhardtsmühle, 55606 Rudolfshaus,
✆ *06544/373* 🛈 *www.hotel-forellenhof.de*
▪ *Hotel Schinderhannes, Schlossstraße 3, 55487 Sohren* ✆ *06543/2018*
🛈 *www.hotel-schinderhannes.de*
▪ *Hotel Zum Felsenkeller, Hauptstr. 29, 55487 Sohren* ✆ *06543/2260*
🛈 *www.hotel-zum-felsenkeller.de.*

Eine Anreise mit dem ÖPNV ist schwierig, da sowohl Bundenbach als auch Rudolfshaus nur sporadisch per Bus erreichbar sind. Von Kirn, Idar-Oberstein und dem Flughafen Hahn verkehren einige Busse nach Rhaunen (meist Schulbusverkehr). 🛈 *www.orn-online.de*

▪ *Taxi Konrad* ✆ *06543/98820*

Schiefergrube Herrenberg

Die Schiefergrube Herrenberg hat in Paläontologenkreisen einen weltweit bekannten Ruf, denn hier wurden Mitte des 20. Jahrhunderts wichtige devonische, ca. 400 Millionen Jahre alte Fossilien im grauen Schiefergestein entdeckt und erforscht. Heute kann man im Rahmen von Führungen unter Tage gehen, glitzernde Pyrite und matt schimmernden Schiefer entdecken und viel zur Bergbaugeschichte im Hunsrück erfahren. Das Schaubergwerk ist übrigens sogar für Rollstuhlfahrer zugänglich.
Informationen zu Führungen (1.4.-31.10.) bei der Ortsgemeinde Bundenbach:
✆ *06544/9272* 🛈 *www.bundenbach.de*

Wassererlebnispfad

Der Wassererlebnispfad vermittelt, teils entlang dem Soonwaldsteig und teils entlang der Traumschleife Hahnenbachtal, Interessantes rund ums Thema Wasser. Im Mittelpunkt steht natürlich der Hahnenbach. Aufschlussreiche Tafeln erläutern wichtige Eigenschaften von Fließgewässern, und interaktive Stationen laden zum Mitmachen ein.

Die dritte Etappe des SHS verläuft oft pfadig und auf Naturwegen, die teilweise auch über felsigen Grund führen. Besonders nach Regenfällen ist daher sehr gute Trittsicherheit notwendig. Knöchelhohe Wanderstiefel und Wanderstöcke sind empfehlenswert. Unterwegs kann man an der Grube Herrenberg einkehren.

Die Wegstrecke weist keine unüberwindbaren Hindernisse für Hunde auf. Unterwegs bieten Hahnenbach und Idarbach Zugang zum Wasser.

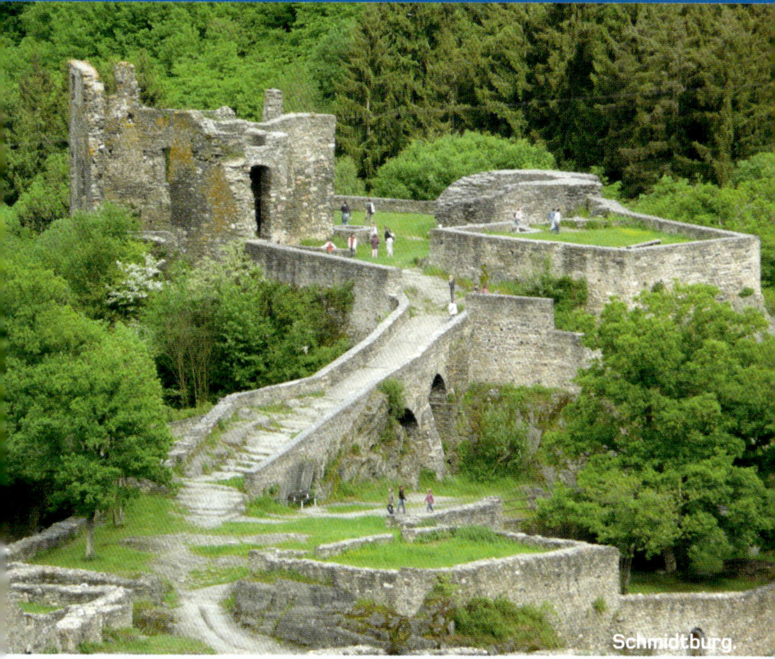

Schmidtburg.

Mächtige Trutzburg am Hahnenbach

Mächtig, trutzig und beeindruckend ragt auf einer steilen Felsklippe hoch über dem Hahnenbachtal die Burganlage der Schmidtburg auf.
Die Burg wurde bereits 962 durch fränkische Adlige erbaut und sollte Schutz vor den anrückenden Heerscharen der Ungarn bieten. Damit gehört die Schmidtburg zu den ältesten Burgen des Hunsrücks. Die heutigen Ruinen gehen wohl auf das 11. Jahrhundert zurück. Damals gehörte die Burg dem Geschlecht der Dhauner Wildgrafen, die die Schmidtburg allerdings durch Erbauseinandersetzungen (Dhauner Fehde) Anfang des 14. Jahrhunderts an den Erzbischof Balduin von Trier verloren.

Im 30-jährigen Krieg wurde die Schmidtburg nicht zerstört, erst im Pfälzischen Erbfolgekrieg kam es 1688 zur Sprengung der damals bereits im Zerfall befindlichen Burg.

Seit den 1960er-Jahren kümmern sich Pfadfinder um Aufräumarbeiten, die Gemeinde Schneppenbach führte dann ab 1972 erste Sicherungsmaßnahmen durch.
ⓘ www.bundenbach.de

4 Rhaunen nach Sohren Süd

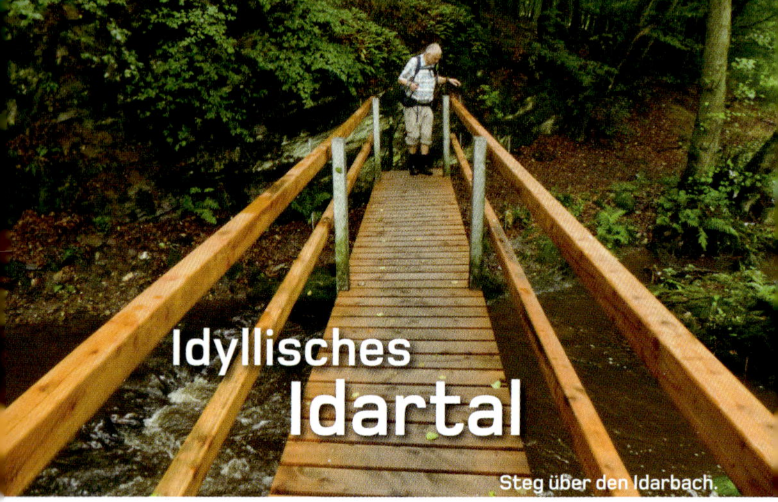

Idyllisches Idartal

Steg über den Idarbach.

- **Start:** Rhaunen
- **Ziel:** Sohren Süd
- **Länge Hauptweg:** 12.1 km
  \+ 0.5 km Zuweg
  \+ 1.9 Abweg
- **Gesamtzeit:** 3 Std. 20 Min.
  \+ 25 Min. Zu- und Abweg
- **Kalorien:** ♀ 832 ♂ 976
- **Tour Download**: SHS2TX4

Anfahrt: Start: Rhaunen erreicht man durchs Idartal über die L 182 oder aus Richtung Sohren über die L 185.
Ziel: Sohren erreicht man am besten über die B 50, Abfahrt Sohren.

39,1 % | 5 | 55.9 %

scan to go®

QR-Code mit dem internetfähigen Smartphone einscannen und Startpunkt direkt anzeigen lassen.

- **Parken:**
- Parkplatz Rhaunen L 185
  N49° 50' 06.9'' • E7° 20' 38.8''
- Sohren Laufersweiler Straße (10 Std)
  N49° 55' 37.6'' • E7° 18' 20.2''

Wegpunkte:

P1: Abzweig Rhaunen L 182
32 U 381000 5525286

P2: Weitersbacherhütte
32 U 379886 5525953

P3: Fußmühle 32 U 378522 5526824

P4: Treffen Kappleifelsentour
32 U 377859 5527669

P5: Idarkopfblick & Sinnesbank
32 U 377208 5527893

P6: Kreuz & Sinnesbank
32 U 377752 5528719

P7: Augustushütte
32 U 378616 5529958

P8: Abzweig Sohren Süd
32 U 378841 5530769

■ Höchster Punkt: 449 m ■ Steigung: 277 m ■ Gefälle: 193 m

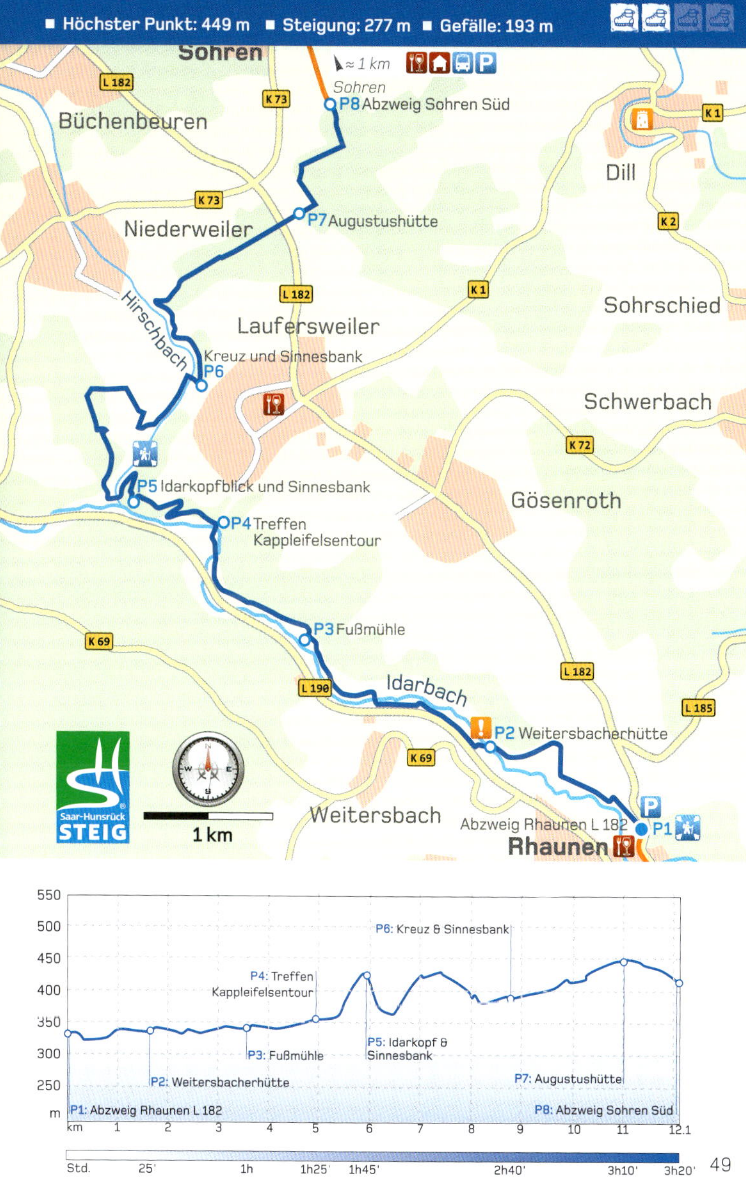

Heute gönnt uns der Saar-Hunsrück-Steig eine entspannte Etappe, die uns besonders die idyllischen Seiten des Idarbachtals zeigt. Bei Laufersweiler treffen wir auf das Erbe der Römer und wandern zeitweise auf den Spuren des römischen Dichters Ausonius, bevor wir von Süden das Etappenziel Sohren ansteuern.

Wir queren die L 182 **(1)** knapp außerhalb von Rhaunen und wandern geradeaus auf „Im Scheid" weiter. Schon nach **180 m** dürfen wir aber den Asphalt verlassen und links auf einen Forstweg wechseln, der uns mit einem Schlenker talwärts führt. Unmittelbar vor einem kleinen eingezäunten Teich lassen wir den Wald hinter uns und biegen erst links, aber wenig später wieder rechts auf den Talweg ab. Neben uns rauscht der Idarbach und windet sich idyllisch durch das breite Tal. Bald mausert sich der Saar-Hunsrück-Steig zum perfekten Wiesenweg, der uns an einem Gehölz entlangführt. Dann dürfen wir rechts abbiegen und einen kleinen Nebenbach queren, bevor es durch die offenen Wiesen sanft bergan zum nächsten Querweg geht. Hier schwenken wir nach links und freuen uns vom federnden Grasweg aus das Idartal in voller Schönheit im Blick zu haben.

Nach **1.4 km** trifft unser Wiesenweg am Waldrand auf einen befestigten Wirtschaftsweg, der uns links zwischen Wald und Weiden wieder abwärts zum Talgrund bringt. Dort erreichen wir wenig später die Weitersbacherhütte **(2)**, wo uns die glücklichen, auf der Weide umhertollenden Schweine des Hofs mit freudigem Grunzen begrüßen.

> **!** Wer mag, kann übrigens im Hofladen allerlei Naturkost – vom Getreide bis zum Fleisch – kaufen.

Wir wandern vom Hof bergan und biegen unmittelbar vor der Straße rechts auf einen Grasweg ab. Hier verläuft der Mühlenwanderweg durchs Idartal, der uns nun eine Weile begleiten wird. Trotz der Nähe der durch üppige Hecken abgeschirmten Straße genießen wir die folgende Passage, denn die Kombination aus Untergrund und Ausblick ins idyllische Tal sorgt für Hochstimmung. Nachdem wir einen kleinen Bach gequert haben, wandelt sich der Weg zum Pfad, der uns durch ein Gehölz führt. Auf der anderen Seite passieren wir ein Klärbecken, bevor es wieder unterhalb der Straße durch offene Wiesen vorangeht.

Nach **2.6 km** treffen wir an der Weitersbachermühle ein, queren das private Gelände und anschließend auch den Idarbach. Dann wenden wir uns nach links und erobern auf befestigtem Wanderweg weiter das Idartal. Wir bewegen uns am Waldrand und genießen es, ohne Anstrengung voranzukommen. Dann erregen, vom Grün der Blätter etwas verdeckt, schroff aufragen-

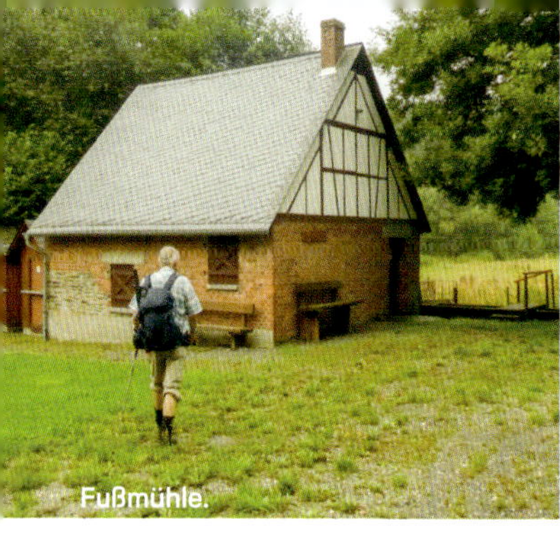
Fußmühle.

de Felsen rechts des Weges unsere Aufmerksamkeit. Links öffnen sich satte Talwiesen, und nach 3.6 km treffen wir an der Fußmühle (3) ein, wo Bänke und ein Rastplatz sowie ein Spielplatz zum Verweilen einladen.

Nach ausgiebiger Rast setzen wir die Tour fort und wenden uns dazu links dem Grasweg am Waldrand zu. Der wandelt sich bald zum Pfad und führt uns im attraktiven Mischwald leicht bergan. Wieder wecken Felsen unser Interesse, doch dann senkt sich der Pfad ab, verlässt den Wald, und wir wandern rechts auf breitem Talweg weiter. Die Wiesen werden als Weiden genutzt, und ab und an beäugen uns friedlich grasende Vierbeiner.

Nach 4.7 km treffen wir an einer breiten Furt über den Idarbach ein, doch keine Angst, wir bekommen keine nassen Füße, denn rechts, eng an der Felswand, gibt es für Wanderer einen stabilen Holzsteg. Nur 100 m später stoßen wir an der Grillhütte von Laufersweiler auf einen Asphaltweg und laufen rechts

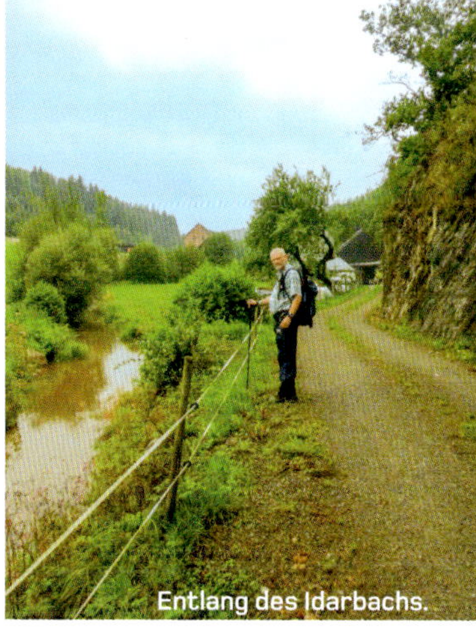
Entlang des Idarbachs.

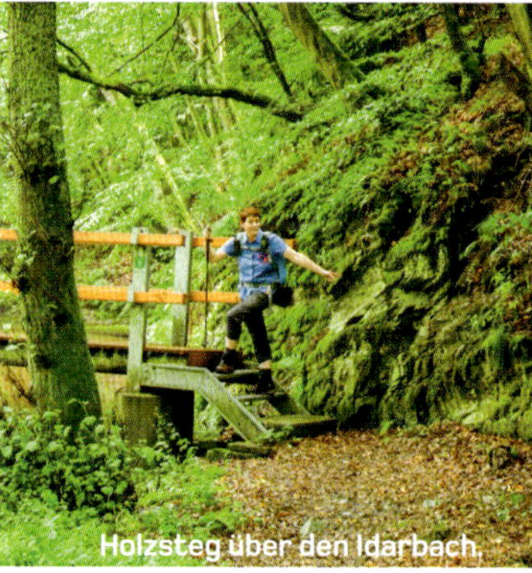
Holzsteg über den Idarbach.

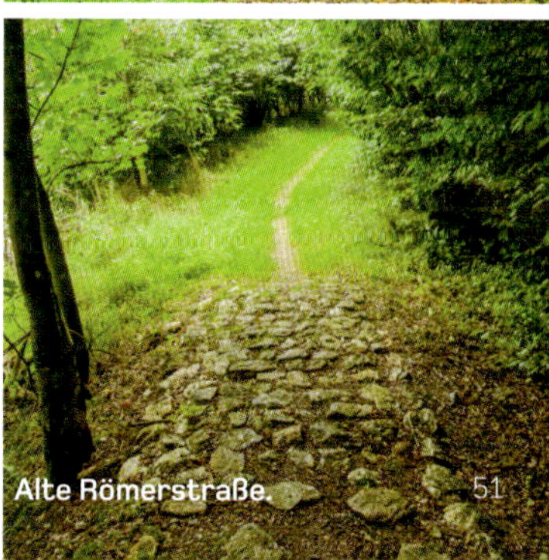
Alte Römerstraße.

zur Brücke über den Idarbach. Hier treffen wir auf die Traumschleife Kappleifelsentour **(4)**, die uns die nächsten gut 4 km Gesellschaft leisten wird.

Wir wenden uns nach der Brücke nach links und wandern auf bequemem Weg zunächst durch Gehölze. Dann beherrschen linker Hand Wiesen die Szene, und wieder kann es zu friedlichen Begegnungen mit Weidevieh kommen. Mit Erreichen der Papiermühle nach **5.3 km** endet die Talidylle, denn nur 100 m später knickt der Saar-Hunsrück-Steig gemeinsam mit der Traumschleife scharf rechts bergan.

Auf stetig ansteigendem Waldpfad gewinnen wir Schritt für Schritt an Höhe und wechseln bald mit erneutem Knick, diesmal nach links, die Richtung. Trotz der weiter ansteigenden Trasse genießen wir jeden Meter, denn der Pfad führt uns durch sehr reizvollen Wald, würzig duftende Nadelbäume und immer wieder Felsen sorgen für attraktive Wegbegleitung. Wir passieren eine Bank, von der wir einen schönen Blick zum Idarkopf haben, doch der Höhepunkt dieser Passage erwartet uns nach **5.9 km** auf dem Kappleifelsen **(5)**: Eine perfekt positionierte Sinnesbank steht für eine aussichtsreiche und wohlverdiente Pause bereit!

Nur ungern reißen wir uns vom Logenplatz los und folgen dem nun recht steil durch lichten Kiefernwald talwärts führenden Pfad. Feste Schuhe und auch Wanderstöcke sind auf diesem Abschnitt

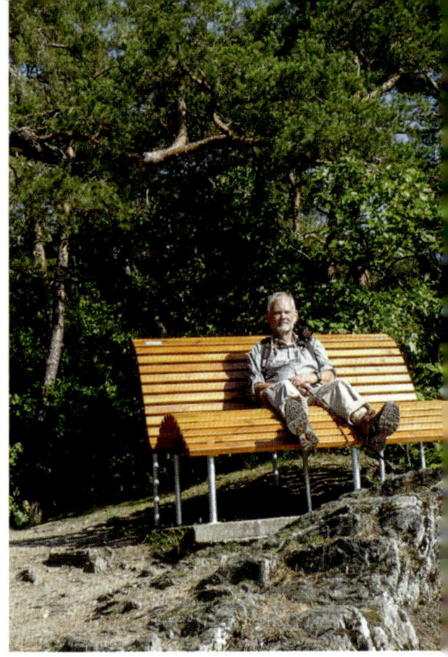

mal wieder wichtig. Im Hirschbachtal knickt der Pfad am Waldrand nach links und führt uns wieder Richtung Haupttal. Dort überwinden wir den Hirschbach per Steg, bevor wir uns nach rechts wenden. Noch einmal haben wir somit direkten Kontakt zum Idarbach, doch an einer roten Bank verabschieden wir uns unweit der Reitzenmühle von diesem munteren Wegbegleiter. Dafür treffen wir an dieser Stelle auf eine weitere Traumschleife, die Via Molarum, die nun gemeinsam mit uns rechts den Aufstieg durch die

! Vor allem die erste Strecke durch den Wald bis zu einem alten Windbruchareal gestaltet sich ziemlich anstrengend, dann flacht die Steigung etwas ab und führt durch hochgewachsenen Laubmischwald.

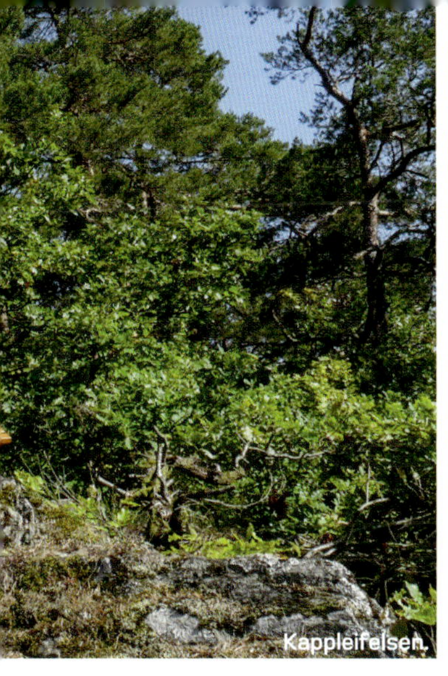
Kappleifelsen.

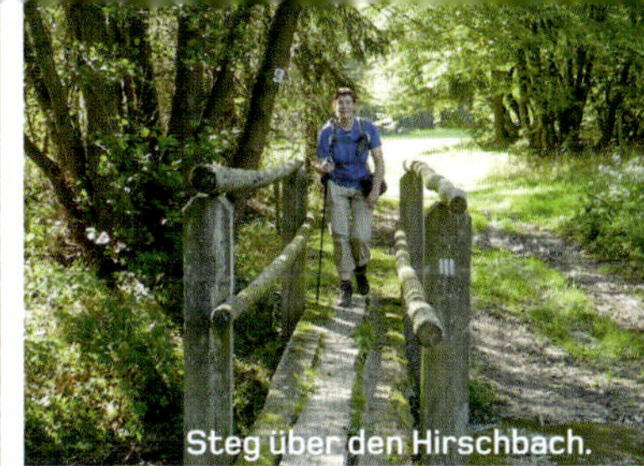
Steg über den Hirschbach.

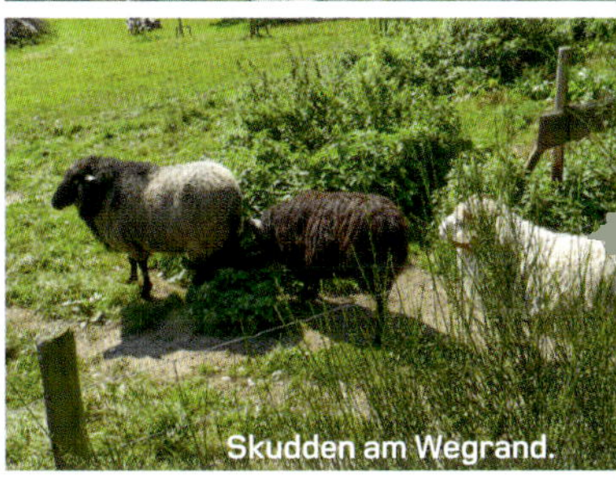
Skudden am Wegrand.

Hangflanke in Angriff nimmt. Nach **7 km** erreichen Saar-Hunsrück-Steig und Traumschleifen den Waldrand, wo eine Bank zum Genießen der Aussicht bereitsteht. Danach geht es im Bogen bis zu einem Forstweg, dem wir nach rechts folgen.

Wir queren eine Stromtrasse, und dann trennen wir uns von der Via Molarum, die geradeaus verläuft, während wir mit der Kappleifelsentour rechts auf einen Pfad durch ein Nadelwaldareal abbiegen. Der Pfad kürzt nur etwas ab und bringt uns direkt zu einem querenden Forstweg. Auf diesem laufen wir rechts zum nahen Waldrand und weiter sanft abwärts in die offene Flur. Als wir rechter Hand eine Weide erreichen, biegt der Saar-Hunsrück-Steig nach rechts und führt uns nun an der Schafweide entlang. Unter den Sohlen federt weiches Gras, während wir den zotteligen Skudden, einer uralten Schafrasse, beim Grasen zusehen. Wir durchqueren ein Gehölz und biegen danach an einer Bank rechts ab. Nach Durchschreiten einer Senke wenden wir uns an der nächsten Wegkreuzung nach links und steuern den Talgrund an. Dort biegt unser Pfad neben dem Hirschbach nach links, und wieder einmal begleitet uns leise gurgelndes Wasser.

Nach **8.7 km** queren wir den Hirschbach und wandern entlang eines asphaltierten Weges zum nahen Waldrand. Dort lädt neben einem liebevoll gepflegten Feldkreuz eine geschwungene Sinnesbank **(6)** zur entspannten Pause ein. Mit frischer Energie setzen wir die

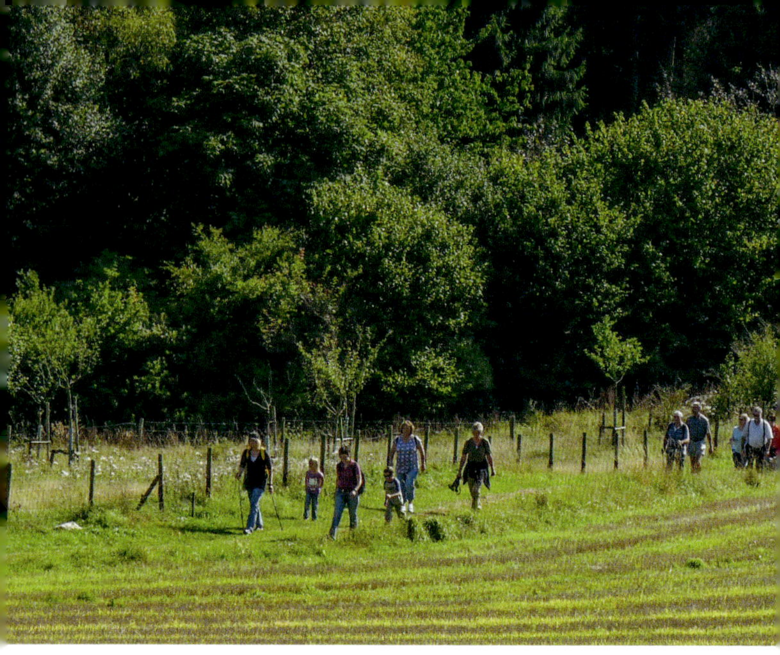

Tour auf schöner Talstrecke fort. Gehölze und lichter Wald säumen den Naturweg, der uns nach **9.1 km** zur Trennung von der Kappleifelsentour bringt. Diese schwingt sich hier rechts bergan, während wir mit dem SHS dem Tal weiter treu bleiben und uns an einer herrlichen Heckenpassage erfreuen. Üppig umhüllen uns Schlehen, bevor wir am Rand des lichten Laubwaldes entlang weiterwandern. Nun säumen Weidegründe den Weg, und neugierig beäugt uns zotteliges Vieh. Kurz unterbricht ein Wäldchen diese Szene, dann kann der Blick wieder zum Hirschbach schweifen.

Nach **9.6 km** treffen von links der Ausoniusweg und der Sponheimer Weg zu uns, und gemeinsam wenden wir uns rechts dem Mischwald zu. Auf urigem Pfad gewinnen wir etwas an Höhe und stoßen mitten im lichten Hochwald auf erste römische Spuren: Der federnde Waldboden ist hier mit groben Pflastersteinen belegt – wir bewegen uns auf Relikten einer ehemaligen Römerstraße! Auch nachdem wir rechter Hand zwei in der Vegetation fast verborgene Teiche passiert haben und an einer Bank einen Knick nach rechts machen, spüren wir das historische Pflaster nochmals unter den Sohlen.

Dann steigt der Pfad weiter an und geht in einen breiten, befestigten Forstweg über, der weiter

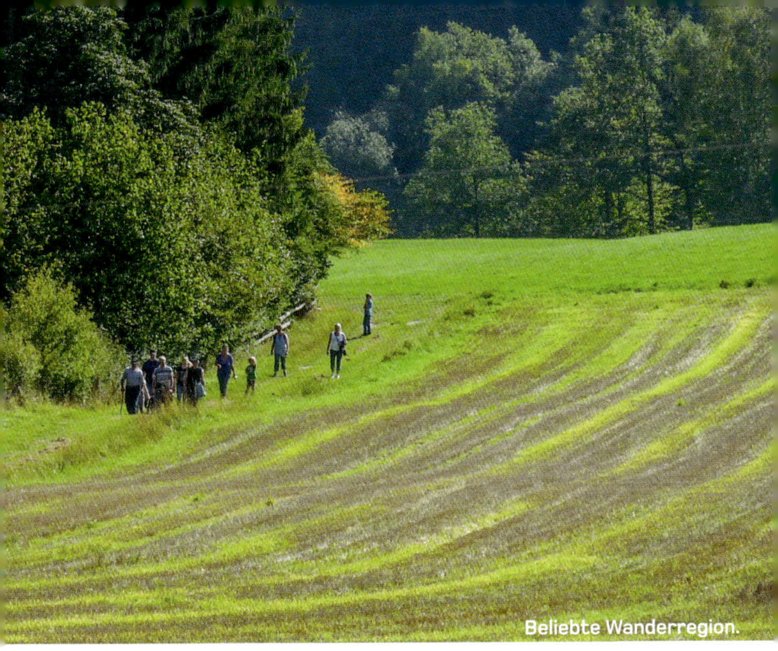
Beliebte Wanderregion.

der alten Römerstraße folgt. Nach 10.8 km queren wir die Straße von Laufersweiler nach Büchenbeuren und wandern geradeaus durch offene Flur weiter. Wir passieren die Augustushütte (7) und wenden uns am Waldrand nach links. Ein naturbelassener Weg führt uns zwischen Wald und Feld weiter, doch schon bald wechseln wir rechts in den Wald. Mit einem erneuten Knick nach rechts ändert sich die Waldkulisse, und Gebüsche umfangen den Weg. An der nächsten Kreuzung wenden wir uns nach links und wandern auf grasigem Weg durch Mischwald bis zum Waldrand (8). Hier verlassen wir für heute nach 12.1 km den Saar-Hunsrück-Steig und laufen auf dem Zuweg nach Sohren.

! Zuweg Sohren-Süd: Wir laufen vom Waldrand geradeaus auf dem Feldweg durch Wiesen und Felder und erreichen nach einem knappen Kilometer den Ortsrand von Sohren. Hier biegen wir rechts ab und folgen der Laufersweiler Straße bis ins Zentrum, das wir nach insgesamt 1.9 km Zuwegung erreichen.

Wanderbüro Saar-Hunsrück, Zum Stausee 198, 66679 Losheim am See 06872/9018100
www.saar-hunsrueck-steig.de
- Hunsrück-Touristik, Gebäude 663, 55483 Hahn-Flughafen 06543/507700
www.hunsruecktouristik.de
- Tourist-Information-Kirchberg, Marktplatz 6, 55481 Kirchberg
06763/910144
www.kirchberg-hunsrueck.de

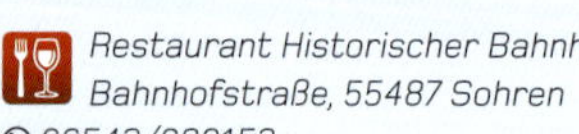

Restaurant Historischer Bahnhof, Bahnhofstraße, 55487 Sohren
06543/980153
www.historischer-bahnhof.de
- Bäckerei-Konditorei-Cafè Wald, Hauptstraße 7, 55487 Sohren 06543/2110
Mi. Ruhetag
- Hotel-Pizzeria Venezia, Niedersohrener Straße 14, 55487 Sohren 06543/98880
www.hotel-pizzeria-venezia.de

Hotel Schatulle, Provinzialstraße 6, 55487 Laufersweiler
06543/980319 www.hotel-schatulle.de
- Hotel zum Felsenkeller, Hauptstraße 29, 55487 Sohren 06543/2260
www.hotel-zum-felsenkeller.de
- Hotel Schinderhannes, Schlossstraße 3, 55487 Sohren 06543/2018
www.hotel-schinderhannes.de

Zwischen Kirn, Idar-Oberstein, Flughafen Hahn und Rhaunen verkehren die Linien 345, 351 und 352 (meist Schulbusverkehr). Flughafen Hahn, Sohren und Simmern verbindet Buslinie 644.
www.orn-online.de

- Taxi Konrad 06543/98820

Weitersbacher Getreidemühle
Der Steig führt uns unmittelbar durch das Areal der Weitersbacherhütte. Die noch heute aktive Getreidemühle gewährt einen hautnahen Einblick ins Müllerhandwerk, und wer möchte, kann sich im angeschlossenen Mühlenlädchen mit unterschiedlichsten Mehlen und Naturkostprodukten eindecken.
www.muehle-lorenz.mengerschied

Die vierte Etappe des SHS nutzt zahlreiche Naturwege und Pfade, die teilweise auch über felsigen Grund verlaufen. Besonders nach Regenfällen ist daher gute Trittsicherheit notwendig. Knöchelhohe Wanderstiefel und Wanderstöcke sind empfehlenswert.

Die Wegstrecke weist keine unüberwindbaren Hindernisse für Hunde auf. Unterwegs bieten Idarbach und Hirschbach Zugang zum Wasser.

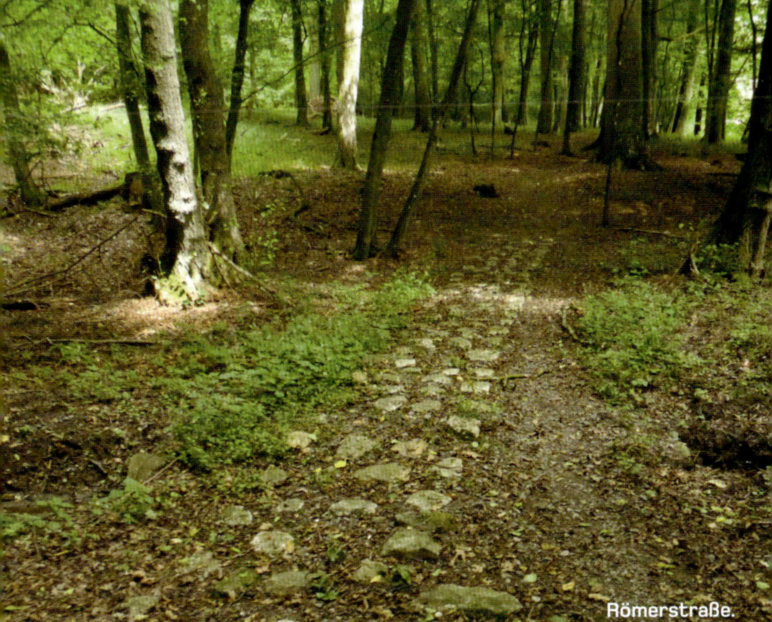

Römerstraße.

Oh Mosella!

Erbaut im 1. Jahrhundert nach Christus, gehörte die große Römerstraße zwischen Bingen und Trier bald zu den wichtigsten Verkehrsverbindungen im Römischen Reich. Als der römische Gelehrte und Dichter Decimus Magnus Ausonius Ende des 4. Jahrhunderts n. Chr. selbst auf dieser bedeutenden Römerstraße unterwegs war, hielt er die Erlebnisse und Eindrücke seiner Reise von Rhein und Nahe über den Hunsrück bis zur Mosel in seinem Werk „Mosella" fest. Damit schuf er den ersten Reisebericht über das deutsche Mittelgebirge.

Heute erinnert der Ausoniuswanderweg auf der historischen Strecke der Römerstraße an diese denkwürdige Reise und den verehrten Dichter und Denker. Der heute etwa 110 km lange Ausoniusweg führt in etwa sechs Etappen von Bingen über Rheinböllen, Kirchberg, Hochscheid, Gräfendhron und Fell bis Trier. Dabei folgt er fast immer alten Römerstraßen, die sich mittlerweile aber zumindest teilweise zu idyllischen Wanderpfaden gewandelt haben. Der SHS führt, von Westen kommend, erstmals bei Laufersweiler über ein Stück rekonstruierte Römerstraße und vermittelt so hautnah den Unterschied zu heutigen Premiumwanderwegen.

5 Eine Etappe – zwei Touren

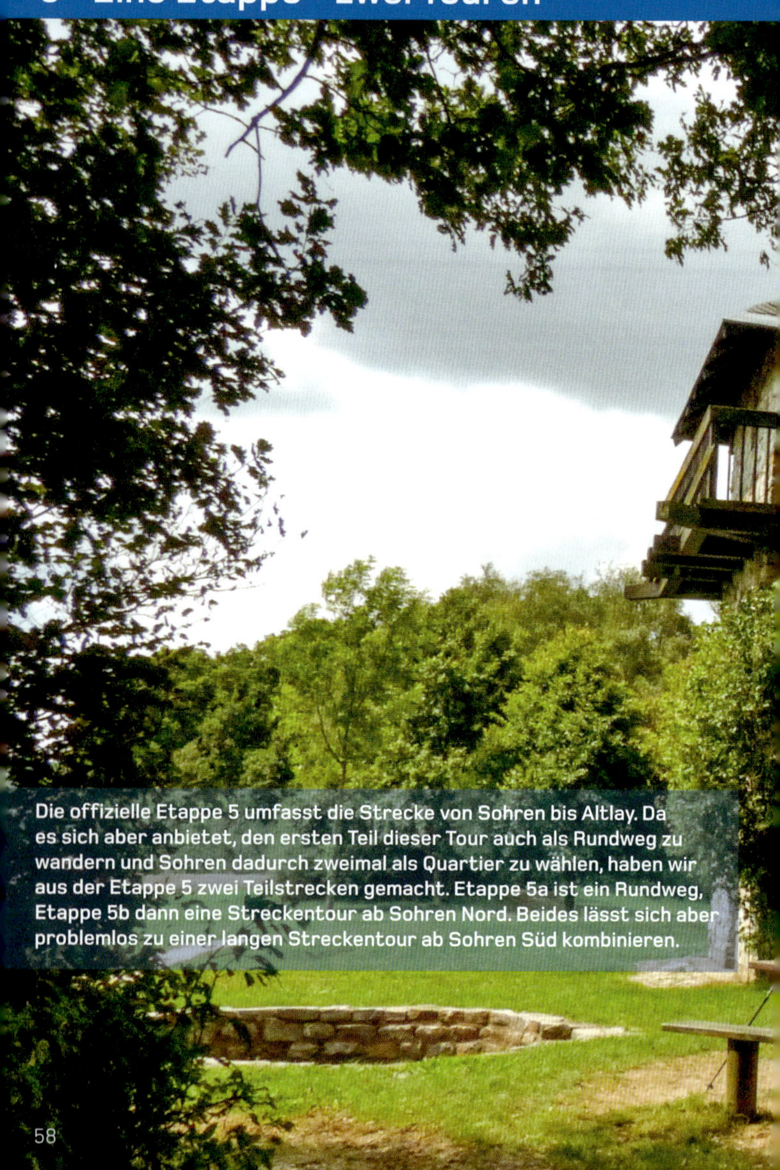

Die offizielle Etappe 5 umfasst die Strecke von Sohren bis Altlay. Da es sich aber anbietet, den ersten Teil dieser Tour auch als Rundweg zu wandern und Sohren dadurch zweimal als Quartier zu wählen, haben wir aus der Etappe 5 zwei Teilstrecken gemacht. Etappe 5a ist ein Rundweg, Etappe 5b dann eine Streckentour ab Sohren Nord. Beides lässt sich aber problemlos zu einer langen Streckentour ab Sohren Süd kombinieren.

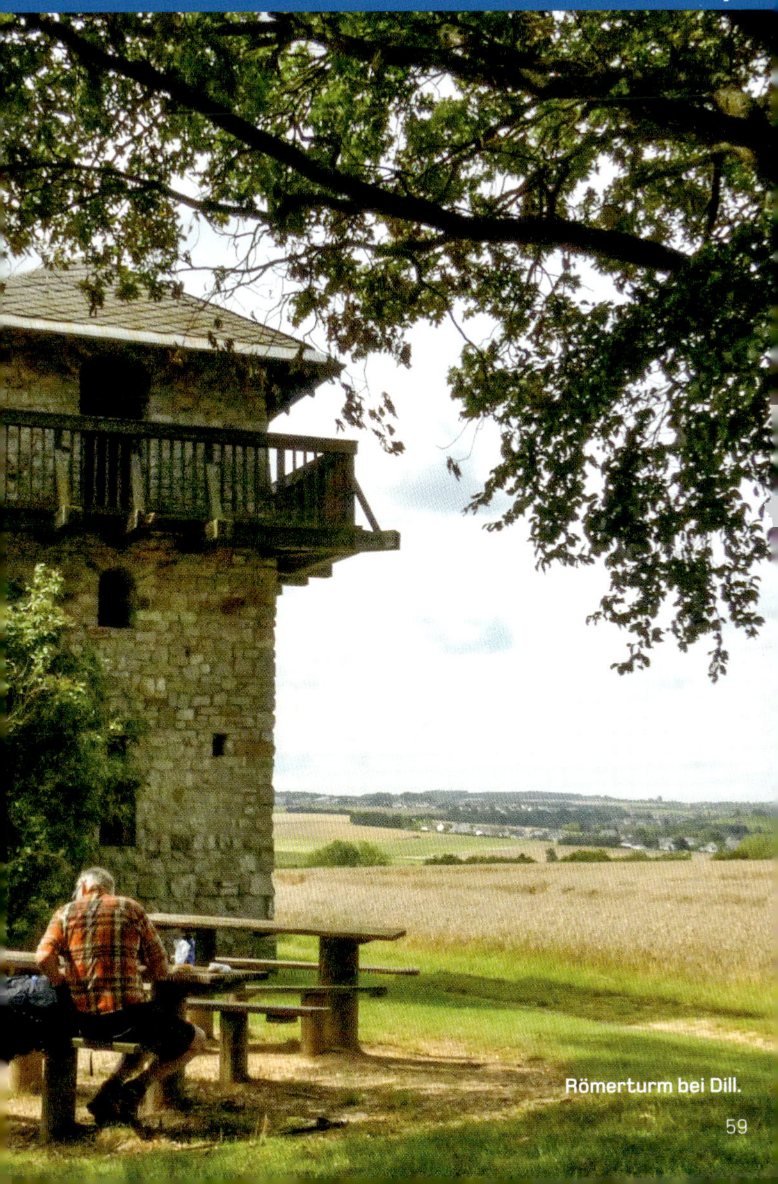

Römerturm bei Dill.

5a *Sohren Süd nach Sohren Nord*

Römische Rundtour

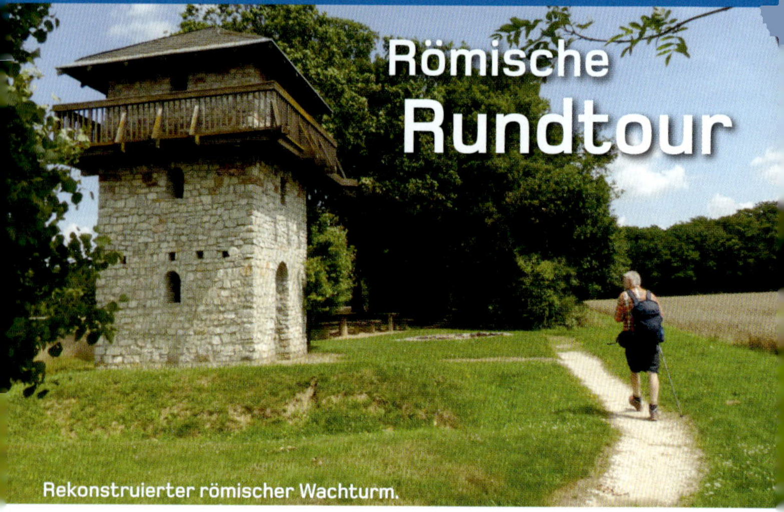

Rekonstruierter römischer Wachturm.

- **Start:** Sohren Süd
- **Ziel:** Sohren Nord
- **Länge Hauptweg:** 7.8 km
  + 1.9 km Zuweg
  +1.2 km Abweg
- **Gesamtzeit:** 2 Std. 30 Min.
  + 1 Std. Zu- und Abweg
- **Kalorien:** ♀ 508 ♂ 597
- **Tour Download**: SHS2TX5

- **Anfahrt:** Start & Ziel: Sohren erreicht man am besten über die B 50, Abfahrt Sohren.

30% | 4 | 66%

- **Parken:**
- Parken Sohren:
  Laufersweiler Straße (10 Std.)
  N49° 55' 37.6'' • E7° 18' 20.2''

- **Wegpunkte:**

P1: Abzweig Sohren Süd
32 U 378841 5530769

P2: Burgblick 32 U 381067 5530702

P3: Römerturm 32 U 381734 5531601

P4: Abzweig Schutzhütte
32 U 381885 5531688

P5: Abzweig Sohren Nord
32 U 379517 5532731

scan to go®

QR-Code mit dem internetfähigen Smartphone einscannen und Startpunkt direkt anzeigen lassen.

■ Höchster Punkt: 445 m ■ Steigung: 122 m ■ Gefälle: 92 m

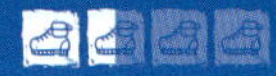

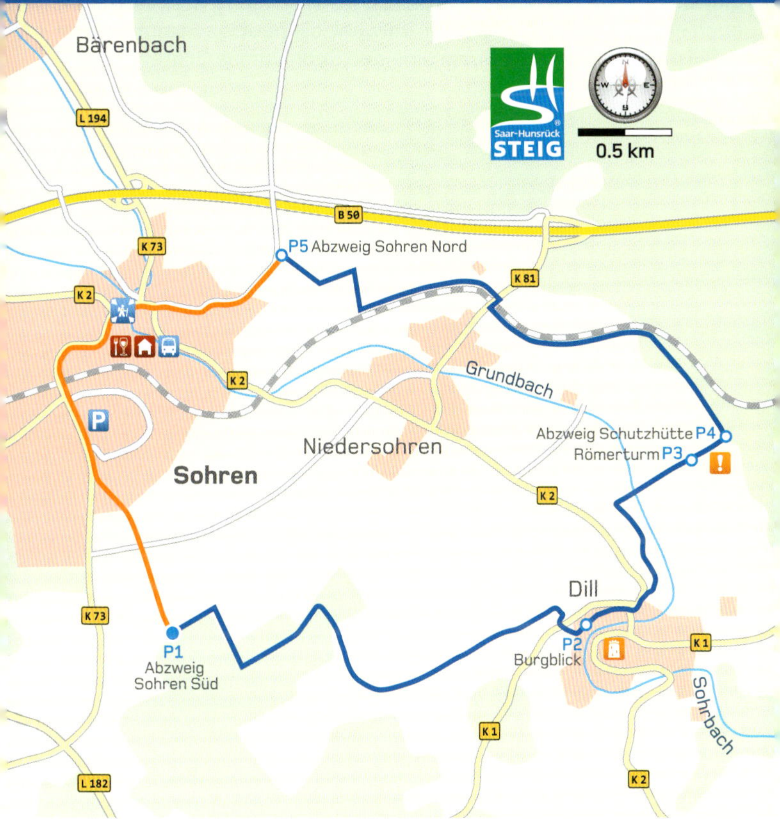

Bärenbach

L 194

Saar-Hunsrück STEIG

0.5 km

B 50

K 73

P5 Abzweig Sohren Nord

K 81

K 2

K 2

Grundbach

Abzweig Schutzhütte P4

Römerturm P3

Niedersohren

Sohren

K 2

Dill

K 73

P1 Abzweig Sohren Süd

P2 Burgblick

K 1

Sohrbach

K 1

L 182

K 2

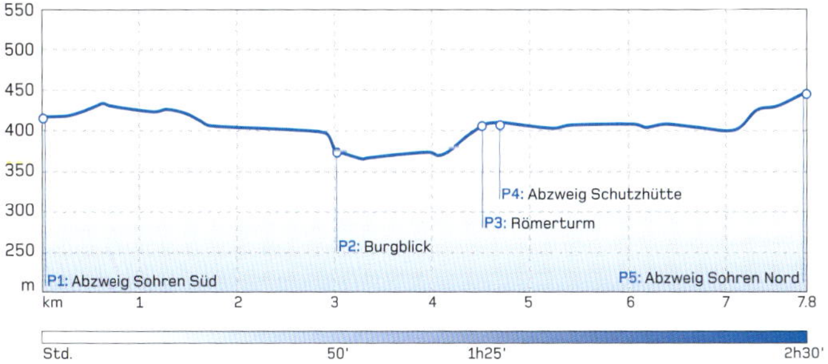

m	km
550	
500	
450	
400	
350	
300	
250	

km 1 2 3 4 5 6 7 7.8

P1: Abzweig Sohren Süd

P2: Burgblick

P3: Römerturm

P4: Abzweig Schutzhütte

P5: Abzweig Sohren Nord

Std. 50' 1h25' 2h30'

Heute folgen wir der Geschichte: Fast auf Schritt und Tritt begleiten uns auf der Tour rund um Sohren römische Relikte. Doch auch ein Hauch von Mittelalter umweht die heutige Etappe, denn in Dill passieren wir die Burgruine der Sponheimer Grafen.

! Die Tour ist im Prinzip als Rundtour gegen den Uhrzeigersinn angelegt, denn der Saar-Hunsrück-Steig (SHS) führt in weitem Bogen um Sohren herum. Der Einstiegs- und der Ausstiegspunkt vom SHS sind jeweils über Zuwege mit dem Zentrum von Sohren verbunden.

Zuweg: Aus dem Zentrum von Sohren folgen wir der Hauptstraße bergan bis zur alten Bahntrasse. Nach deren Querung halten wir uns halb links und wandern durch die Laufersweiler Straße weiter leicht bergan zum Ortsrand. Dort biegen wir links auf einen asphaltierten Wirtschaftsweg ab, der uns vorbei an Weiden und einer Alpakafarm zum Waldrand bringt. Dort treffen wir nach 1.9 km auf den SHS.

Im Unterbachtal **(1)** nehmen wir also die Spur des SHS wieder auf und wenden uns links dem befestigten Waldrandweg zu. Wir können den Blick übers Tal schweifen lassen, sollten dabei aber den Abzweig nach **0.3 km** rechts in den Wald nicht übersehen. Links begleitet uns aufstrebender Jungwald, während der Wald rechter Hand deutlich älter und höher gewachsen ist und mit großer Vielfalt aufwartet. Unter den Sohlen federt weicher Waldboden, was sich allerdings ändert, als wir auf einen befestigten Querweg treffen und links weiterwandern.

Dafür bewegen wir uns mal wieder auf den Spuren des römischen Dichters Ausonius, was heute immer wieder der Fall sein wird.

Im Laubmischwald kommen wir zügig voran und genießen die kühle Waldluft, denn Schatten wird es auf der freien Flurpassage nach Dill bald nur noch wenig geben. Tatsächlich verlassen wir schon bald den Wald und laufen zunächst noch am Waldrand entlang. Wieder ergeben sich schöne Blicke in die Umgebung.

Nach **1.1 km** biegen wir noch einmal scharf rechts auf grasigem Waldweg unter die Baumwipfel und queren ein kleines Waldareal, bevor es zwischen Feld und Wald gemächlich bergab ins Siehlbachtal geht. Dort queren wir erst den Ausonius- und den Sponheimer Weg, dann etwas unterhalb den Siehlbach.

Wir wenden uns nach links und passieren ein eingezäuntes Teichareal, bevor wir dem SHS auf herrlich weichem Grasweg mitten in die offene Flur folgen. Abzweigende oder querende Feldwege ignorieren wir und behalten die Richtung stets bei. Unterwegs erfreut uns nicht nur der Wechsel von Wiesen und Feldern, sondern der berauschende Panoramablick. Beschwingt nähern wir uns Dill und dürfen nach **2.8 km** den scharfen Knick nach rechts

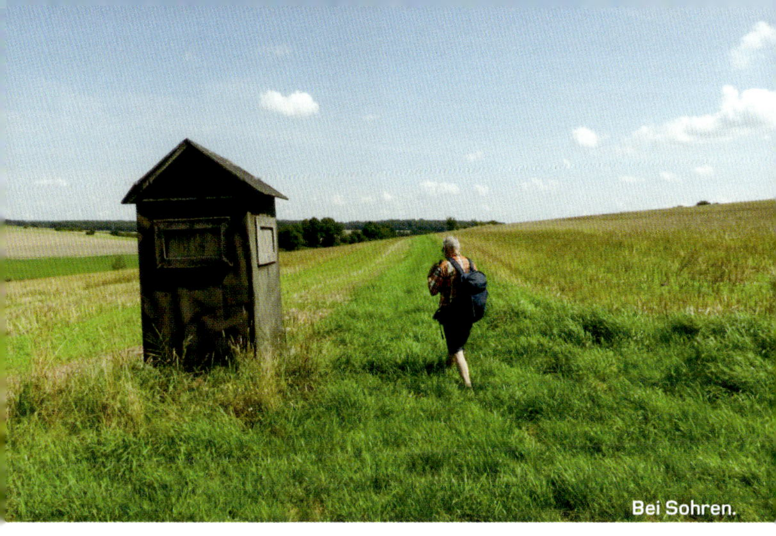

Bei Sohren.

nicht verpassen. Nun haben wir erstmals die Burgruine von Dill im Blick, wo einst die Sponheimer das Sagen hatten. Nach einem kleinen Gehölz queren wir eine Straße und halten uns halb links. Wir queren auch die Zufahrt zum Moseshof und biegen dann links auf einen recht steil abwärtsführenden Pfad ab. Der führt uns neben üppigen Gehölzen und einer eingezäunten Ziegenweide talwärts zu einem querenden Grasweg. Hier wenden wir uns nach links und verharren nur wenige Schritte später, denn am Wegesrand lädt eine geschwungene Sinnesbank **(2)** zum Verschnaufen ein. Zudem liegt die Burgruine nun perfekt und zum Greifen nah im Blickfeld …

Erholt setzen wir die Tour fort und wandern mit Blick auf Dill weiter. Vorbei an einem Privathaus treffen wir auf die Denkmalstraße und laufen auf dieser links bergan. Das Denkmal unter alten Linden lassen wir links liegen und biegen am Ortsende rechts auf einen Wirtschaftsweg. Nun führt uns der SHS durch das idyllische Sohrbachtal, das von wogenden Wiesen ausgefüllt wird, auf denen so manche Vierbeiner wohlschmeckendes Grünzeug finden. Unscheinbar mündet nach **3.3 km** der Siehlbach von links in den Sohrbach, während wir mit sehr sanfter Steigung durch die Wiesen nach Norden wandern.

An einigen Infotafeln treffen wir wieder auf den Ausonius- und den Sponheimer Weg und wandern gemeinsam mit diesen rechts auf befestigtem Weg weiter. Wir queren den Sohrbach und beginnen dann den Anstieg zum Kitzberg. Hier erwartet uns eine Überraschung, denn der SHS wechselt links in das kleine Waldstück, und auch der

Wegbelag ändert sich schlagartig: Nun gewinnen wir auf rekonstruiertem Römerpflaster Schritt für Schritt an Höhe. Bestens ausgerüstet mit modernen Wanderstiefeln spüren wir die Steine kaum unter den Sohlen, doch wir begeben uns auf Zeitreise und stellen uns vor, wie hier einst römische Soldaten in weitaus weniger bequemem Schuhwerk und mit schwerem Marschgepäck etliche Kilometer absolvieren mussten ...

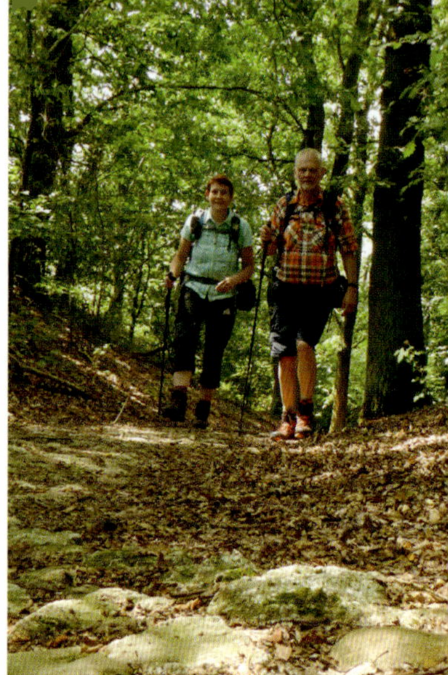

Auf dem Weg zum Gipfel passieren wir eine Ausgrabungsstätte mit einem Stück der alten Römerstraße. Dann ist es so weit: Nach **4.5 km** treffen wir am 1985 rekonstruierten Römertum auf dem Kitzberg **(3)** ein.
Natürlich lassen wir es uns nicht nehmen, per Leiter den Turm zu erklimmen und von oben den Blick weit in die Runde schweifen zu lassen. Im Gegensatz zu römischen Legionären müssen wir aber nicht nach feindlichen Germanen Ausschau halten, sondern können die Aussicht einfach nur genießen. Zur zünftigen Rast stehen Bänke und Tische bereit, sodass wir gestärkt zur Fortsetzung der Tour aufbrechen können.

Doch als wir den Waldrand erreichen, lohnt ein weiterer „römischer" Abstecher zur nur 50 m entfernten Schutzhütte **(4)**. Dort laden einige einfache Waldspiele, die bereits zur Römerzeit aktuell waren, zum spielerischen Erleben von Geschichte ein. Der SHS fogt dem Waldrand nach links und lässt uns etwas mediterranes Flair schnuppern, denn im Sommer verströmen hochgewachsene Kiefern würzig duftende Luft, Heidelbeeren runden das Ambiente ab. Dann laufen wir geradeaus in den Wald hinein und treffen nach **5.4 km** auf die alte Bahntrasse der Hunsrückbahn.
Hier biegen wir noch vor den alten Gleisen nach links und wandern bald wieder in offener Flur weiter. Weit reicht der Blick nach links, wo sich der Idarkopf als markante Landmarke hervorhebt.

Am Ortsrand von Niedersohren queren wir nach **6.4 km** erst eine Straße, dann die Bahnstrecke und biegen bei erster Gelegenheit links auf einen Grasweg ab. Mal begleitet von Gehölzen, mal neben Feldern folgen wir der Bahnstrecke, bis uns der SHS nach einem Gehölz rechts bergan schickt.

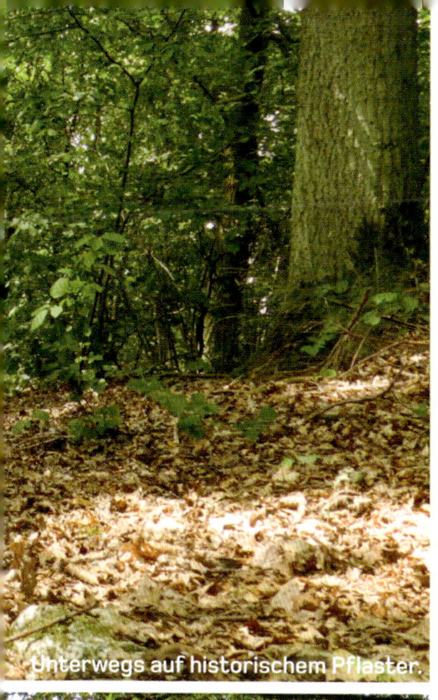

Unterwegs auf historischem Pflaster.

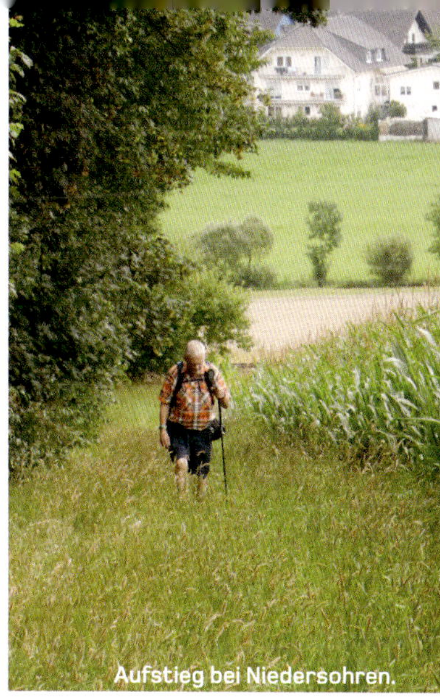

Aufstieg bei Niedersohren.

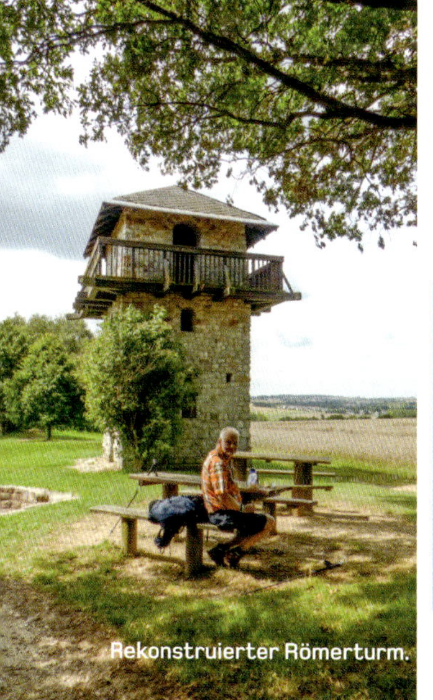

Rekonstruierter Römerturm.

Nach moderatem Aufstieg treffen wir auf einen Asphaltweg und folgen diesem nach links. Doch schon 200 m später dürfen wir bei einer Stromtrasse rechts auf einen ansteigenden Feldweg wechseln. Nach 7.8 km treffen wir auf den Hunsrück-Radweg **(5)**, wo wir uns für heute vom SHS verabschieden.

! Um zurück nach Sohren zu gelangen, biegen wir links auf den Radweg ab und folgen diesem sanft bergab in den Ort. Über die Erlenstraße gelangen wir in die Kirchstraße, halten uns dort rechts und treffen nach 1.2 km wieder an der Hauptstraße im Zentrum ein, wo dieser Rundweg nach insgesamt 10.9 Tageskilometern zu Ende geht.

Wanderbüro Saar-Hunsrück, Zum Stausee 198, 66679 Losheim am See ✆ 06872-9018100
ⓘ www.saar-hunsrueck-steig.de
▪ Hunsrück-Touristik, Gebäude 663, 55483 Hahn-Flughafen ✆ 06543/507700
ⓘ www.hunsruecktouristik.de
▪ Tourist-Information-Kirchberg, Marktplatz 6, 55481 Kirchberg
✆ 06763/910144
ⓘ www.kirchberg-hunsrueck.de

Restaurant Historischer Bahnhof, Bahnhofstraße, 55487 Sohren
✆ 06543/980153
ⓘ www.historischer-bahnhof.de
▪ Bäckerei-Konditorei-Cafè Wald, Hauptstraße 7, 55487 Sohren
✆ 06543/2110 ⏲ Mi. Ruhetag
▪ Hotel-Pizzeria Venezia, Niedersohrener Straße 14, 55487 Sohren
✆ 06543/98880
ⓘ www.hotel-pizzeria-venezia.de

Hotel zum Felsenkeller, Hauptstraße 29, 55487 Sohren ✆ 06543/2260
ⓘ www.hotel-zum-felsenkeller.de
▪ Hotel Schinderhannes, Schlossstraße 3, 55487 Sohren ✆ 06543/2018
ⓘ www.hotel-schinderhannes.de

Zwischen Flughafen Hahn, Sohren und Simmern verkehrt Buslinie 644.
ⓘ www.orn-online.de

▪ Taxi Konrad ✆ 06543/98820

Römerturm & Römerspiele
Unweit von Dill führt der SHS über rekonstruiertes Römerpflaster zum ebenfalls rekonstruierten Römerturm von Dill, der einen weiten Rundumblick über den Hunsrück erlaubt. Nicht weit entfernt befindet sich nahe dem Waldrand die Ausonius-Schutzhütte, wo einige einfache Römerspiele zum kurzweiligen Zeitvertreib einladen.

Die fünfte Etappe des SHS nutzt häufig Naturwege, die bei Nässe rutschig oder matschig sein können und gute Trittsicherheit erfordern. Knöchelhohe Wanderstiefel und Wanderstöcke sind daher empfehlenswert.

Die Wegstrecke weist keine unüberwindbaren Hindernisse für Hunde auf. Unterwegs gibt es keine zugänglichen Wasserstellen.

Burgruine Dill & Die Sponheimer

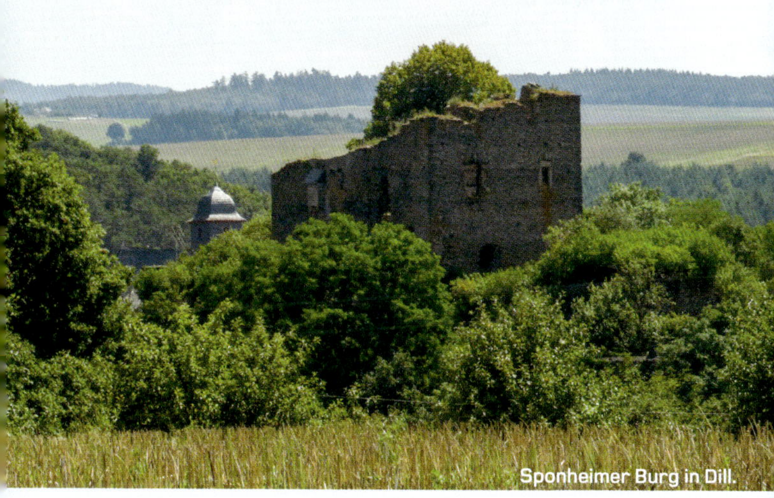
Sponheimer Burg in Dill.

Reiche Vergangenheit

Im 11. Jahrhundert wurde die Burg in Dill erstmals erwähnt. Bauherr war der Graf von Mörsberg, der die Burg auf alten keltischen Fundamenten errichten ließ. Durch Heirat kam die Burg in den Großbesitz der Sponheimer Grafen, die damals weite Teile des Nahelandes beherrschten. Mit der Burg blühte auch der Ort Dill auf, der nicht nur Marktrecht hatte, sondern 1427 sogar zur freien Stadt erklärt wurde. Obwohl heute nichts mehr daran erinnert, war Dill im 15. Jahrhundert auch für die Montangeschichte des Hunsrücks bedeutend.

Die Burg in Dill wurde Ende des 17. Jahrhunderts in den Wirren des Pfälzischen Erbfolgekrieges durch die Franzosen zerstört.
Ihren Stammsitz hatten die Sponheimer auf der Burg Sponheim. Im 13. Jahrhundert teilte sich die Familie in zwei Zweige auf, die fortan in Bad Kreuznach und auf der Starkenburg residierten. Damit verlor Burgsponheim an Bedeutung. Nach kurzer Nutzung als Witwensitz kam die Stammburg Ende des 13. Jahrhunderts in den Rang einer Ganerbenburg. Nachdem im frühen 15. Jahrhundert die Kreuznacher Linie ausstarb, übernahm der Starkenburger Zweig Burgsponheim und alle Besitzungen wieder allein. Doch auch die Starkenburger Linie endete Mitte des 15. Jahrhunderts. Alle Besitztümer der Sponheimer gingen in den Besitz von Baden über.

5b *Sohren Nord nach Altlay*

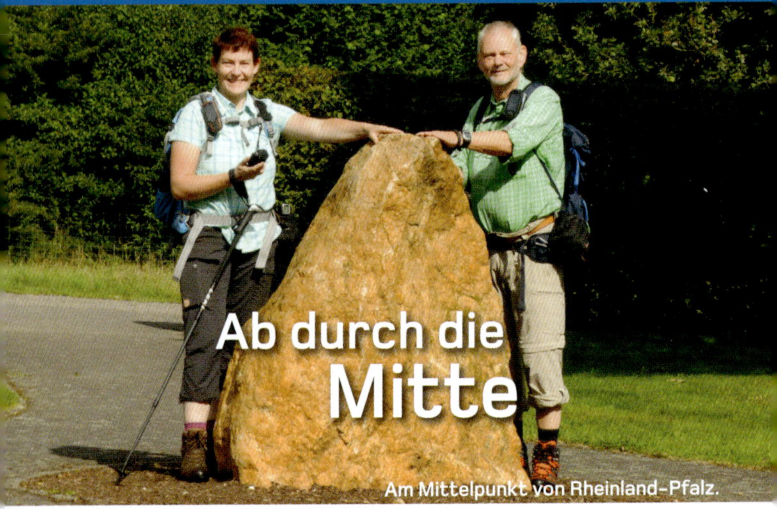

Ab durch die Mitte

Am Mittelpunkt von Rheinland-Pfalz.

- **Start:** Sohren Nord
- **Ziel:** Altlay
- **Länge Hauptweg:** 10.5 km
  + 1.2 km Zuweg
  + 0.5 km Abweg
- **Gesamtzeit:** 3 Std. 15 Min.
  + 30 Min. Zu- und Abweg
- **Kalorien:** ♀ 671 ♂ 789
- **Tour Download**: SHS2TX6

- **Anfahrt:** Start: Sohren erreicht man am besten über die B 50, Abfahrt Sohren. Ziel: Man verlässt die B 421 in Kappel und fährt über die L 193 bis Würrich. Dort wechselt man auf die L 194 nach Altlay.

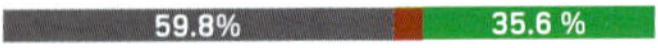

59.8% | 35.6 %

scan to go®

QR-Code mit dem internetfähigen Smartphone einscannen und Startpunkt direkt anzeigen lassen.

- **Parken:**
  - Parken Sohren: Laufersweiler Straße (10 Std.) N49° 55' 37.6'' • E7° 18' 20.2''
  - Parken Altlay: Grillhütte N49° 59' 08.5'' • E7° 16' 01.6''

- **Wegpunkte:**

P1: Abzweig Sohren Nord 32 U 379517 5532731
P2: Sinnesbank 32 U 379269 5533474
P3: Mittelpunkt Rheinland-Pfalz 32 U 378808 5534789
P4: Panoramablick 32 U 376391 5536506
P5: Grube Barbara 32 U 375621 5536646
P6: Mariengrotte 32 U 375255 5538236
P7: Abzweig Altlay 32 U 375764 5538421

■ Höchster Punkt: 489 m ■ Steigung: 154 m ■ Gefälle: 243 m

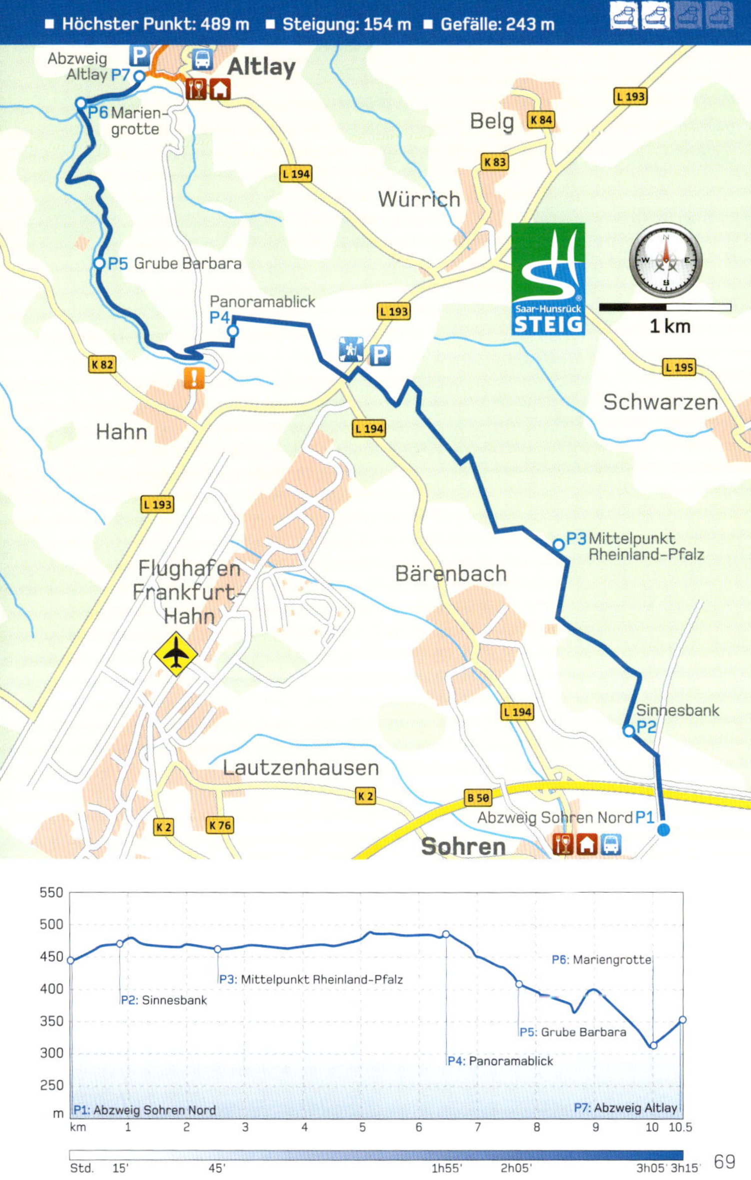

Heute geht es ab durch die Mitte: Noch bevor wir den Flughafen Hahn umrunden, führt uns der SHS zum Mittelpunkt von Rheinland-Pfalz. Nach Verlassen der Hunsrückhöhen dominiert herrlicher Wald die Etappe und beim Passieren zahlreicher Schieferstollen rückt die Montangeschichte der Region in den Vordergrund.

> **!** Vom Zentrum Sohren gelangt man über den nördlichen Zuweg von der Hauptstraße in die Kirchstraße und über die Erlenstraße bergan zum nördlichen Ortsrand. Über den Hunsrück Radweg erreicht man vollends das Plateau und trifft nach 1.2 km Zuweg nahe dem Birkenhof wieder auf den Saar-Hunsrück-Steig (SHS).

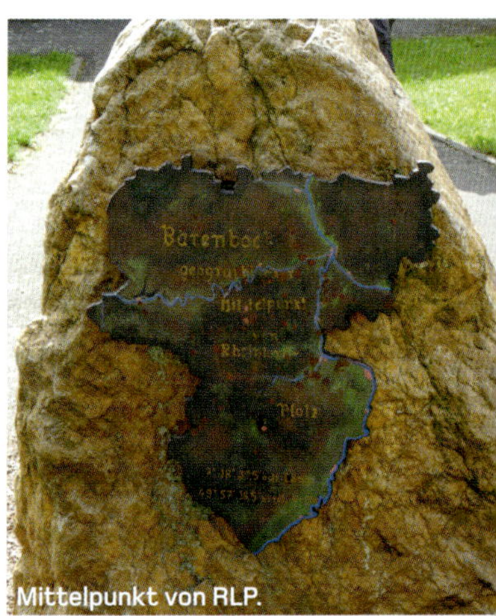

Mittelpunkt von RLP.

Wir biegen links zum Birkenhof **(1)** ab und passieren mit dem SHS das Gehöft, bevor uns eine Brücke über die viel befahrene B 50 bringt. Bald endet der Asphalt, und wir laufen auf befestigtem Wirtschaftsweg geradeaus zum Wald. Dort angelangt, biegen wir links ab und wandern nun mit bester Sicht auf Sohren und den Idarkopf am Waldrand entlang weiter.

Nach **0.9 km** lädt uns rechts eine Sinnesbank **(2)** zur aussichtsreichen Pause ein, was wir uns keinesfalls entgehen lassen. Gleich nach der Bank biegen wir scharf rechts in den Wald ab. Nur wenige Meter später verbirgt sich im Wald ein uralter jüdischer Friedhof, dem wir unsere Referenz erweisen.

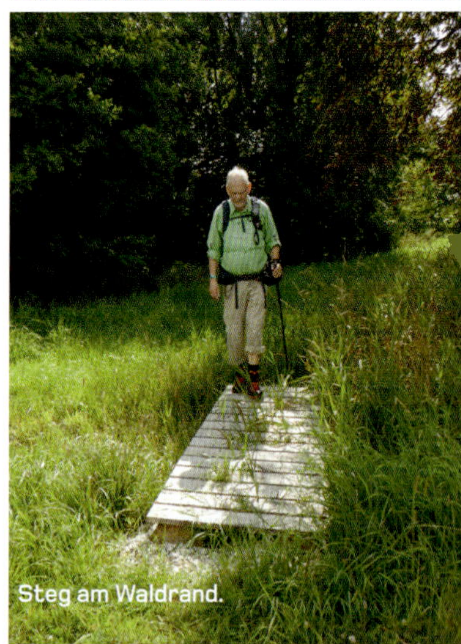

Steg am Waldrand.

Anschließend wandern wir durch urwüchsigen Wald, genießen die Ruhe und atmen tief die würzige

Luft ein. Wir überschreiten eine Kuppe, bevor sich der Weg sanft talwärts neigt. Viel zu schnell endet die idyllische Passage, und wir biegen links auf einen befestigten Forstweg ab. Der führt uns durch hohen Laubmischwald, wobei rechts des Weges himmelhohe und uralte Buchen unsere Aufmerksamkeit auf sich ziehen.

Nach 1.9 km passieren wir den Rastplatz am Schützenhaus von Bärenbach und wandern geradeaus weiter. Als wir den Waldrand erreichen, biegen wir an einer Eiche rechts ab und wandern nun auf weichem Grasweg zwischen Feld und Wald weiter. Nach einer Linkskurve öffnet sich rechter Hand das gepflegte Areal rund um die Grillhütte Bärenbach, doch das ist nicht das Wesentliche an diesem Platz: Ein Stein vor der Hütte markiert nämlich den Mittelpunkt von Rheinland-Pfalz **(3)** …

Nach diesem bedeutenden Zwischenziel, widmen wir uns wieder dem herrlichen Grasweg, der uns an dichten Hecken entlangführt. Schließlich erreichen wir einen befestigten Querweg und schwenken rechts mit diesem in den Wald. Der vielstufige Wald präsentiert sich abwechslungsreich, und nach 3.7 km gelangen wir zu einer großen Waldkreuzung, an der wir uns links halten. Doch schon 100 m später verlassen wir den Forstweg und wandern rechts auf federndem Waldweg unter dem ausladenden Kronendach majestätischer Buchen weiter. Einzig die Motorengeräusche von der nahen Kartbahn schmälern den Waldwandergenuss etwas. Dann wandelt sich der Wald, wird niedriger und dichter und auch der Weg ändert sein Erscheinungsbild. Gräser dominieren und ab und an nutzen wohl auch die Schwarzkittel die Trasse.

Über einen kleinen Steg verlassen wir den Wald und biegen am Rand einer Schonung links auf einen breiten Forstweg ab. Der führt uns im Bogen um das Jungbaumareal und durch einen ehemaligen Windbruch. Wir folgen dem Waldrand, bis wir an einem Parkplatz zur L 193 kommen, wo sich ein Abholpunkt befindet. Wir wenden uns nach links und queren am Ende des Parkplatzes die Straße. Auf der anderen Seite folgen wir dem SHS geradeaus auf einem Feldweg.

> **!** Der Kreuzungsbereich an der L 193/L 194 soll umgestaltet werden. Dann kann es im Bereich der Straßenquerung zu einer kleinräumigen Verlegung des SHS kommen.

Kurz wandern wir am Waldrand entlang, dann weichen die Bäume zurück. Wir passieren ein Wasserpumphaus und biegen rechts auf einen Feldweg in die offene Flur ab. Linker Hand können wir einen ersten Blick zum Flughafen Hahn ergattern. Doch wir widmen uns dem SHS und folgen einer Heckenzeile bis zu einer Bank. Hier wenden wir uns links und laufen nun genau unter der Einflugschneise des Flughafens hindurch, nur gut, dass auf dem Hahn die Landungen nicht

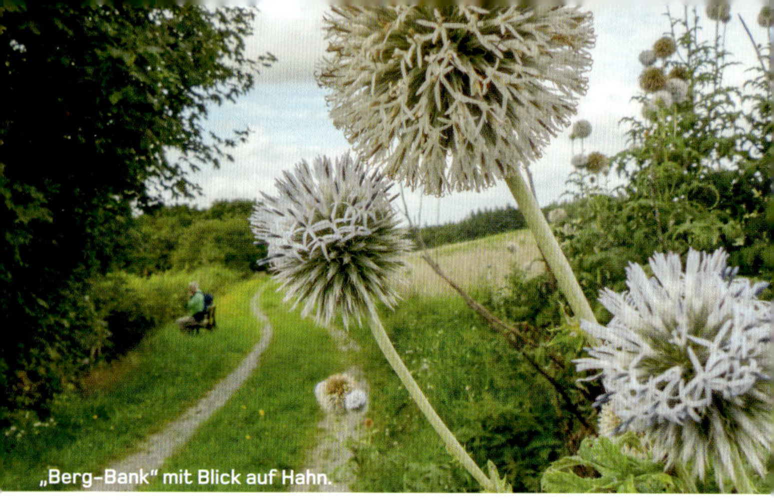
„Berg-Bank“ mit Blick auf Hahn.

im Minutentakt erfolgen. Als der Belag unseres Feldwegs zu Asphalt wechselt, nutzen wir einen Weg nach links. Der steigt leicht an, und als wir nach **6.5 km** die Kuppe überschreiten, liegen der Flughafen und das Dorf Hahn genau im Blickfeld **(4)**. Langsam senkt sich der Weg ab, und wir biegen an der Hangkante rechts ab.

Der Feldweg bringt uns zur „Berg-Bank“, von der wir einen schönen Blick ins Tal nach Hahn genießen können, bevor wir geradeaus sanft bergab wandern. Am Waldrand queren wir einen Asphaltweg und laufen geradeaus abwärts in den Wald. Nur 100 m später beschreibt der SHS einen scharfen Linksknick, und wir nutzen einen Forstweg, um tiefer in den Wald einzudringen. Doch noch einmal steht ein radikaler Richtungswechsel an, denn mit einer Spitzkehre nach rechts beginnt eine tolle Passage durch die Hangflanke des Brühlbachtals. Bald stehen schlanke, hochgewachsene Buchen Spalier, und wir genießen die Kühle des Waldes. Doch auch der Untergrund rückt immer öfter in den Fokus. Begleiten uns anfangs nur schroffe Felsen, so passieren wir nach **7.4 km** den ersten von mehreren ehemaligen Schieferbrüchen. Tafeln des Schiefergrubenwegs erläutern, wann die Brüche in Betrieb waren. Doch der Schiefer wurde nicht nur oberirdisch gewonnen wie am Geisberg. Spätestens an der Grube Barbara **(5)** wird klar, dass auch Stollen zum Abbau des „Schwarzen Goldes“ in den Berg getrieben wurden. Heute haust hier, von Gittern geschützt, das „Große Mausohr“ samt Verwandtschaft.

Am Steinbruch Hansenberg gabelt sich der Weg, wir bleiben oben und wandern an einer Bank vorbei geradeaus weiter. Nach **8.3 km** beschließt die Grube Mosella 2 den

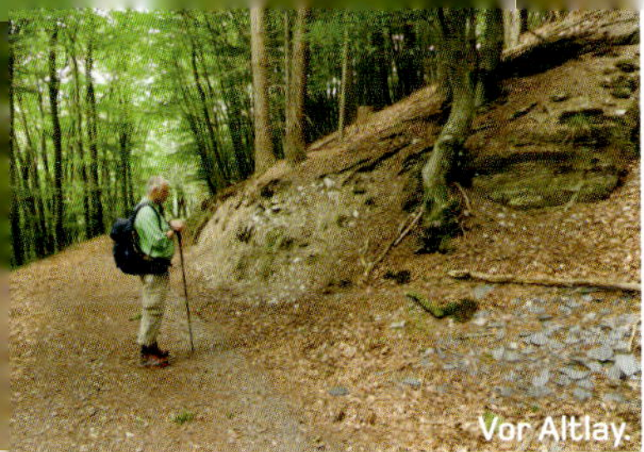

Vor Altlay.

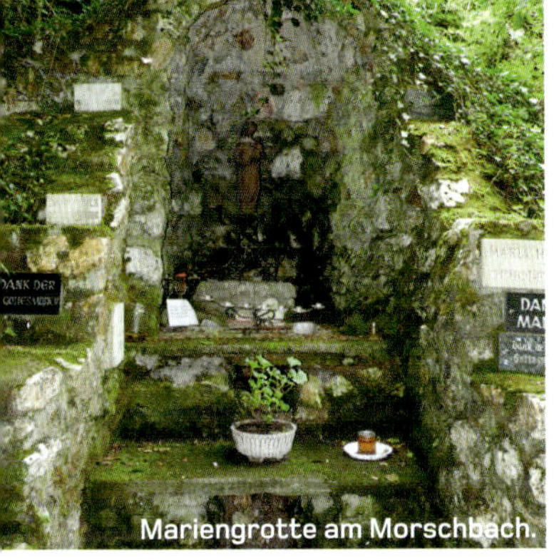

Mariengrotte am Morschbach.

Reigen der Schiefer-Abbauplätze, und wir frönen wieder der herrlichen Natur und Ruhe des Waldes.

In einer Kurve verlassen wir den breiten Weg und biegen links ab. Nur wenige Meter später verlässt uns der Schiefergrubenweg nach links zur Grube Neue Hoffnung, während wir rechts deutlich bergab laufen. Lange verweilen wir aber nicht im Auenwald des Brühlbachs, denn wir treffen auf einen Forstweg, dem wir ansteigend nach rechts folgen. Der Wald weicht etwas zurück und macht Platz für üppige Brombeerhecken und Ginster, die den Aufstieg begleiten. Von einer Bank genießen wir den Ausblick ins Tal, bevor es durch duftenden Nadelwald weiter bergan bis zum Waldrand geht. Dort erhaschen wir einen ersten Blick nach Altlay, dann laufen wir links am Waldrand entlang abwärts. Bald gabelt sich der Weg, und wir folgen dem SHS halb links in den Wald. Wir passieren eine weitere Ruhebank und verlieren im würzig duftenden Nadelwald Schritt für Schritt an Höhe.

Nach **9 km** erhebt sich rechts ein mächtiger Fels im Wald, den wir in einer Rechtskurve umrunden. Dann erreichen wir den Talgrund, queren den Morschbach und wenden uns rechts auf befestigtem Weg bergan. Links zieht eine kleine Mariengrotte **(6)** unsere Aufmerksamkeit auf sich, bevor wir den sanften Anstieg Richtung Altlay fortsetzen.

Wir passieren die gepflegte Anlage rund um den Teich des Angelvereins und wandern weiter bergan. Nach **10.5 km** heißt es dann für heute Abschied nehmen vom SHS **(7)**, der an dieser Stelle mit einer Spitzkehre nach links umknickt.

! Zuweg Altlay: Wir wenden uns hier dem geradeaus weiter ansteigenden Zuweg zu. Nach 150 m treffen wir auf eine Kreuzung zweier Straßen. Hier müssen wir uns entscheiden: Wer zum Hotel Morschbach möchte, wendet sich nach rechts und erreicht nach weiteren 250 m den Gastgeber. Wer ins Zentrum möchte, biegt links ab und trifft nach weiteren 400 m am Ziel ein.

Wanderbüro Saar-Hunsrück, Zum Stausee 198, 66679 Losheim am See ✆ 06872/9018100 ⓘ www.saar-hunsrueck-steig.de

- *Hunsrück-Touristik, Gebäude 663, 55483 Hahn-Flughafen ✆ 06543/507700 ⓘ www.hunsruecktouristik.de*
- *Zeller Land Tourismus GmbH Balduinstr. 44, 56856 Zell (Mosel) ✆ 06542/9622-0 ⓘ www.zellerland.de*
- *Tourist-Information-Kirchberg, Marktplatz 6, 55481 Kirchberg ✆ 06763/910144 ⓘ www.kirchberg-hunsrueck.de*

Bäckerei-Konditorei-Cafè Wald, Hauptstraße 7, 55487 Sohren ✆ 06543/2110 ◷ Mi. Ruhetag

- *Historisches Landgasthaus Schmidt, Hotel & Restaurant, Hauptstraße 20, 56858 Altlay ✆ 06543/818494 ⓘ www.historisches-landgasthaus-schmidt.de*

Hotel zum Felsenkeller, Hauptstraße 29, 55487 Sohren ✆ 06543/2260 ⓘ www.hotel-zum-felsenkeller.de

- *Hotel zum Morschbach, Hauptstraße 74, 56858 Altlay ✆ 06543/818340 ⓘ www.morschbach.de*

Zwischen Flughafen Hahn, Sohren und Simmern fährt Buslinie 644. Nach Altlay ist eine Anfahrt mit dem ÖPNV nicht sehr praktikabel. ⓘ www.orn-online.de

- *Taxi Konrad ✆ 06543/98820*

Simultankirche Hahn

Sie ist die drittkleinste Simultankirche Deutschlands, aber dennoch ein richtiges Kleinod: St. Antonius in Hahn (das dem benachbarten Flughafen den Namen gibt). Während der Turm der kleinen Kirche aus dem 14. Jahrhundert datiert, sind die schönen Fenster der Spätgotik zuzurechnen. In der Barockzeit wurde das dreischiffige Gebäude mit einem Tonnengewölbe ausgestattet. Seit 1689 wird die Kirche als Simultankirche von evangelischen und katholischen Gläubigen genutzt.

Der zweite Teil der 5. Etappe des SHS verläuft weitgehend auf Naturwegen, die bei Nässe rutschig oder matschig sein können. Knöchelhohe Wanderstiefel und Wanderstöcke sind daher empfehlenswert.

Die Wegstrecke weist keine unüberwindbaren Hindernisse für Hunde auf. Nahe der Mariengrotte haben Hunde Zugang zum Morschbach.

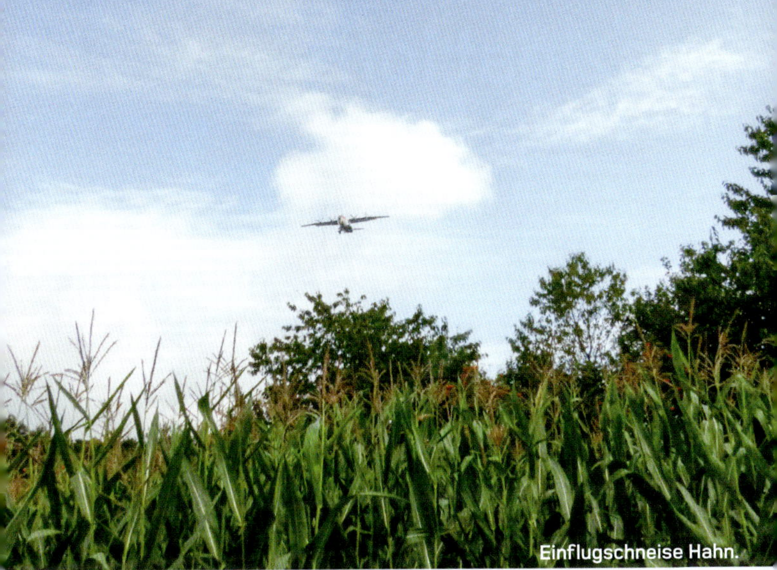
Einflugschneise Hahn.

Vom Flieger zum Premium-Weg

Das dürfte wohl weltweit einmalig sein: mit dem Flieger zum Fernwanderweg anreisen. Praktisch möglich ist das auf „dem Hahn", einem ehemaligen Militärflugplatz im Hunsrück bei Kirchberg, der seit 1993 als ziviler Flughafen für Fracht- und Passagierflugzeuge dient.

Das Flughafengelände umfasst eine Gesamtfläche von 560 Hektar. Dank der 3.8 km langen Landebahn können auch schwere und große Langstreckenflugzeuge sicher landen. Durch die Nähe zum Rhein-Main-Gebiet eignet sich der Hahn gut zur Entlastung des Frankfurter Flughafens, was auch durch das Fehlen eines Nachtflugverbots am Hahn unterstützt wird. Über die B 50 gibt es mittlerweile zumindest nach Osten eine gute Verkehrsanbindung zur A 61. Die Wirtschaftlichkeit des Hahn ist umstritten: Im Jahr 2013 wurden knapp 2.7 Millionen Passagiere abgefertigt. Die Haupteinnahmen fließen aber über den Frachtverkehr (2013: gut 150.000 Tonnen).

Der SHS quert im Norden der Landebahn die Einflugschneise und offenbart von einer Anhöhe ungewöhnliche Einblicke in den Flughafenbetrieb. Wer möchte, kann mit einem der günstigen Passagierflüge zum Hahn reisen und von dort dann über Lautzenhausen direkt zum SHS laufen.

6 Altlay nach Blankenrath

Faszination in Fels

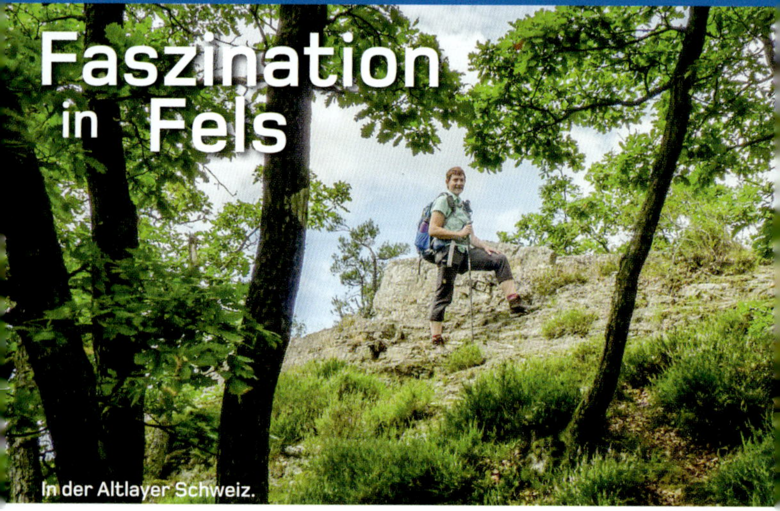

In der Altlayer Schweiz.

- **Start:** Altlay
- **Ziel:** Blankenrath
- **Länge Hauptweg:** 17.1 km
  + 0.5 km Zuweg
  + 0.2 km Abweg
- **Gesamtzeit:** 5 Std.
  + 15 Min. Zu- und Abweg
- **Kalorien:** ♀ 1253 ♂ 1470
- **Tour Download**: SHS2TX7

Anfahrt: Start: Man verlässt die B 421 in Kappel und fährt über die L 193 bis Würrich. Dort wechselt man auf die L 194 nach Altlay. Ziel: Vom Moseltal und aus dem Hunsrück folgt man der B 421 bis zum Abzweig der L 202, nach Blankenrath.

25.8% | 69.8%

scan to go®

QR-Code mit dem internetfähigen Smartphone einscannen und Startpunkt direkt anzeigen lassen.

- **Parken:**
- Parken Altlay: Grillhütte
  N49° 59' 08.5'' • E7° 16' 01.6''
- Parken Blankenrath am ZOB
  N50° 02' 10.7'' • E7° 18' 16.2''

Wegpunkte:

P1: Abzweig Altlay 32 U 375764 5538421
P2: Altlayer Schweiz 32 U 374589 5538439
P3: Waldkapelle 32 U 376381 5539480
P4: Furt 32 U 374740 5541111
P5: Querung B 421 32 U 375958 5543380
P6: Kapelle 32 U 377627 5544223
P7: Abzweig Blankenrath 32 U 378583 5544394

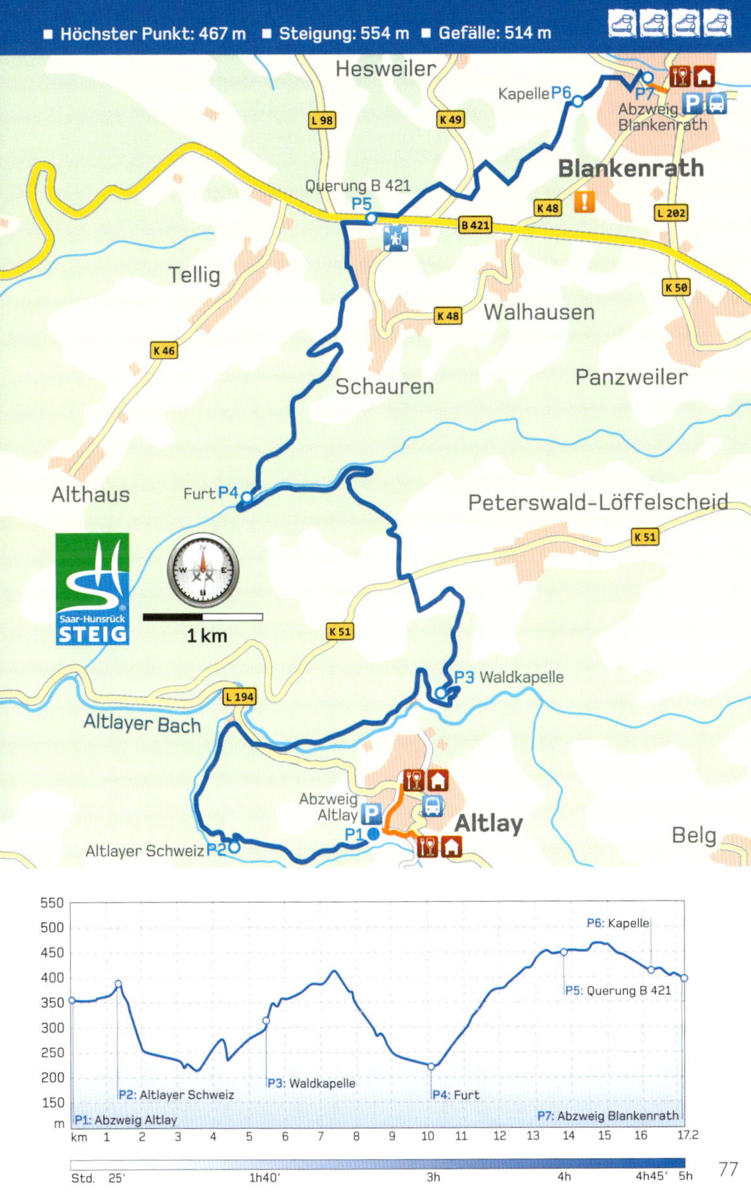
■ Höchster Punkt: 467 m ■ Steigung: 554 m ■ Gefälle: 514 m
Hesweiler
Kapelle P6
P7
Abzweig Blankenrath
L 98
K 49
Blankenrath
Querung B 421
P5
K 48
L 202
B 421
Tellig
K 50
K 48
Walhausen
K 46
Schauren
Panzweiler
Althaus
Furt P4
Peterswald-Löffelscheid
K 51
Saar-Hunsrück STEIG
1 km
K 51
P3 Waldkapelle
L 194
Altlayer Bach
Abzweig Altlay
P1
Altlay
Belg
Altlayer Schweiz P2
550
500
450
400
350
300
250
200
150
m
P6: Kapelle
P5: Querung B 421
P3: Waldkapelle
P2: Altlayer Schweiz
P4: Furt
P1: Abzweig Altlay
P7: Abzweig Blankenrath
km 1 2 3 4 5 6 7 8 9 10 11 12 13 14 15 16 17.2
Std. 25' 1h40' 3h 4h 4h45' 5h

Auf der heutigen Etappe wird der Saar-Hunsrück-Steig zwar anstrengend – aber auch spektakulär! Gleich zum Auftakt windet sich der Steig durch die Felsklippen der Atlayer Schweiz, bevor wir ins idyllische Hitzelbachtal absteigen. Nach kurzer Stippvisite auf dem Hunsrückplateau, bietet das stille Peterswalder Bachtal noch einmal Gelegenheit zum Träumen, bevor es durch freie Flur nach Blankenrath geht.

! Zuweg aus Altlay: Vom Zentrum Altlays oder dem Gastgeber an der L 194 folgen wir den Zuwegen bis zur Kreuzung unterhalb der Grillhütte. Dann geht es links noch 150 m weiter abwärts bis zum SHS.

Wir nehmen die Spur des Saar-Hunsrück-Steigs (SHS) an der Spitzkehre unterhalb der Altlayer Grillhütte **(1)** wieder auf. Hinweistafeln zur „Altlayer Schweiz" klingen verheißungsvoll, und wir sind gespannt, was uns erwartet. Vorerst freuen wir uns aber am grandiosen Panoramaweg, der das Wandererherz höherschlagen lässt: weicher grasiger Boden, rechter Hand Wald und Felsen, linker Hand freier Blick ins nahezu unberührte Tal.

Nach **0.7 km** endet die Panoramapassage, und wir treten in lichten, gedrungen gewachsenen Eichenwald ein. Kaum haben wir uns an die neue Umgebung gewöhnt und eine Bank an einer Felsnase passiert, wandelt sich der Steig: Er verengt sich zum gewundenen Pfad, der uns mit leichtem Auf und Ab durch die „Altlayer Schweiz" führt.
Einen Eindruck, warum dieser Name so passend ist, bekommen wir nach **1.3 km** an einer markanten Felsklippe **(2)**, von der wir aus luftiger Höhe das Hitzelbachtal tief unter uns erspähen. Ein lokaler Wanderweg mit blauem Punkt verlässt uns nach rechts, während wir dem Pfad halb links durch die Hangflanke weiter folgen. Immer wieder begeistern uns schroff aufragende Felsen, die teils von Moosen überzogen sind.

Der SHS windet sich stets hart am Fels durch die Hangflanke und verlangt uns zwar sehr gute Trittsicherheit, aber keine Schwindelfreiheit ab. An einer besonders imposanten Klippe biegt der Pfad rechts um, und wenig später geht es in Serpentinen talwärts. Wir erreichen auf halber Hanghöhe einen Waldweg, biegen jedoch von diesem sogleich wieder links auf einen Pfad, der uns vollends hinab ins Hitzelbachtal führt.

Dort endet unser Pfad vorerst an einem alten Waldweg, doch der SHS bringt uns direkt auf Tuchfühlung mit dem leise rauschenden Bach: Wir dürfen pfadig unmittelbar am Bach entlangwandern! Nach **2.1 km** schwingt sich der Pfad die Böschung empor und vereinigt sich mit einem Waldweg, dem wir nach links folgen. Den Bach haben wir

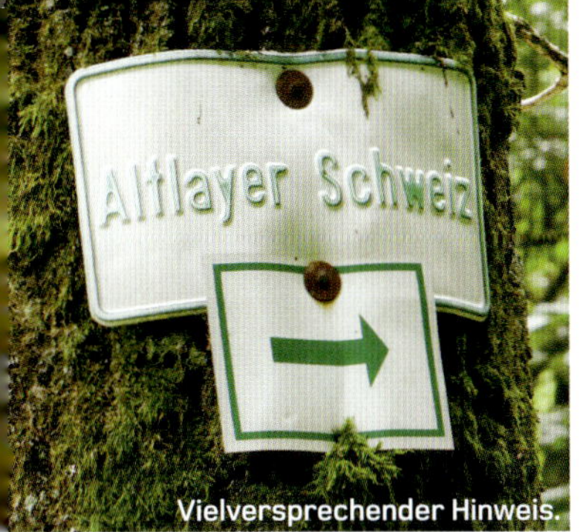

Vielversprechender Hinweis.

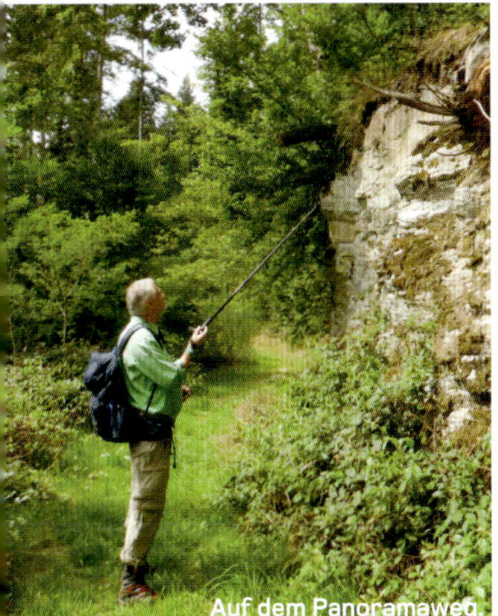
Auf dem Panoramaweg.

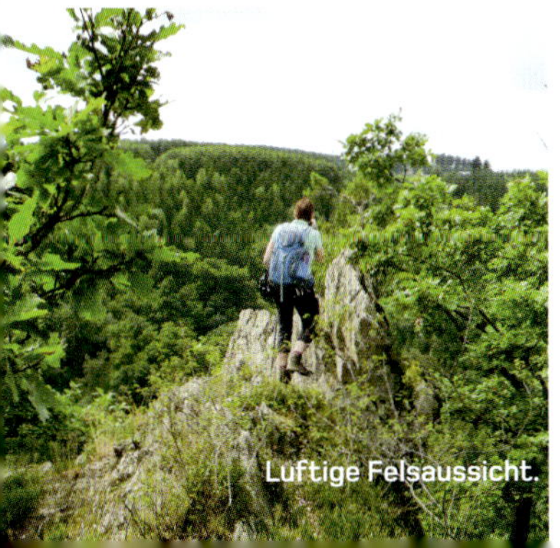
Luftige Felsaussicht.

weiter im Blick, doch lassen wir uns auf dem folgenden Abschnitt vom artenreichen Wald in Bann schlagen.

Mit einer weiten Kurve nähern wir uns dem Tal des Altlayer Bachs an, doch zunächst erreichen wir die L 194. Kurz folgen wir ihr auf einem Böschungspfad, dann queren wir die Straße und nutzen einen Wirtschaftsweg hinab ins Tal.

Kurz nachdem wir den Altlayer Bach nach 3.5 km gequert haben, biegen wir an einer Kläranlage links auf einen ansteigenden Forstweg ab. Stetig geht es aufwärts, bis wir vom Rand des Buchenhallenwalds einen großartigen Ausblick übers Tal hinüber nach Altlay genießen können. An der folgenden Kreuzung biegen wir rechts auf einen bald recht steil abwärtsführenden Weg ab.

Nahe der Engersmühle treffen wir auf den Talweg, dem wir nach links folgen. Aber unser Intermezzo im Talgrund dauert nicht lange, denn nur wenige Meter später wechseln wir links auf einen Waldweg, der uns erneut bergan führt. Der Aufstieg gestaltet sich kurzweilig, denn nach anfänglichem Jungwald gibt es am Wegrand eines alten Windbruchs bald leckere Brombeeren (sofern man im Sommer unterwegs ist), bevor wieder lichter Wald den Weg begleitet.

Als wir auf einen befestigten Forstweg treffen, biegen wir rechts ab und queren wenig später den Bach, der unseren Aufstieg, verborgen im dichten Grün, begleitet hat. Dann genießen wir das Waldwandern, dürfen dabei aber nicht zu sehr ins Träumen kommen, denn nach **5.5 km** biegt der SHS links auf einen Pfad ab. Der führt uns mit deutlichem Höhengewinn zu einer Waldkapelle **(3)**.

Nach kurzer, besinnlicher Rast setzen wir den Aufstieg per Pfad fort, passieren die Grablegungsstation des Kreuzwegs und folgen kurz einem Forstweg bergan. Dann knickt der SHS links auf einen Waldweg ab, der uns oberhalb des Wallfahrtsareals entlangführt. Das raschelnde Laub unter den Füßen und der vom Licht durchflutete Wald dürfen uns aber nicht zu sehr ablenken, denn in einer Kurve wendet sich der SHS scharf rechts bergan auf einen Pfad über einen kleinen Grat. Der idyllische Pfad endet an einem Forstweg, dem wir links folgen und weiter sanft an Höhe gewinnen.

Nach **6.4 km** öffnet sich der Wald und entlässt uns in offene Flur. Am Rand eines Gehölzes biegen wir bei einer mächtigen Eiche nach links und können nach der langen Waldpassage endlich mal wieder dem Blick freien Lauf lassen. Wir wandern am Gehölz entlang und biegen am Ende rechts auf einen Feldweg bergan. Bald umgeben uns nur noch Felder, und wir erreichen auf der Kuppe die K 51. Nun haben wir auch nach Norden freie Sicht, und wir erkennen voraus bereits Schauren, wo wir bald vorbeikommen werden. Wir laufen auf der Straße 100 m nach links, bevor wir rechts auf einen Feldweg wechseln. Der führt uns hinab zum

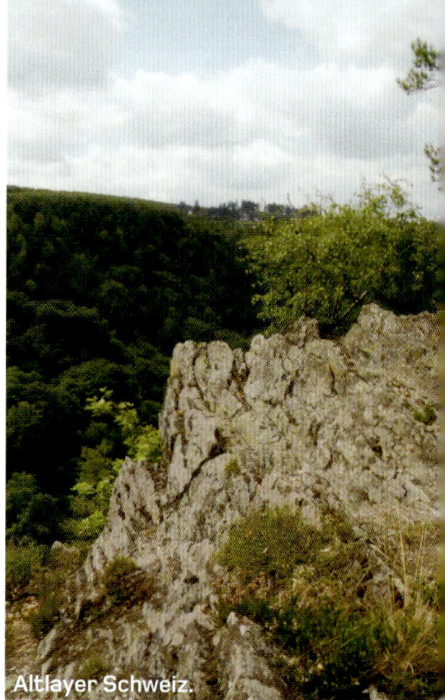
Altlayer Schweiz.

nahen Waldrand, wo wir links auf einen Querweg abbiegen. Kaum weicht links der Nadelwald zurück, wenden wir uns rechts einem weiter abwärtsführenden Waldweg zu. Wir erreichen einen leise murmelnden Bach, queren ihn und setzen den Abstieg ins Haupttal fort.

> **!** Die folgende Passage ist einfach bezaubernd und punktet mit toller, abwechslungsreicher Flora, vom Ginster bis zur knorrigen Eiche, aber auch immer wieder mit Felsen, die vom einstigen Schieferabbau zeugen.

Der teils recht steile Abstieg erfordert wieder gute Trittsicherheit, da teils loser Schiefer den Boden be-

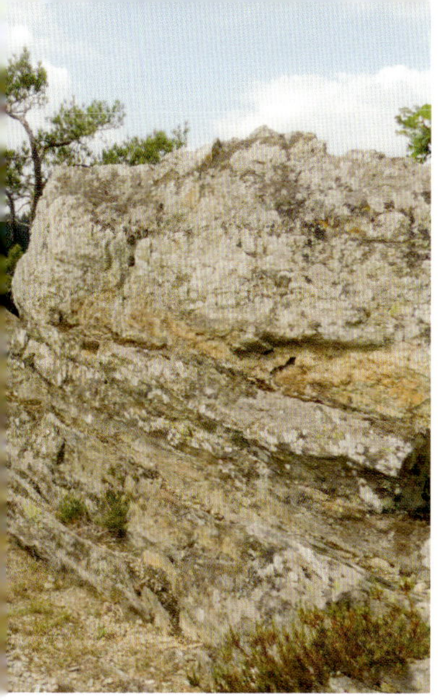

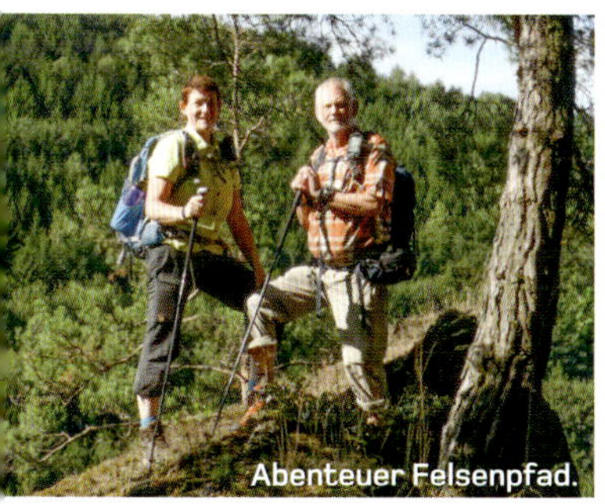

Abenteuer Felsenpfad.

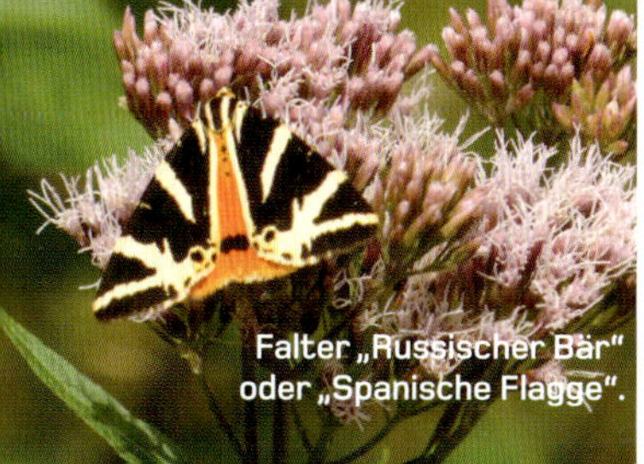

Falter „Russischer Bär" oder „Spanische Flagge".

deckt und Feuchtigkeit dazukommt. Doch wir meistern auch diese Abschnitte, und nach einer Kurve steigt der Weg zunächst sogar wieder etwas an. Nach 8.8 km biegt der SHS mit einer Spitzkehre nach links ab und führt uns nun endgültig talwärts. Unterhalb rauscht munter der Peterswalder Bach, der sich bald mit dem Langwieser Bach vereinigt. Wir freuen uns an der wassernahen Wegführung durch das unberührte Tal. Bald mündet von links der Nebenbach, der zuvor unseren Abstieg begleitet hat. Wir genießen die herrliche Talpassage, die durch das leise rauschende Wasser des Baches gekrönt wird.

Nach 10.1 km macht der SHS eine Spitzkehre nach rechts, und wenig später dürfen wir den Peterswalder Bach über große Schiefertrittsteine queren (4), was bei jedem Wasserstand gute Trittsicherheit erfordert. Auf der anderen Seite erreichen wir nach wenigen Schritten einen Forstweg und wandern auf diesem nach rechts, bis wir 150 m später an einer Kreuzung eintreffen. Hier mündet von links der Hühnenbach in den Peterswalder Bach. Er wird auf beiden Seiten von Wegen flankiert.

Wir queren den Hühnenbach und nutzen dann den östlichen Weg, um den Anstieg Richtung Schauren in Angriff zu nehmen. Immer wieder flankieren mächtige Felsen den Weg, sogar eine kleine Höhle gähnt im Gestein, während uns linker Hand der leise plätschernde Hühnenbach begleitet. Nach 11.2 km vereinigt sich unser Uferweg mit einem befestigten Waldweg, und gemeinsam folgen wir dem Bach zu einer nahen Kreuzung, an der der bisherige Westuferweg auf unsere Bachseite wechselt. Wir dürfen hier den breiten Forstweg verlassen und den Aufstieg rechts im luftigen Buchenwald auf urigem Pfad fortsetzen. Erst am Waldrand stößt unser Pfad wieder auf den Forstweg, quert diesen jedoch nur, da wir an dieser Stelle links über den Wiesengrund laufen.

Anschließend führt uns der SHS durch ein Gehölz, das uns aber bald in einen ehemaligen Windbruch entlässt. Längst haben Jungbäume und Büsche die sonnige Fläche besiedelt, und so dürfen wir flankiert von Ginstern und Brombeeren und über würzig duftende Kräuter den Aufstieg fortsetzen. Nach einer markanten Rechtskurve erreichen wir bald bewirtschaftete Felder und wandern an deren Rand weiter bergan. An einer Wegkreuzung halten wir uns halb rechts und treffen nach **12.7 km** auf einen befestigten Wirtschaftsweg. Wir biegen nach rechts und wandern zu den nahen Häusern des Ferienparks Schauren. Dort wenden wir uns links auf einen Grasweg, der uns am Rand der Wohnsiedlung aufwärtsbringt. Mit kleinem Links-rechts-Versatz wechseln wir an den Waldrand und machen dort die letzten Höhenmeter gut.

Nach den letzten Häusern wandern wir an einem Feld entlang zur nahen B 421, wo wir rechts aufs grasige Bankett schwenken. Als auf der anderen Straßenseite eine junge Baumallee beginnt, queren wir die Straße **(5)**, passieren den hiesigen Abholpunkt und wandern zu einem kleinen Gehölz. Hier dürfen wir der Straße endgültig den Rücken kehren und links auf einen Feldweg Richtung Hesweiler abbiegen. Wir wandern mitten durch die Wiesen und Felder bis zum nächsten Wäldchen, dem wir außen am Waldrand folgen. Dann schicken uns die Logos des SHS rechts auf einem Grasweg bergan zur Straße nach Hesweiler.

Auf der Kuppe queren wir nach **14.6 km** die Straße und wandern geradeaus durch die Felder. Mächtig erhebt sich vor uns ein riesiges Windrad, das jedoch noch lange nicht zu den Größten seiner Art gehört. Noch einmal wenden wir uns mit einem Linksschwenk der Straße zu, biegen unmittelbar vorher aber

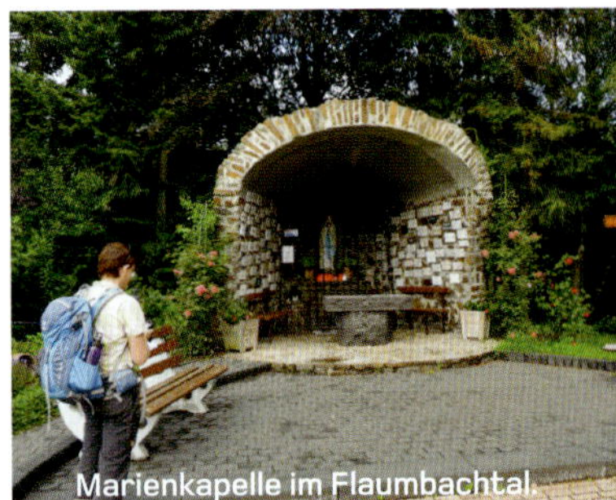
Marienkapelle im Flaumbachtal.

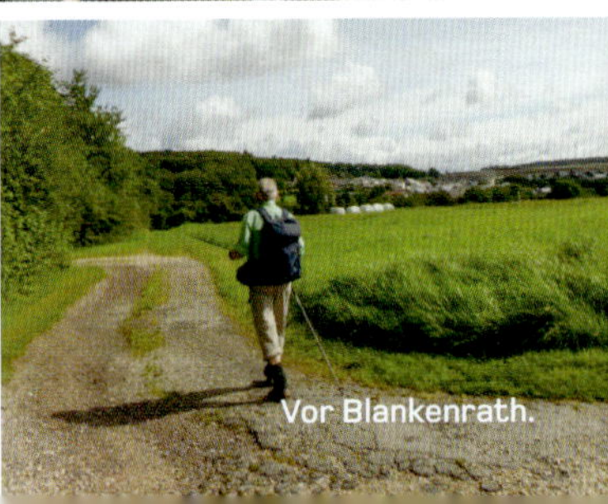
Vor Blankenrath.

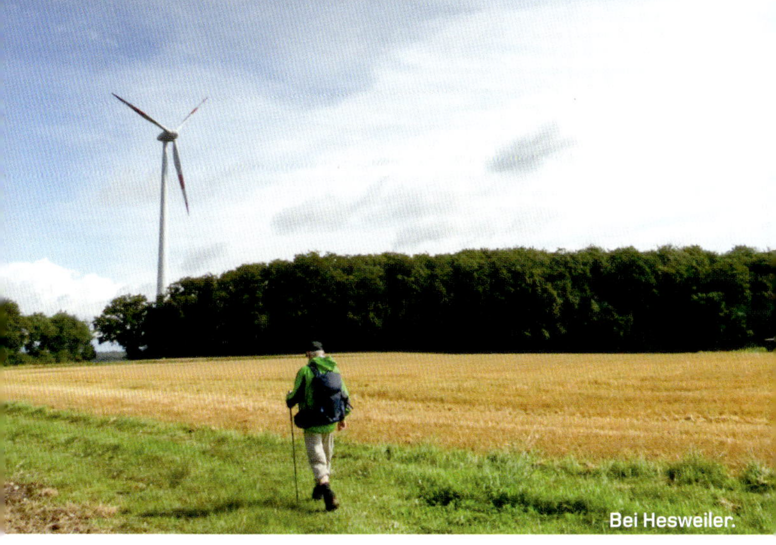
Bei Hesweiler.

auf einen Feldweg nach rechts ab. Der führt uns zum nahen Waldrand, wo wir rechts auf einen Naturweg wechseln.

Dort, wo Hochwald in ein niedriges Gehölz übergeht, knickt der SHS links ab, und bald dürfen wir auf grasigem Weg zwischen Wald und Wiese durch das idyllische Flaumbachtal laufen. Vom Bach selbst ist wenig auszumachen, aber die sattgrünen Wiesen und der weite Blick sorgen für Hochstimmung. Nach **16.2 km** endet der Grasweg, und wir biegen rechts auf einen befestigten Wirtschaftsweg ab, der uns nach wenigen Metern an einer kleinen Marienkapelle **(6)** vorbeiführt.

Danach treffen wir auf den Asphaltweg Richtung Blankenrath. Wir folgen dem Weg nach links und passieren die Stationen des hiesigen Kreuzwegs. Am Ende des Gehölzes wenden wir uns nach links und laufen auf einem Naturweg leicht bergab bis zum Zaun einer Weide. Hier schwenken wir nach rechts und visieren nun das Etappenziel Blankenrath an.

Wir erreichen den Ortsrand an der Schulstraße, die uns links abwärts zu „Im Herrengarten" bringt. Dieser Straße folgen wir links abwärts zur Hesweiler Straße, wo wir uns rechts halten. Als der SHS links auf einen Fußweg hinab zum Flaumbach abbiegt, endet für heute unsere Wanderung auf dem Steig **(7)** nach **17.1 km.**

> **!** Zuweg Blankenrath: Der Zuweg ins nur 250 m entfernte Zentrum von Blankenrath führt an dieser Stelle geradeaus.

Wanderbüro Saar-Hunsrück, Zum Stausee 198, 66679 Losheim am See ✆ 06872/9018100 ⓘ www.saar-hunsrueck-steig.de

■ Hunsrück-Touristik, Gebäude 663, 55483 Hahn-Flughafen ✆ 06543/507700 ⓘ www.hunsruecktouristik.de

■ Zeller Land Tourismus GmbH Balduinstr. 44, 56856 Zell (Mosel) ✆ 06542/9622-0 ⓘ www.zellerland.de

■ Gasthaus Gräff-Oster, Flaumbachstraße 2, 56865 Blankenrath, ✆ 06545/305 ⓘ www.gasthaus-graeff.de

Gasthaus Josef Stein, Hunsrückstraße 18, 56865 Blankenrath ✆ 06545/289 ⓘ www.gasthaus-stein.de

■ Hotel zum Morschbach, Hauptstraße 74, 56858 Altlay ✆ 06543/818340 ⓘ www.morschbach.de

■ Gasthaus und Pension „Zur Buche“, Wohnplatz an der Buche 1, 56858 Mittelstrimmig ✆ 06545/247 ⓘ www.holl-buche.de

Nach Altlay ist eine Anfahrt mit dem ÖPNV schwierig. Blankenrath ist aus dem Moseltal (von Zell oder Bullay) und vom Flughafen Hahn per Bus zu erreichen, teils ist eine Anmeldung erforderlich. ⓘ www.vrminfo.de

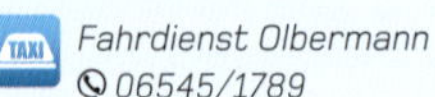
Fahrdienst Olbermann ✆ 06545/1789

Kirchspiel-Wanderweg
In der Gemarkung rund um Blankenrath verbindet der 20 km lange Kirchspiel-Wanderweg die einzelnen Ortsgemeinden des Blankenrather „Kirchspiels“. Dazu gehören Reidenhausen, Haserich, Panzweiler, Waldhausen, Schauren und Hesweiler. Da es sich um einen Rundweg handelt, kann man in jeder der Ortschaften in die Tour einsteigen. Der Weg wurde 2010 vom Heimat- und Verkehrsverein Blankenrath initiiert und ist mit einem eigenen, markanten Logo ausgeschildert.

Die sechste Etappe des SHS verläuft weitgehend auf Naturwegen und nutzt im Bereich der Altlayer Schweiz felsige Pfade, die nicht nur bei Nässe sehr gute Trittsicherheit erfordern. Knöchelhohe Wanderstiefel und Wanderstöcke sind daher empfehlenswert.

Die Wegstrecke weist keine unüberwindbaren Hindernisse für Hunde auf. Die Vierbeiner finden am Hitzelbach, am Altlayer Bach und am Peterswalder Bach Zugang zum Wasser.

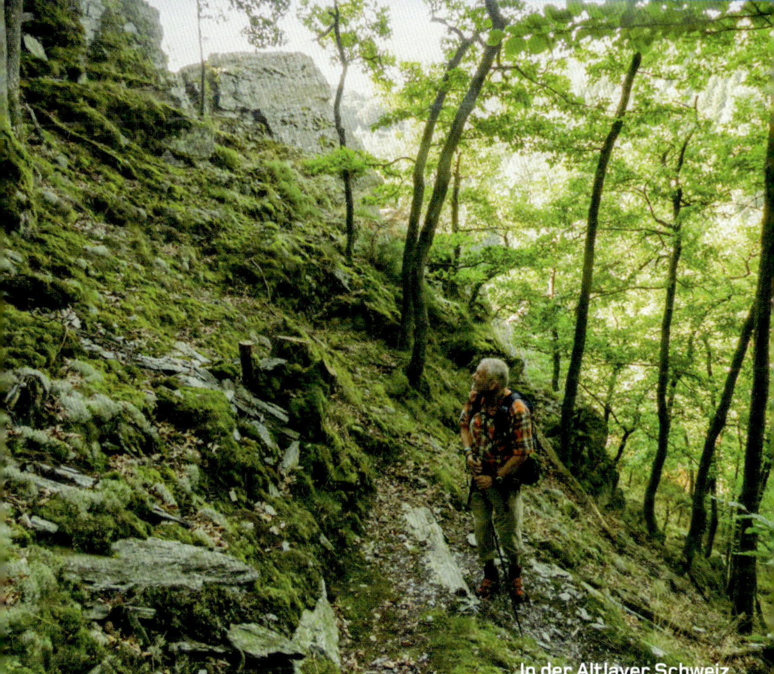

In der Altlayer Schweiz.

Schwarzes Gold

In vielen der tief eingeschnittenen und heute eher unwegsamen Täler des Hunsrücks herrschte früher emsiges Treiben. Heute zeugen schwarz schimmernde Berge von glänzendem Schiefergestein und in der Regel vergitterte Stollenlöcher von der einst regen bergmännischen Tätigkeit. Abgebaut wurde damals das „schwarze Gold", der Schiefer, der in dieser Region sehr hochwertig ist und auch im 21. Jahrhundert noch zahlreiche Dächer und Fassaden vor den Unbilden des Wetters schützt. In unmittelbarer Nachbarschaft zu den Schieferstollen gab es an einigen Stellen zudem Bunterzvorkommen (Pb-Zn-Paragenesen), die jedoch keine wirtschaftliche Bedeutung erlangten.

Zu den bedeutendsten Dachschieferabbaustätten der Region Hahn gehörte die Grube Gute Hoffnung im Brühlbachtal, die Anfang des 20. Jahrhunderts regen Schieferabbau betrieb. Heute sind die meisten Vorkommen im Hunsrück im Dornröschenschlaf versunken, da sie nicht mehr abbauwürdig sind. Wirtschaftlich bedeutend sind allerdings nach wie vor die großen und qualitativ hochwertigen Dachschiefervorkommen im Raum Mayen.

7 Blankenrath nach Mörsdorf

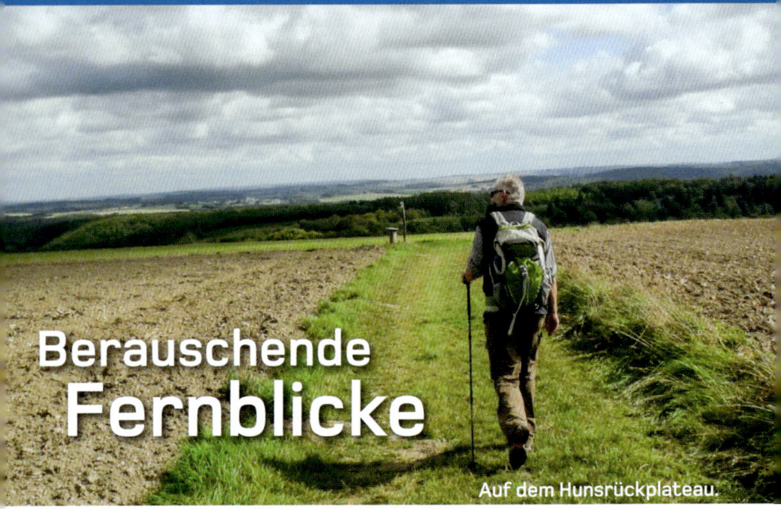

Berauschende Fernblicke

Auf dem Hunsrückplateau.

- **Start:** Blankenrath
- **Ziel:** Mörsdorf
- **Länge Hauptweg:** 13.3 km
  + 0.2 km Zuweg
  + 1.6 km Abweg
- **Gesamtzeit:** 4 Std.
  + 30 Min. Zu- und Abweg
- **Kalorien:** ♀ 882 ♂ 1035
- **Tour Download:** SHS2TX8

Anfahrt: Start: Vom Moseltal und aus dem Hunsrück folgt man der B 421 bis zum Abzweig der L 202, die nach Blankenrath führt. Ziel: Von Kastellaun (L 204) oder von Treis-Karden (L 202 und L 204) gelangt man nach Mörsdorf.

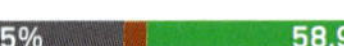

scan to go®

QR-Code mit dem internetfähigen Smartphone einscannen und Startpunkt direkt anzeigen lassen.

Parken:

- Parken Blankenrath am ZOB
  N50° 02' 10.7'' • E7° 18' 16.2''
- Parken Mittelstrimmig an L 202
  N50° 05' 12.5'' • E7° 16' 52.4''
- Parken Mörsdorf: Lahrer Straße
  N50° 06' 15.5'' • E7° 20' 50.8''

Wegpunkte:

P1: Abzweig Blankenrath
32 U 378583 5544394

P2: Hanosiusmühle
32 U 377582 5545943

P3: Rastplatz an L 200
32 U 377347 5548648

P4: Grillhütte Altstrimmig
32 U 378078 5549994

P5: Abzweig Zuweg Mörsdorf
32 U 381114 5550143

■ Höchster Punkt: 421 m ■ Steigung: 260 m ■ Gefälle: 407 m

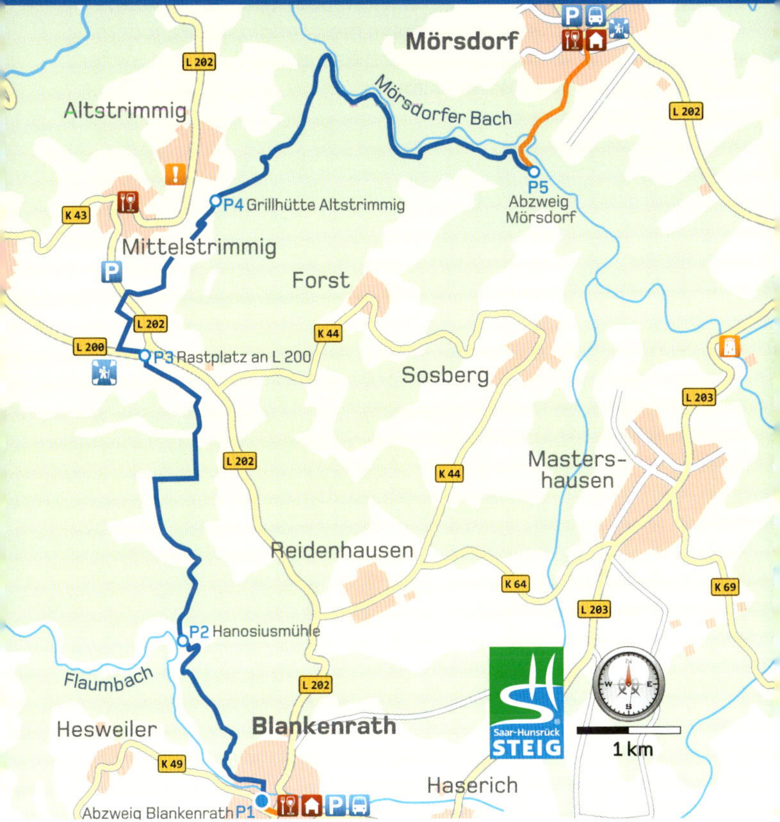

Mörsdorf
L 202
Altstrimmig
Mörsdorfer Bach
L 202
K 43
P4 Grillhütte Altstrimmig
P5
Abzweig
Mörsdorf
Mittelstrimmig
Forst
L 202
K 44
L 200
P3 Rastplatz an L 200
Sosberg
L 203
L 202
K 44
Masters-
hausen
Reidenhausen
K 64
K 69
L 203
P2 Hanosiusmühle
Flaumbach
L 202
Saar-Hunsrück
STEIG
Hesweiler
Blankenrath
1 km
K 49
Haserich
Abzweig Blankenrath P1

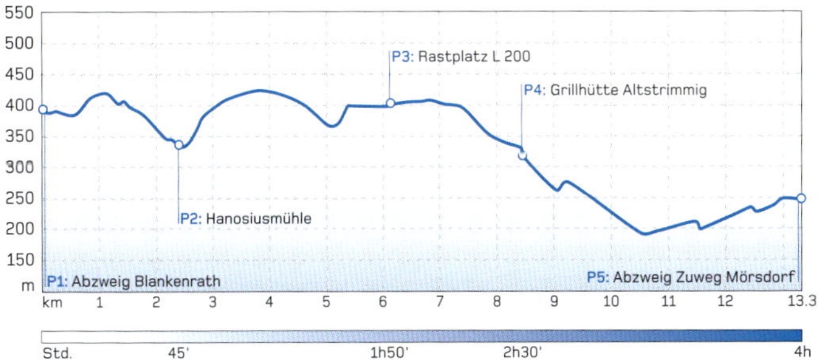

550
500
450
400
350
300
250
200
150
m
P1: Abzweig Blankenrath
P2: Hanosiusmühle
P3: Rastplatz L 200
P4: Grillhütte Altstrimmig
P5: Abzweig Zuweg Mörsdorf
km 1 2 3 4 5 6 7 8 9 10 11 12 13.3
Std. 45' 1h50' 2h30' 4h

Heute erwartet uns ein herrliches Wechselspiel zwischen urigen Waldpassagen, weiten Blicken über offene Flur und lauschigen Bachtälern. Besonders die grandiosen Panoramaaussichten bei Mittelstrimmig und das idyllische Mörsdorfer Bachtal sorgen für Hochstimmung.

> **!** Zuweg: Aus dem Zentrum von Blankenrath bringt uns der Zuweg entlang der Hesweiler Straße nach 250 m wieder auf den Saar-Hunsrück-Steig (SHS).

An der Kreuzung Hesweiler Straße/ Im Brühl (1) trifft der Zuweg auf den SHS, und wir biegen rechts auf einen Fußweg zum nahen Flaumbach ab. Wir passieren einen kleinen Rastplatz, nutzen den Steg über den Bach und laufen hinauf zum Mühlenweg, dem wir links zum Ortsende folgen. Dort treten wir in den Wald ein und biegen rechts auf einen ansteigenden Waldweg ab. Bald mausert sich dieser zum idyllischen Pfad, der uns mit einigen Schlenkern durch den offenen Buchenhochwald aufwärtsführt.

Nach 0.8 km treffen wir an einer großen Waldkreuzung ein und laufen geradeaus auf einem Schotterweg weiter. Rechts und links des Weges wird Holz gelagert. Am Ende der Lagerfläche endet der Schotterbelag, und wir wenden uns leicht nach rechts auf Naturgrund dem dichten Hochwald zu. Federnd wandern wir durch den vielstufigen Laubmischwald und behalten auch an einer Kreuzung die Richtung bei. Wenig später reißt linker Hand die Waldkulisse auf, und über einen alten Windbruch hinweg erhaschen wir tolle Ausblicke über das tief eingeschnittene Flaumbachtal und die angrenzenden Hunsrückhöhen.

Langsam senkt sich der Weg ab, und mit einem Schlenker treffen wir auf einen befestigten Forstweg, dem wir links gemächlich abwärtsfolgen. Nach 2.1 km erreichen wir den Talweg im Flaumbachtal und wenden uns nach links. Doch schon wenig später biegt der SHS rechts zur nahen Hanosiusmühle ab. Wir passieren das liebevoll restaurierte Mühlenareal (2), in dem heute eine Reha-Einrichtung untergebracht ist. Wir laufen an einer kleinen Wegkapelle vorbei und queren den Talgrund.

Am Waldrand wenden wir uns halb rechts und folgen einem ansteigenden Waldweg in den hohen Nadelwald. Bald biegen wir erneut rechts ab, und der Anstieg wird anspruchsvoller. Auf etwas verwildertem Weg erklimmen wir den Mittelstrimmiger Wald. Auch nach dem Wechsel auf einen Querweg setzt sich der Anstieg, nun etwas moderater, nach links fort.

Nach 2.8 km queren wir einen breiten Forstweg und wandern geradeaus weiter. Wenig später schwenken wir links auf einen Waldweg, der uns in weitem Bogen an den Waldrand bringt. Dort umrunden wir ein Feld, um dann dem Waldrand weiter zu folgen. Noch einmal gewinnen wir, flankiert von mannshohen Ginsterbüschen, etwas an Höhe, dann haben wir das Plateau erreicht und können dem Waldrand ohne Anstrengung weiter folgen. Ein Forstweg quert, und eine Bank lädt zum Verweilen ein. Dann begeistern uns hohe Farne am Wegesrand, bevor wir nach **4.2 km** mit dem Forstweg rechts in den Wald abbiegen. Sanft verlieren wir etwas an Höhe, was sich auch nach dem scharfen Knick nach links fortsetzt. Nach deutlichem Höhenverlust verlassen wir den Wald und laufen rechts hinab zum Raimundsbach, den wir in offener Wiesenumgebung queren.

Wir laufen zum nahen Waldrand und folgen dort einem stramm ansteigenden Grasweg bis zu den Feldern. Wir biegen rechts ab und lassen den Waldrand hinter uns zurück. Bei erster Gelegenheit biegen wir nach **5.4 km** links auf einen Grasweg ab, geradeaus gelangt man per Zuweg zum Gasthaus Strimmiger Buche. Nun genießen

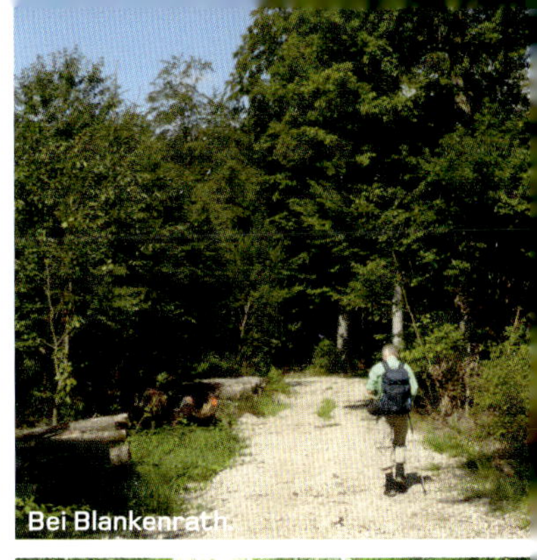
Bei Blankenrath.

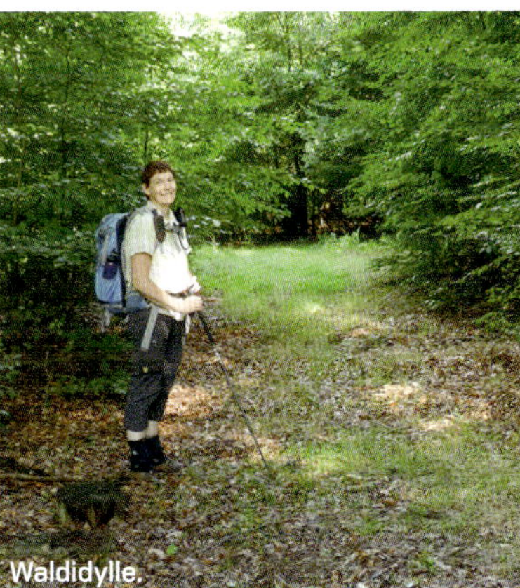
Waldidylle.

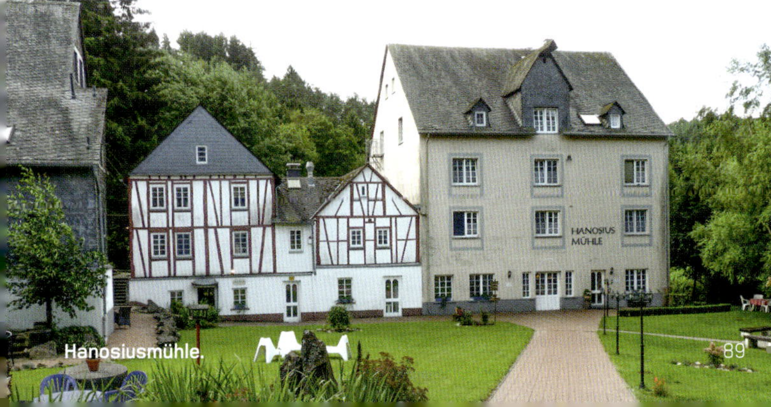

Hanosiusmühle.

wir ganz die schier endlose Weite um uns herum. Bei klarem Wetter schweift der Blick bis zu den markanten Kuppen der Vulkaneifel, die sich am Horizont abzeichnen. Beeindruckend unterhalten, treffen wir auf einen befestigten Feldweg und wandern mit diesem rechts zur nahen Straße. Dort erwarten uns (unweit des hiesigen Abholpunktes) ein Rastplatz **(3)** und eine informative Tafel zu einer römischen Kleinfestung, die bei Mittelstrimmig ausgegraben wurde.

Wir folgen der Straße nach links, queren sie und nutzen nach **6.4 km** einen Feldweg nach rechts. Kurz bevor wir wieder an der L 202 eintreffen, wenden wir uns nach links und laufen zu einem nahen Wasserpumphaus. Hier wechseln wir rechts auf einen Feldweg und genießen die tolle Panoramasicht Richtung Moseltal. Nach **7 km** treffen wir unmittelbar vor der Querung der L 202 auf die Traumschleife „Layensteig Strimmiger Berg", die uns nun bis zum Mörsdorfer Bach begleiten wird. Wir queren die Straße und nutzen dann einen Stichpfad, der uns unweit der Schutzhütte im Schockwald auf einen Forstweg bringt. Hier wenden wir uns nach links und wandern zum nahen Waldrand. Schier endlos breitet sich vor uns wieder die offene Flur aus und eröffnet sagenhaft schöne Aussichten auf die Umgebung, über den Hunsrück und Richtung Mosel und Rhein. Beschwingt wandern wir erst rechts, dann bei erster Gelegenheit links auf Feldwegen durch die Flur und genießen das fast komplette Rundumpanorama.

Einige Wegkreuzungen bewältigen wir problemlos, denn markante Wegweiser, die, geschützt von kleinen Schieferdächern, Wind und Wetter trotzen, weisen die Richtung. Langsam verlieren wir an Höhe und wenden uns saftigen Weiden zu. Mit kleinem Versatz gelangen wir an den Rand üppiger Hecken.

! Sollten die Zäune hier einmal geschlossen sein, so kann man diese an den vorgesehenen Stellen öffnen und die Weiden queren. Bitte dann aber das Schließen nicht vergessen!

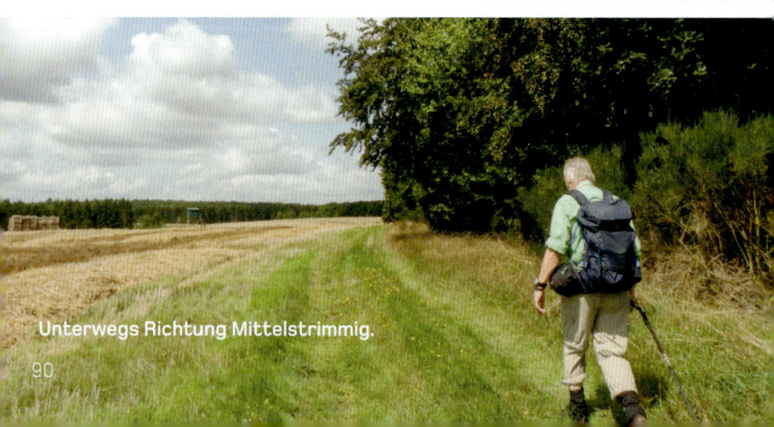

Unterwegs Richtung Mittelstrimmig.

Bald gehen die Hecken in ein dichtes Haselnussgehölz über. In geschwungenen Bögen spannt sich das Blätterdach über uns und begleitet uns weiter abwärts. Über einen Treppenpfad gelangen wir nach 8.4 km zu einer Schutzhütte nebst Grillplatz (4).

Nach kurzer Rast setzen wir die Wanderung fort und wenden uns dem verwunschenen Wasserlauf des Bildbachs zu. Neben dem leise murmelnden Bach laufen wir talwärts, originelle Fußtritte helfen uns über morastige Stellen, und ein Steg bringt uns sicher über das Wasser. Viel zu schnell endet dieses Bachidyll, als wir auf einen breiten Querweg stoßen.

Wir wenden uns nach links und folgen dem Forstweg leicht ansteigend um eine Kurve. An einem Rettungspunkt halten wir uns rechts und wandern wieder in Sichtweite zum Bildbach abwärts. Mit jedem Atemzug ziehen wir die würzige Waldluft ein, die dank der himmelhohen Weißtannen ein besonderes Aroma bietet.

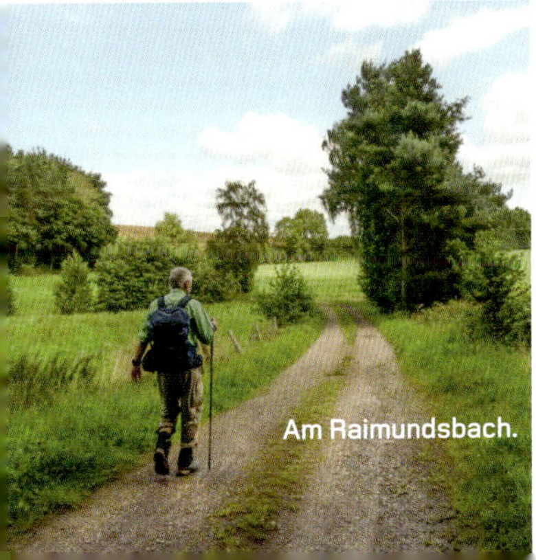

Am Raimundsbach.

Nach 10.5 km treffen wir im Mörsdorfer Bachtal ein, wo wir uns von der Traumschleife trennen. Der SHS biegt hier rechts ab und führt uns auf breitem Talweg weiter. Als dieser sich gabelt, wandern wir auf dem oberen Weg hangparallel weiter. Linker Hand gurgelt im Tal der Mörsdorfer Bach und windet sich durch teils urwaldartige Vegetation. Immer wieder erhaschen wir einen Blick auf das glitzernde Nass, während wir dem SHS ohne große Anstrengung talaufwärts folgen.

Nach 11.4 km erreichen wir eine Mehrfachkreuzung und wandern mit dem linken Weg kurz abwärts, bis wir im Talgrund einen kleinen Seitenbach queren. Anschließend folgen wir dem bequemen Forstweg weiter durch das ruhige Tal. Erst als wir nach sanftem Anstieg den Einschnitt eines anderen Seitenbaches umrunden, biegen wir an einer Weggabelung links auf einen naturbelassenen Wanderweg ab. Wir erfreuen uns an moosüberzogenen Felsen am Wegesrand und erspähen nach 12.4 km im Tal die Fetts Mühle.

Eine kleine Tafel gibt uns einige Informationen zur Mühle, bevor wir durch ein kleines Felsentor laufen und uns weiter dem Waldwandern widmen. Einen querenden Weg ignorieren wir, und wenig später können wir den Blick an einem ehemaligen Windbruch über das Tal hinüber zum Kreuz auf der Forster Kuppe schweifen lassen. Eine weitere Tafel und ein etwas in die Jahre gekommener, kleiner Meiler erläutern das Gewinnen von Holzkohle, bevor der Wald wieder eng an den Weg

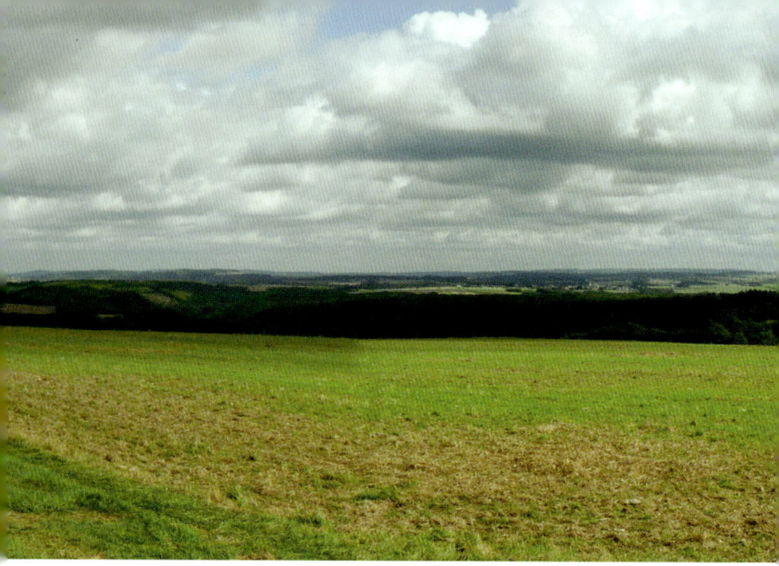

heranrückt. Diese mausert sich nun zum idyllischen Pfad, der uns neben Trittsicherheit auch ein Mindestmaß an Schwindelfreiheit abverlangt, denn er führt uns, teils mit Ketten gesichert, zwischen Fels und Steilhang hoch über dem Bach entlang. Dann wird der Weg wieder breiter und senkt sich sanft zum „5-Wege-Platz" **(5)** ab, einer Mehrfachkreuzung nebst Bank, mitten im Wald. Hier trennen wir uns für heute nach **13.3 km** vom SHS und wenden uns scharf links dem Zuweg nach Mörsdorf zu.

! Zuweg Mörsdorf: Am 5-Wege-Platz verlässt man den SHS und folgt dem SHS-Zuweg bzw. der Geierlayschleife zum Steg über den Mörsdorfer Bach. Von dort geht es durch ein Seitental stramm bergan bis zum südlichen Ortsrand von Mörsdorf. „Über „Auf der Lex" und die Pohlstraße erreicht man nach 1.6 km Zuweg das Zentrum von Mörsdorf.

Wenn es auf ein paar Kilometer mehr nicht ankommt, kann man alternativ ab dem 5-Wege-Platz der Geierlayschleife auch in Gegenrichtung (zunächst noch mit dem SHS) folgen und somit Mörsdorf über die Hängeseilbrücke erreichen. Siehe Beschreibung ab S. 152.

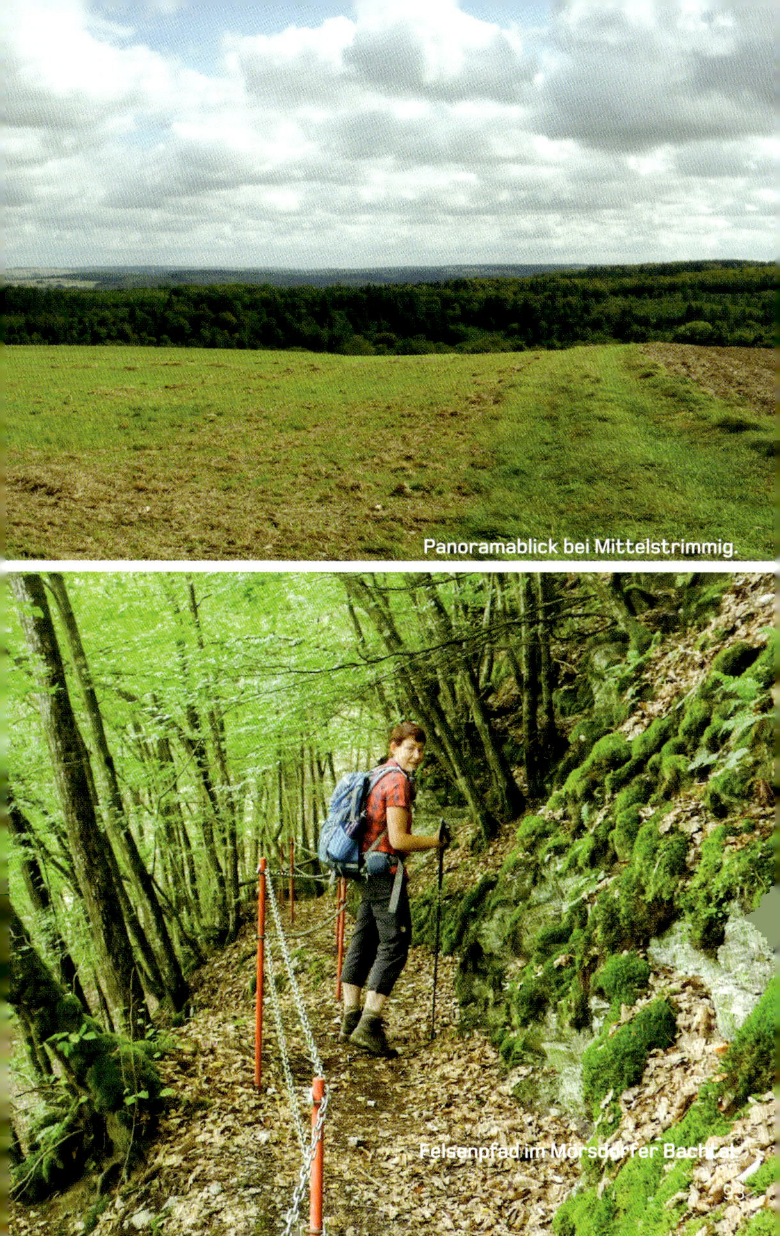

Panoramablick bei Mittelstrimmig.

Felsenpfad im Mörsdorfer Bachtal.

Wanderbüro Saar-Hunsrück, Zum Stausee 198, 66679 Losheim am See ✆ 06872/9018100 ⓘ www.saar-hunsrueck-steig.de

- *Hunsrück-Touristik, Gebäude 663, 55483 Hahn-Flughafen ✆ 06543/507700 ⓘ www.hunsruecktouristik.de*
- *Zeller Land Tourismus GmbH Balduinstr. 44, 56856 Zell (Mosel) ✆ 06542/9622-0 ⓘ www.zellerland.de*

Gasthaus Wendling, Bucher Weg 4, 56290 Mörsdorf ✆ 06762/1659 ⓘ www.gasthaus-wendling.de

Gasthaus Josef Stein, Hunsrückstraße 18, 56865 Blankenrath ✆ 06545/289 ⓘ www.gasthaus-stein.de

- *Gasthaus Wickert-Adams, Kirchstraße 2, 56290 Mörsdorf ✆ 06762/7910 ⓘ www.landgasthof-pension-wickert.de*
- *Pension Platten, Pohlstraße 9, 56290 Mörsdorf ✆ 06762/1681 ⓘ www.pension-platten.de*

Blankenrath ist aus dem Moseltal (von Zell oder Bullay), vom Flughafen Hahn oder aus Kastellaun per Bus zu erreichen, teils ist eine Anmeldung erforderlich. Mörsdorf ist von Kastellaun aus mit Buslinie 634 zu erreichen. ⓘ www.vrminfo.de

- *Fahrdienst Olbermann ✆ 06545/1789*
- *City Taxi Huet ✆ 06762/962496*

Layensteig Strimmiger Berg

Diese 15.1 km lange Traumschleife startet in Mittel- oder Altstrimmig und verbindet grandiose Panoramablicke über Hunsrückhöhen bis zu den markanten Vulkankegeln der Eifel mit idyllisch-ruhigen Talpassagen. Doch auch Abenteuer wird geboten, denn gleich zwei kurze Klettersteige bieten Nervenkitzel und Gipfelglück. Unterwegs laden bequeme Rastplätze und Sinnesbänke zum Erleben stiller, unberührter Natur ein. Alles in allem: ein Weg für alle Sinne!
Buchtipp: Traumschleifen Band 2

Die siebte Etappe des SHS verläuft sehr häufig auf Naturwegen und nutzt zahlreiche, teils felsige Pfade, die nicht nur bei Nässe sehr gute Trittsicherheit erfordern. Knöchelhohe Wanderstiefel und Wanderstöcke sind daher empfehlenswert.

Die Wegstrecke weist keine unüberwindbaren Hindernisse für Hunde auf. Die Vierbeiner finden am Flaumbach, am Bildbach und am Mörsdorfer Bach Zugang zu Wasser.

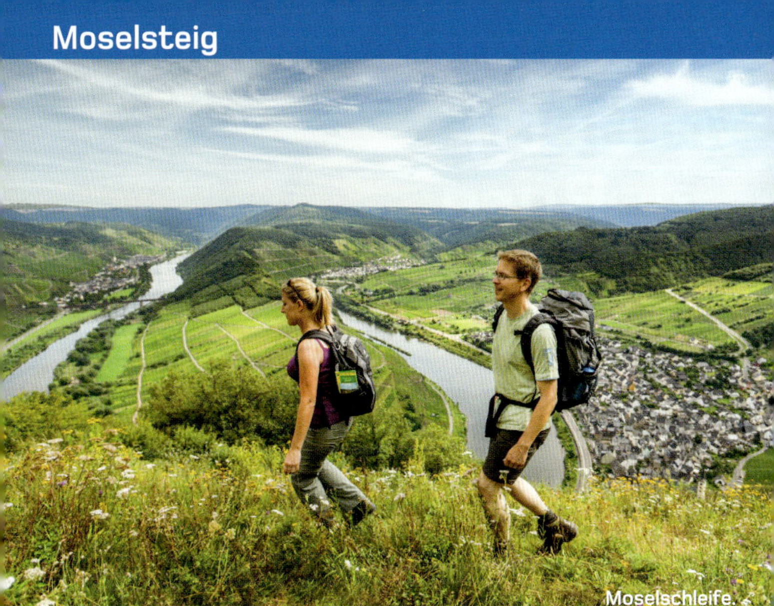

Moselschleife.

Immer an den Schleifen lang

Luftlinie sind es nur knapp 5 km vom Saar-Hunsrück-Steig bei Mittelstrimmig bis Beilstein an der Mosel, eines von 24 Etappenzielen des 365 km langen Moselsteigs. Dieser 2014 eröffnete Qualitätswanderweg folgt dem kompletten Verlauf der deutschen Mosel. Er beginnt gemeinsam mit dem Saar-Hunsrück-Steig in Perl am Dreiländereck, stattet Frankreich eine kurze Stippvisite ab, bevor er zunächst in die älteste Stadt Deutschlands, nach Trier führt. Hier berührt der Moselsteig die Ruwerroute des Saar-Hunsrück-Steigs und teilt sich den spektakulären Felsenpfad Richtung Schweich kurzzeitig mit dem Eifelsteig.

Spätestens nach Bernkastel-Kues erobert der Moselsteig immer wieder die steilen Hänge des Moseltals, wo die Trauben für die erlesenen Weißweine reifen. Vorbei am steilsten Weinberg Europas, dem Calmont, folgt der Steig dem verschlungenen Flusslauf und passiert trutzige Burgen. Dann wird es mediterran, denn der Moselsteig führt an der Untermosel mitten durch das nördlichste Buchsbaumgebiet Europas. Der Moselsteig begleitet die Mosel bis nach Koblenz, wo sich die Mosel mit Vater Rhein vereint und man auf Rheinsteig und Rheinburgenweg das Wandererlebnis fortsetzen kann.

Buchtipp: Moselsteig. Offizieller Wanderführer Ⓛ www.ideemediashop.de oder Ⓛ www.moselsteig.de

8 *Mörsdorf nach Kastellaun*

Von Burg zu Burg

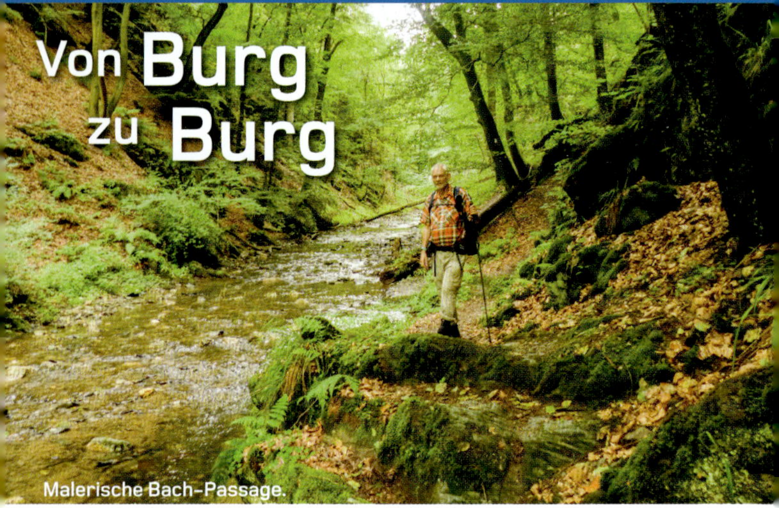

Malerische Bach-Passage.

- **Start:** Mörsdorf
- **Ziel:** Kastellaun
- **Länge Hauptweg:** 14.6 km
  + 1.6 km Zuweg
- **Gesamtzeit:** 4 Std. 30 Min.
  + 30 Min. Zuweg
- **Kalorien:** ♀ 1083 ♂ 1271
- **Tour Download**: SHS2TX9

Anfahrt: Start: Von Kastellaun (L 204) oder von Treis-Karden (L 202 und L 204) gelangt man nach Mörsdorf. Ziel: Über die Hunsrückhöhenstraße (B 327) fährt man nach Kastellaun.

23.6% | 8.5 | 67.9 %

scan to go®

QR-Code mit dem internetfähigen Smartphone einscannen und Startpunkt direkt anzeigen lassen.

- **Parken:**
- Parken Mörsdorf: Lahrer Straße
  N50° 06' 15.5'' • E7° 20' 50.8''
- Parkplatz L 203 Balduinseck
  N50° 04' 36.6'' • E7° 21' 49.7''
- Parken Kastellaun: Perlengasse
  N50° 04' 21.9'' • E7° 26' 27.1''

- **Wegpunkte:**
  - **P1:** Abzweig Zuweg Mörsdorf 32 U 381114 5550143
  - **P2:** RP Herzenauer Hannes 32 U 381627 5549120
  - **P3:** Burgberg Hütte 32 U 381635 5548994
  - **P4:** Ruine Balduinseck 32 U 382930 5548433
  - **P5:** RP Katzenloch 32 U 383903 5547031
  - **P6:** Hütte Diellay 32 U 385915 5546660
  - **P7:** Aussicht Hohe Buch 32 U 388423 5546452
  - **P8:** Marktplatz Kastellaun 32 U 388472 5547686

■ Höchster Punkt: 485 m ■ Steigung: 474 m ■ Gefälle: 308 m

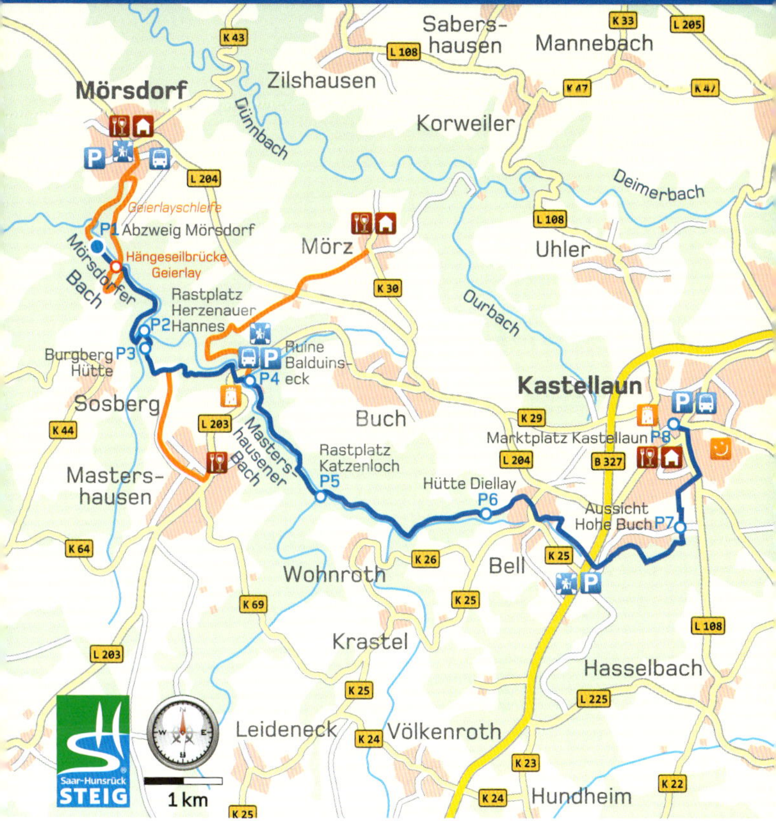

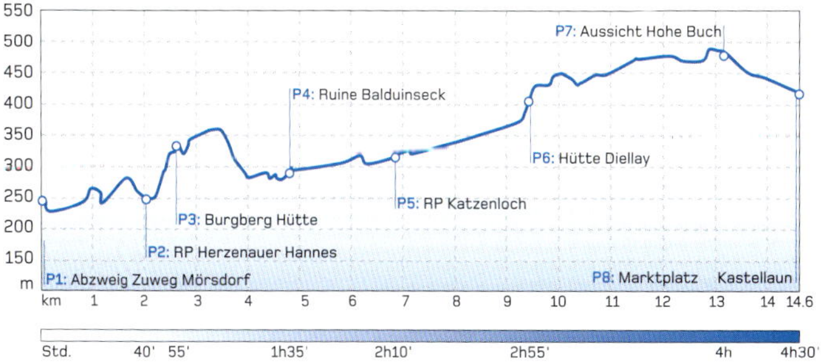

Zuweg:
Vom Zentrum Mörsdorf läuft man über die Pohlstraße und „Auf der Lex" zum südlichen Ortsrand, wo der Zuweg einem Bach talwärts folgt. Nach Queren des Mörsdorfer Baches trifft man am 5-Wege-Platz nach 1.6 km wieder auf den Saar-Hunsrück-Steig (SHS).

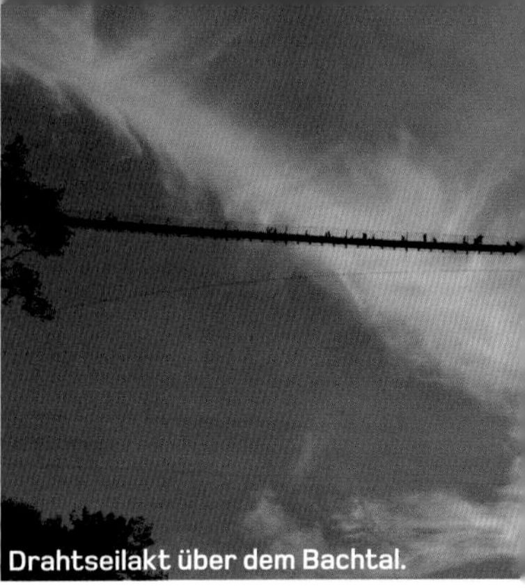

Drahtseilakt über dem Bachtal.

Die heutige Etappe hat großes Suchtpozential: Wir entdecken das unberührte Masdascher Bachtal, erobern auf verschlungenen Pfaden den Burgberg und erweisen der Ruine Balduinseck unsere Referenz. Nach einer verträumter Bachpassage folgen wir dem Steig abwechslungsreich durch Wald und Wiesen, erklimmen den Diellaysteig und erreichen schließlich Kastellaun, wo die Tour mitten im idyllischen Stadtkern ausklingt.

Am 5-Wege-Platz (1) treffen wir wieder auf den SHS und biegen gemeinsam mit dem Lokalweg „BT" links auf einen idyllischen Pfad ab. Wir folgen dem Pfad im Bogen ins Nochelsbachtal und steigen dort mit einem Knick nach links zum leise murmelnden Wasser ab. Ein Steg führt uns über das Nass, das hier in den Mörsdorfer Bach mündet. Wir wandern über eine kleine Auenwiese, bevor es durch dichten Wald weitergeht.

Hoch über unseren Köpfen spannt sich eine der besonderen Attraktionen im Hunsrück: Europas zweitlängste Hängeseilbrücke lockt 100 Meter über dem Mörsdorfer Bachtal zu einem Ausflug über schwankende Planken. Bald schon eine Million Besucher hat die 360 Meter lange Brücke seit Oktober 2015 angelockt. Vom Saar-Hunsrück-Steig aus führen Zuwege zum luftigen Abstecher. Alternativ kann man die Geierlay-Brücke auch über die 7,6 Kilometer lange Geierlay-Schleife (Schwankendes Abenteuer ▸ Seite 152) erobern.

Wir bleiben aber bodenständig und folgen dem SHS über die Auwiese in den abwechslungsreichen Mischwald. Wenig später erblicken wir im

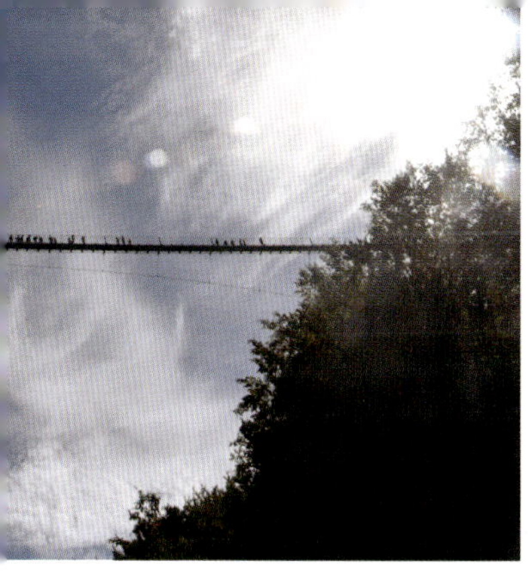

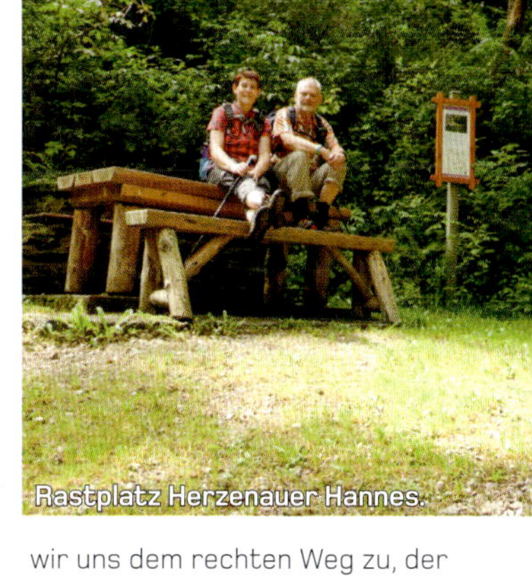

Rastplatz Herzenauer Hannes.

Tal den Steinbogen einer alten Brücke, bevor wir im Nadelwald einen breiten Weg treffen. Doch der SHS folgt weiter einem gewundenen Pfad und führt uns leicht bergan in die Hangflanke.

Bald säumen imposante Felsen den Weg und wir erklimmen, teils mit Ketten gesichert, eine kleine Kuppe. Dann dominieren wieder der herrlich abwechslungsreiche Wald und der leise strömende Bach die Szene. Die Natur hat uns längst in ihren Bann geschlagen und wir können uns nicht entscheiden, was uns am meisten beeindruckt: die schroffen Klippen, in denen das harte Gestein wie Buchblätter gefaltet ist, die unzähligen Grünschattierungen des Waldes, der hier immer wieder mit alten Baumveteranen bestückt ist, oder das glitzernde Wasser des sanft rauschenden Baches.
Alles zusammen ergibt eine traumhafte Kulisse, durch die uns der Steig auf kurzweiligem Weg führt. Als wir nach 1.2 km an einer Bank eine Weggablung erreichen, wenden wir uns dem rechten Weg zu, der uns ohne große Anstrengung etwas bergan bringt. Nach weiter sanftem Aufstieg treffen wir an der nächsten Wegkreuzung ein und wandern geradeaus. Es dauert nicht lange, dann senkt sich der Weg deutlich ab, und nach 1.9 km treffen wir am Sosberger Bach auf die Traumschleife „Masdascher Burgherrenweg", die uns bis zum Katzenloch begleiten wird. Gemeinsam wenden wir uns nach links und kommen 200 m später zum Rastplatz „Herzenauer Hannes" (2).

! Mit Blick auf die Mündung des Sosberger Bachs in den Mastershausener Bach ist dieser Rastplatz prädestiniert für eine entspannte Pause im idyllischen Tal.

Anschließend folgen wir dem quirligen Nass nach rechts, passieren einen Stollenmund, bevor es mal wieder anstrengend wird: Der SHS steigt auf engem Serpentinenpfad den steilen Hang des Burgbergs empor. Unterwegs erläutert uns eine Tafel , dass es sich beim mit Gittern abgedeckten Schacht neben dem Weg um einen „Römischen Brunnen" handelt. Anschließend führt uns der Pfad über Stufen steil aufwärts.

Die schroffen Felsklippen des Burgbergs rücken in den Fokus, und wir sind froh, als wir am Schild „Burgberg" eine Bank zum Verschnaufen vorfinden. Danach folgen wir dem Pfad nach links zu einem Sattel, von dem wir rechts abbiegen und den Berg vollends erobern. Oben lädt uns eine originelle dreieckige Schutzhütte **(3)** zur verdienten Pause in grandioser Naturumgebung und mit schönem Ausblick ein. Hier auf dem Burgberg befand sich übrigens bereits im 1. Jahrhundert nach Christus eine befestigte Verteidigungsanlage zur Abwehr der gefürchteten Germaneneinfälle. Heute sieht man von den Befestigungen allerdings nichts mehr.

Wir wandern vom Burgberg pfadig durch den lichten Wald, laufen an einem querenden Waldweg dann geradeaus weiter und gelangen an den Waldrand. Unser Pfad biegt rechts ab, führt uns durch eine Heckenzone und bringt uns schließlich in die offene Flur nördlich von Sosberg. An einem Asphaltweg halten wir uns links und biegen wenig später links auf einen Feldweg ab, der uns nach **3.4 km** zum Waldrand und dem dort befindlichen Rastplatz „Herges Garten" führt. Nach erholsamer Pause folgen wir dem SHS in den Wald und erreichen wenig später die Hangkante, wo eine Sinnesbank zum Genießen der Waldidylle bereitsteht. Hier beginnt unser Abstieg zurück ins Tal. Der gestaltet sich zunächst moderat, Schritt für Schritt geht es abwärts. Dann wird es steiler, und wir queren den Aubach, bevor wir im Mastershausener Bachtal eintreffen.

Wir wenden uns nach rechts und passieren wenig später die Kaspersmühle, eine Tafel erläutert Wissenswertes zur Mühlenhistorie. Im weiteren Verlauf genießen wir das Waldwandern in vollen Zügen, linker Hand begleitet uns der muntere Mastershausener Bach. Nach **4.3 km** bietet der großzügige Rastplatz „In der Au" Gelegenheit zum Verweilen, bevor unsere Trittsicherheit einmal mehr herausgefordert wird. Denn der SHS knickt scharf links auf einen steilen Felsenpfad ab, der mit Seilsicherungen abwärtsführt. Nach kurzer Kletterpartie erreichen wir den Steg über den Bach und wechseln ans andere Ufer. Dort bringt uns ein Pfad nach rechts zum nächsten Felsen, von dem wir erneut zum Bach absteigen. Auf Bachniveau angelangt, wandern wir ein kurzes Stück durch Auenwald, bevor es abenteuerlich wird, denn nun unterqueren wir gemeinsam mit dem Bach durch einen Tunnel die Straße!

Nach dieser ungewöhnlichen Passage folgen wir einem Pfad links bergan und treffen nach **4.8 km** an der L 203 (hier befindet sich ein Abholpunkt) an der beeindruckenden Ruine Balduinseck **(4)** ein. Klar, dass wir uns diesen nahen Abstecher ins

Mittelalter nicht entgehen lassen! Die Ruine wurde aufwendig restauriert und ist nun über einen 100 m langen Zuweg an die Traumschleife und den SHS angebunden.

Nach diesem Ausflug in die Zeit von Erzbischof Balduin wandern wir mit dem SHS bei gutem Talblick zu einer nahen Kreuzung, wo wir links auf einen Waldweg abbiegen. Unterhalb befindet sich übrigens eine kleine Schutzhütte, die zur Rast einlädt. Der Pfad folgt weiter dem Mastershausener Bach, der idyllisch plätschernd ein munterer Wegbegleiter ist, doch auch uralte, bemooste Felsen sorgen für Kurzweil. Wir passieren ein einsames Waldhaus und widmen uns ganz der genussvollen Passage durch das unberührte Tal.

Als der SHS sich nach **5.8 km** gabelt, laufen wir rechts pfadig direkt durch die Talaue, Holztrittscheiben helfen uns, dieses feuchte Areal sicher zu meistern. Wenig später dürfen wir am Wendelinus Kreuz ans Westufer des Bachs wechseln und kommen dabei dem gurgelnden Nass sehr nah. Wir folgen nun längst aufgegebenen Mühlengräben, denn einst trieb das Wasser des Bachs hier nicht nur die Möhre Mühle, sondern etwas weiter talaufwärts auch die Bucher Mühle an. Heute weisen Tafeln am Wegesrand auf die einstigen Mühlen hin, von denen heute kaum mehr etwas zu sehen ist.

Nach **6.8 km** kehren wir über einen Steg ans Ostufer zurück, laufen auf dem Uferweg nach rechts,

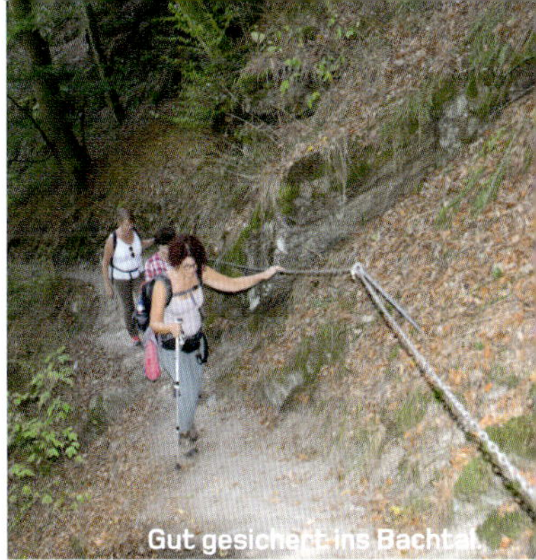

Gut gesichert ins Bachtal.

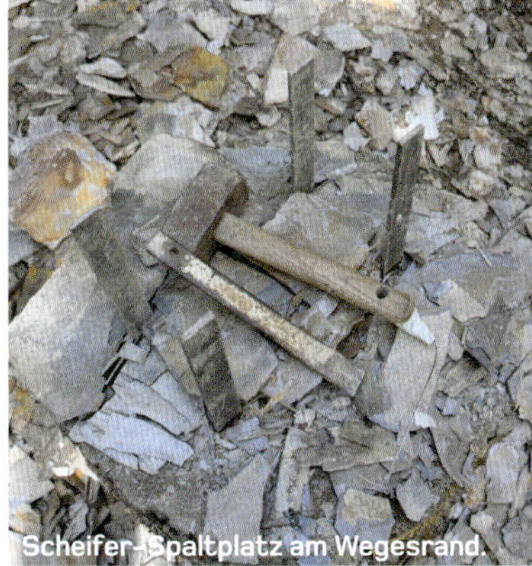

Scheifer-Spaltplatz am Wegesrand.

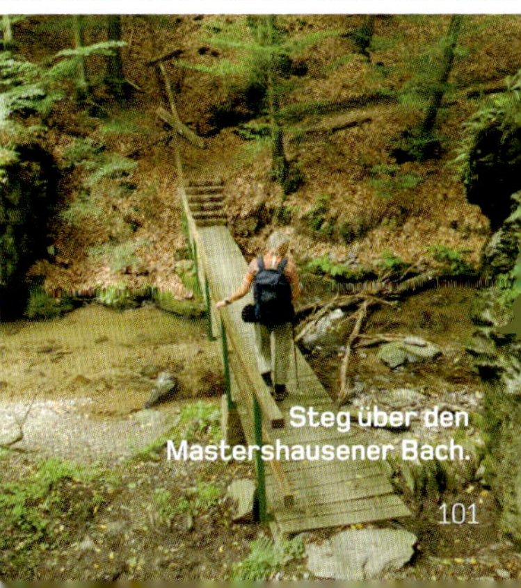

Steg über den Mastershausener Bach.

biegen um eine Kurve und treffen am großzügigen und einladenden Rastplatz am Katzenloch ein **(5)**. In den linker Hand aufragenden Felsen gähnt ein vergitterter Stollenmund und zeugt von der einst regen Bergbautätigkeit in dieser Region. Am Katzenloch verabschiedet sich der „Masdascher Burgherrenweg" nach rechts von uns. Wir bleiben dem SHS treu und wenden uns links dem Wohnrother Bachtal zu.

Gut 300 m folgen wir dem Tal auf einem Waldweg, dann steigen wir rechts über einen Stichpfad zum Talgrund und queren den Katzenbach, bevor wir uns rechts wieder dem Wohnrother Bach zuwenden. Wir folgen dem leise murmelnden Wasser, und schnell zieht uns das idyllische und herrlich ruhige Bachtal in seinen Bann. Auch dieser Wasserlauf wurde einst von Mühlen genutzt, wovon die letzten Mauerreste der Knochenmühle nach **7.7 km** Zeugnis ablegen.

Nach kurzer Nadelwaldpassage treffen wir an einer Bachwiese auf einen befestigten Weg und wandern geradeaus weiter. Rechts begleitet uns die Wiese bis zur „Untersten Mühle", deren schmucke Fassade von der anderen Bachseite zu uns herübergrüßt. Dann rücken die Bäume auch rechts wieder etwas dichter an den Weg heran.
Nach **9.2 km** erreichen wir den imposanten Felsriegel an der Diellay, und der SHS lässt unseren Adrenalinspiegel mal wieder ansteigen, denn wir kehren dem breiten Talweg den Rücken und schwingen uns, mit Seilen perfekt gesichert, die Klippe empor.

! Für alle, die sich die Kletterei nicht zutrauen, oder wenn Eis und Schnee ein sicheres Begehen verhindern, gibt es im Tal eine bequeme Alternativstrecke.

Wir aber überwinden die erste Felsstufe und folgen dem Pfad dann wieder talwärts. Kurz bevor wir auf die Talvariante stoßen, schicken uns die Logos des SHS noch einmal an den Fels. Über Trittbügel und entlang gespannter Drahtseile meistern wir auch diese Herausforderung und treffen begeistert und vielleicht etwas atemlos am Rastplatz und der Schutzhütte **(6)** am Diellaysteig ein. Diese Pause haben wir uns nun wohl verdient.

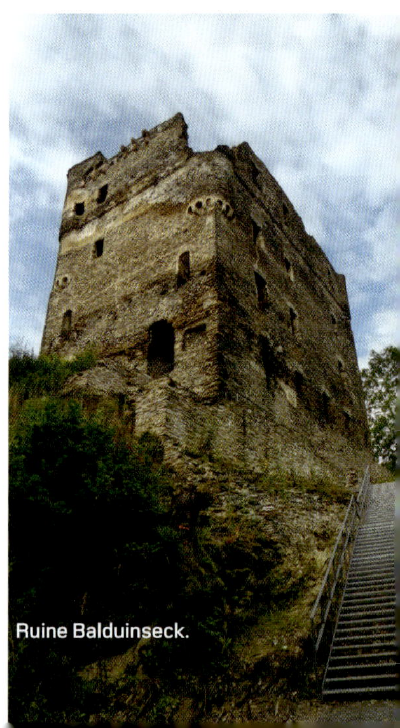

Ruine Balduinseck.

Mit frischen Kräften folgen wir dem Pfad durch den attraktiven Laubmischwald und dürfen wenig später an den Waldrand wechseln. Voraus zeichnet sich bereits der markante Kirchturm von Bell, unserem nächsten Zwischenziel ab. Offene Flur umgibt uns, und wir können nach Herzenslust Ausschau halten. Mitten in offener Flur trifft von rechts unten die Alternativroute auf die Hauptstrecke, und auf grasigem Grund erobern wir vollends die Anhöhe.

Nun steuern wir schnurstracks auf den Ortsrand von Bell zu, wo wir nach **10 km** eintreffen. Hier wenden wir uns nach rechts und passieren bei den ersten Häusern links einen kleinen Biergarten, der Wanderern Erfrischung bietet. Geradeaus laufen wir ins Zentrum und folgen der Hauptstraße bergab. Am einzigen Gastgeber des Ortes halten wir uns links und gelangen über die Bachgasse zum Gemeindehaus. Hier wenden wir uns nach links, um nur wenige Meter später erneut links abzubiegen.

Mittlerweile befinden wir uns am östlichen Ortsrand von Bell, und prompt dürfen wir bei erster Gelegenheit rechts auf einen Fußweg abbiegen. Bald endet der Asphalt, und wir spüren herrlich weiches Gras unter den Sohlen. Leicht steigen wir bergan und biegen an einer Weide rechts ab. Der nächste Richtungswechsel, diesmal nach links, lässt nicht lange auf sich warten, und wir erobern Schritt für Schritt auf federndem Grasweg die Anhöhe. Kurz vor der B 327 trifft ein Zuweg vom nahen Freizeitpark

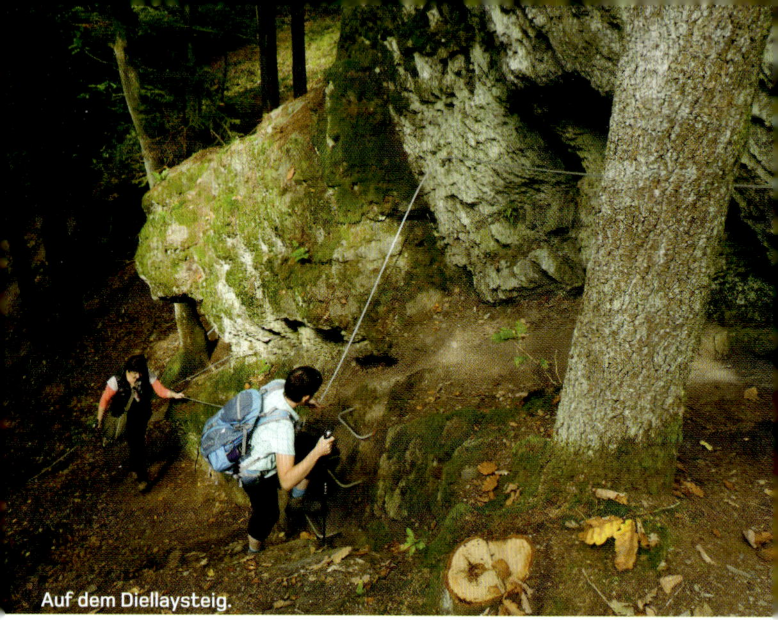

Auf dem Diellaysteig.

Bell zu uns, dann passieren wir den großen Parkplatz und queren die Bundesstraße beim hiesigen Abholpunkt auf Höhe des alten Beller Bahnhofs nach 11.5 km. Auch den Schinderhannesradweg überwinden wir und laufen geradeaus über einen Stichpfad zum nahen Wald, wo wir halb links auf einen gewundenen Pfad wechseln.

Nach der offenen Flurpassage genießen wir unter dem schattigen Kronendach himmelhoher Buchen nun wieder das entspannte Waldwandern. Von dem nahen Areal der Kastellauner Bundeswehr Garnison bekommen wir kaum etwas mit, denn schon bald lenkt ein unscheinbarer Hügel im Wald unsere Aufmerksamkeit auf sich. Wie uns eine Tafel erläutert, handelt es

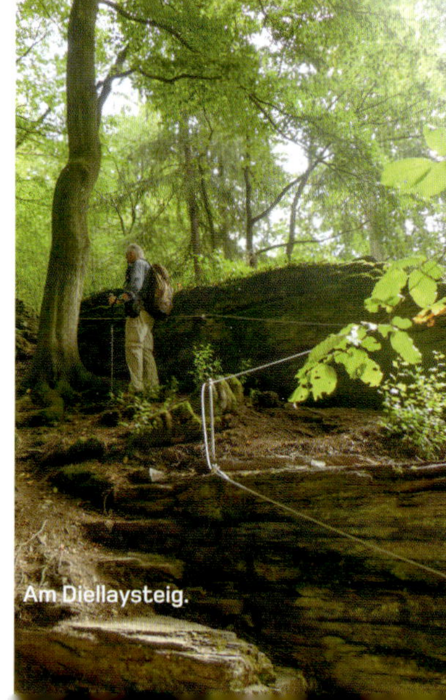
Am Diellaysteig.

sich um eines der zahlreichen keltischen Hügelgräber, die der Kastellauner Wald zu bieten hat. Nach 12.1 km knickt der SHS rechts ab und folgt nun mit etwa 10 Meter Abstand dem Zaun der Garnison. Als wir auf einen breiten Forstweg stoßen, halten wir uns links, dürfen aber schon 10 Meter später rechts auf eine weiteren Pfad abbiegen. Der Wald wird vielfältiger: Gerade noch im lichten Buchenhallenwald, rücken wenig später duftende Nadelbäume in den Vordergrund, bevor uns der Pfad mitten in ein dichtes Jungwaldareal bringt. Dort biegen wir scharf rechts ab und wandern nun durch einige Laubbögen, die Mutter Natur über den SHS spannt.

Unvermittelt lichtet sich das schummrige Grün, und wir verlassen an der Aussicht „Hohe Buch" (7) den Wald. Unwillkürlich verharren wir an Rastplatz und Sinnesbank, denn vor uns breitet sich ein grandioses Panorama aus, in dessen Mittelpunkt unser Tagesziel Kastellaun liegt. Keck reckt die Burg ihre Zinnen in den Himmel und unsere Vorfreude auf das schmucke Städtchen wächst.

Wir queren die Garnisonszufahrt und folgen einem Grasweg geradeaus abwärts. An einem Fußweg biegen wir rechts ab und treffen wenig später an der Bahnhofstraße ein. Dieser folgen wir nun links ins Zentrum von Kastellaun. Nach 14.6 km ist es dann so weit: Wir stehen auf dem Marktplatz (8) und beenden mitten im quirligen Treiben von Kastellaun diese überaus abwechslungsreiche und spannende Etappe. Die Eroberung der Burg, heben wir uns für den nächsten Morgen auf ...

Wanderbüro Saar-Hunsrück, Zum Stausee 198, 66679 Losheim am See ✆ 06872/9018100 www.saar-hunsrueck-steig.de

- Hunsrück-Touristik, Gebäude 663, 55483 Hahn-Flughafen ✆ 06543/507700 www.hunsruecktouristik.de
- Tourist Information Region Kastellaun, Marktstraße 16, 56288 Kastellaun ✆ 06762/401873 www.kastellaun.com
- Zeller Land Tourismus GmbH Balduinstr. 44, 56856 Zell (Mosel) ✆ 06542/9622-0 www.zellerland.de

Landgasthof Zur Post, Hauptstr. 25, 56288 Zilshausen ✆ 06762/93280 www.landgasthof-zurpost.com

- Hotel Badische Kellerey, Schloßstraße 19, 56288 Kastellaun ✆ 06762/40190 www.badische-kellerey.de Restaurant: Di. Ruhetag

Gasthaus Wickert-Adams, Kirchstraße 2, 56290 Mörsdorf ✆ 06762/7910 www.landgasthof-pension-wickert.de

- Hotel Zum Rehberg***, Mühlenweg 1, 56288 Kastellaun ✆ 06762/40830 www.Hotel-Rehberg.de
- BurgStadt-Hotel****, Südstraße 34, 56288 Kastellaun 06762/40800 www.burgstadt.de

Mörsdorf ist von Kastellaun aus mit Buslinie 634 zu erreichen. Nach Kastellaun verkehren aus dem Umland einige Buslinien. www.vrminfo.de

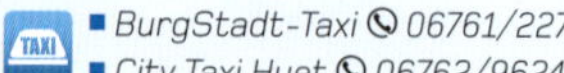

- BurgStadt-Taxi ✆ 06761/2279
- City Taxi Huet ✆ 06762/962496

Waldabenteuer Kastellaun

Der Waldabenteuerpark in Kastellaun bringt unterschiedliche Aspekte des Lebensraumes Wald auf unterhaltsame Art näher. Auf dem Kyrillpfad begreift man aus nächster Nähe, welche Gefahren Stürme wie „Kyrill“ mit sich bringen. Auf dem kostenpflichtigen, immerhin 1.2 km langen Barfußpfad spürt man mit Händen und Füßen, wie sich Natur anfühlt, und im kostenpflichtigen Hochseilgarten gibt es Nervenkitzel in luftiger Höhe.
Weiter Infos unter:
Waldabenteuer GmbH, Südstraße 26, 56288 Kastellaun ✆ 06762/4088-10 www.waldabenteuer.de

Tier-Erlebnispark Bell

In unmittelbarer Nähe zum SHS befindet sich unweit der Hunsrückhöhenstraße der neu eröffnete Tier-Erlebnispark Bell. Neben altbekannten Tieren wie Ziegen, Shetlandponys oder Meerschweinchen kann man auch einheimische Wildtiere aus nächster Nähe zu beobachten. Für Exotik sorgt das großzügige Tigergehege, in dem sich vier mächtige sibirische Tiger tummeln. Neben den Tiergehegen gibt es auch noch einen tollen Spielplatz, und im Waffelcafé können sich Jung wie Alt leckere Stärkung einverleiben.
www.tier-erlebnisparkbell.de

Die achte Etappe des SHS verläuft oft auf Pfaden und Naturwegen, die nach Regenfällen gute Trittsicherheit erfordern. Knöchelhohe Wanderstiefel und Wanderstöcke sind daher empfehlenswert.

Die Wegstrecke weist keine unüberwindbaren Hindernisse für Hunde auf. Die Vierbeiner finden am Mastershausener Bach Zugang zum Wasser.

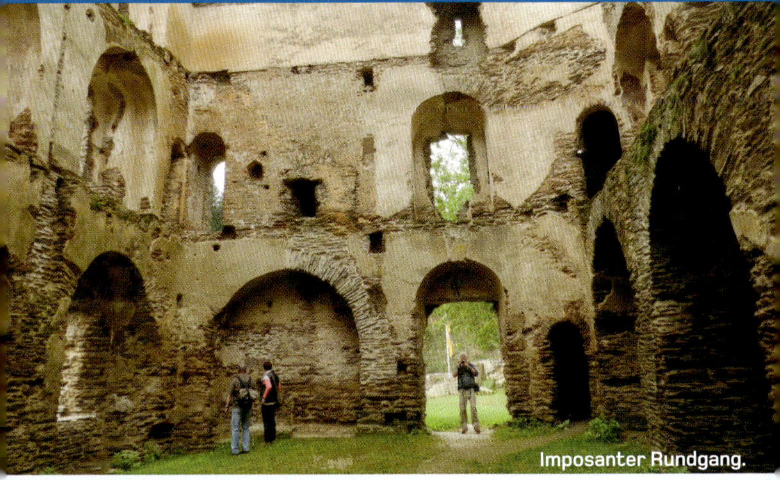

Ruine Balduinseck

Imposanter Rundgang.

Versteckt im Wald

Bis ins Jahr 1325 reichen die Wurzeln der heutigen Burgruine Balduinseck zurück. Damals sah sich der Trierer Erzbischof Balduin gezwungen, seine Besitzungen gegen die mächtigen Sponheimer zu verteidigen, die in Kastellaun eine große Burganlage hatten.

Es entstand eine trutzige Burg, deren Wohnturm für mittelalterliche Verhältnisse nahezu luxuriös ausgestattet war. So konnte jedes der insgesamt 4 Stockwerke beheizt werden, und eine Wendeltreppe verband die einzelnen Geschosse miteinander.

Um auch längeren Belagerungen standhalten zu können, befand sich innerhalb der Burg ein Brunnen. Im 17. Jahrhundert begann der Niedergang der Burg, die erst verpachtet wurde, ab 1780 aber zusehends verfiel und unbewohnbar wurde.

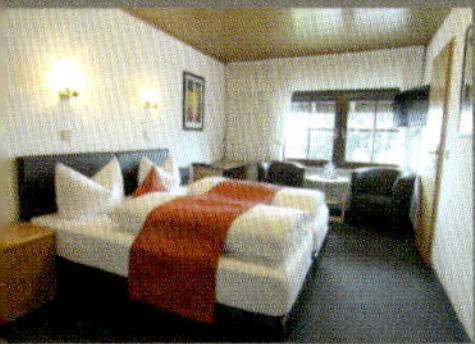

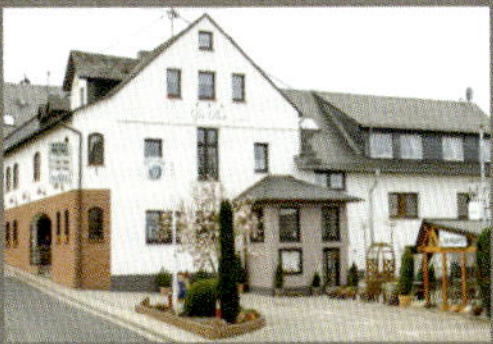

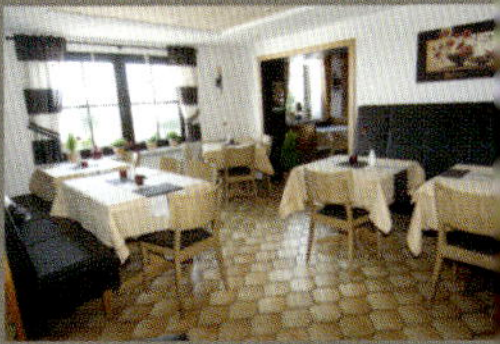

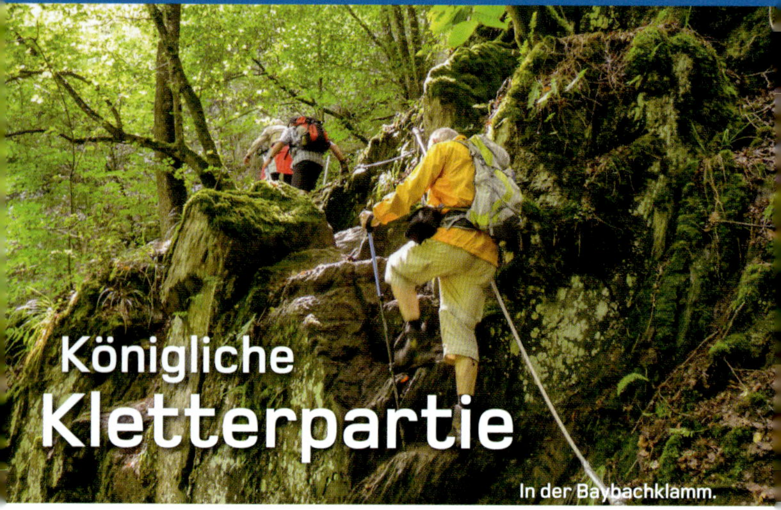

9 Kastellaun nach Schmausemühle

Königliche Kletterpartie

In der Baybachklamm.

- **Start:** Kastellaun
- **Ziel:** Schmausemühle
- **Länge Hauptweg:** 17.9 km
- **Gesamtzeit:** 5 Std. 30 Min.
- **Kalorien:** ♀ 1217 ♂ 1429
- **Tour Download**: SHS2T1X

Anfahrt: Start: Kastellaun erreicht man am besten über die Hunsrückhöhenstraße (B 327). Ziel: Die Schmausemühle erreicht man von Gondershausen aus. Dorthin gelangt man z.B. von Emmelshausen über die L 202.

19.4%	11.6	69%

scan to go®

QR-Code mit dem internetfähigen Smartphone einscannen und Startpunkt direkt anzeigen lassen.

Parken:

- Parken Kastellaun: Perlengasse
N50° 04' 21.9'' • E7° 26' 27.1''
- Parken Schmausemühle
N50° 08' 12.8'' • E7° 27' 13.6''

Wegpunkte:

P1: Marktplatz Kastellaun
32 U 388472 5547686
P2: Burg Kastellaun
32 U 388302 5547678
P3: Grillhütte Uhler
32 U 387654 5549347
P4: Erlebnisfeld Mannebach
32 U 387661 5551893
P5: Portal am Parkplatz Heyweiler
32 U 389417 5554530
P6: Aussicht Barreterlei
32 U 390397 5554664
P7: Baybachtal 32 U 390470 5554780
P8: Schmausemühle
32 U 389519 5554991

■ Höchster Punkt: 442 m ■ Steigung: 391 m ■ Gefälle: 586 m

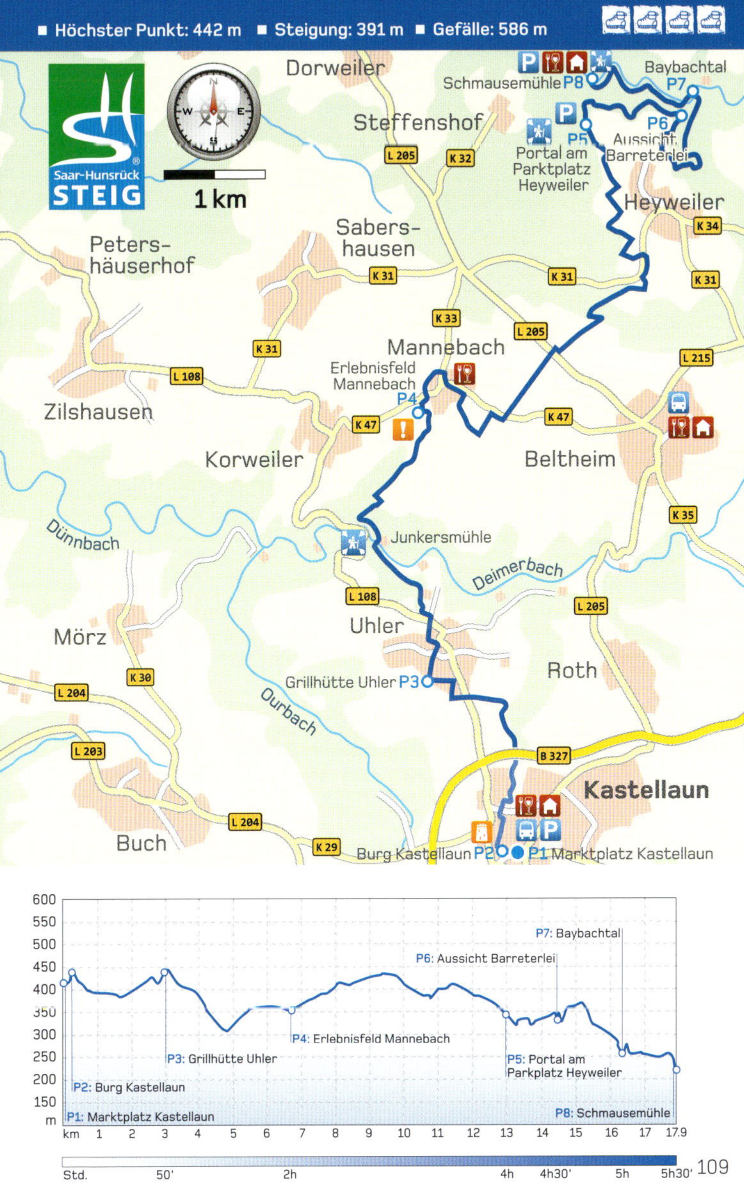

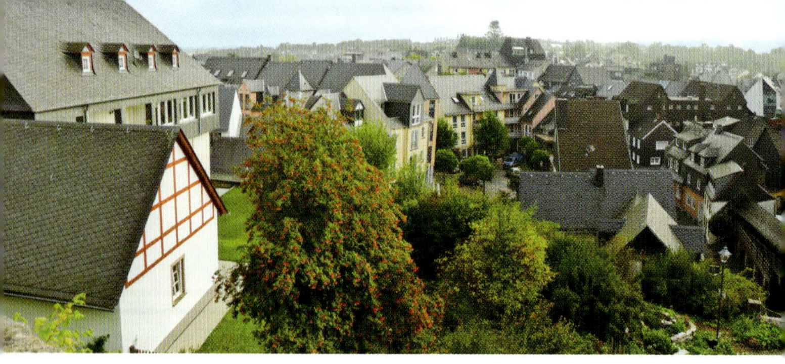

Bei klarer Sicht präsentiert der SHS auf der heutigen Etappe ein wahres Festival an Weitblicken, in deren Fokus mal Historisches wie die Kastellauner Burg, meist aber die offene Weite der Hunsrück-Höhen liegt. Doch auch tief eingeschnittene Täler gehören zum Tagesrepertoire. Zum Höhepunkt begrüßt uns am Ende die wildromantische Baybachklamm, in der wir erste Kletterabenteuer zu meistern haben.

Am Marktplatz **(1)** in Kastellaun nehmen wir die Spur des SHS wieder auf. Gleich zu Beginn wollen wir eine Zeitreise ins Mittelalter unternehmen und laufen daher zunächst durch die engen Gassen des pittoresken Städtchens, bis wir zum Wehrgang aufsteigen können. Dieser bringt uns zu einer Treppe, und flugs erklimmen wir den Felsen, auf dem hoch über Kastellaun die Burg thront, deren Ursprünge bis ins 13. Jahrhundert zurückreichen.

Wir genießen den tollen Blick auf die Stadt, bevor wir nach **250 m** durch eine enge Pforte in die eigentliche Burg **(2)** gelangen. Sofort spüren wir den Geist von Recken und Rittern, der die alten Gemäuer noch immer durchströmt. Nach kurzem Streifzug passieren wir den Pfortenturm und verlassen die Burg. Noch einmal schweift beim Abstieg der Blick auf die himmelhohen Wände des Pallas, dann schwenken wir nach rechts und erreichen die Kirchstraße. Hier gesellt sich der 3-Täler-Weg zu uns, und gemeinsam laufen wir geradeaus auf engem Pfad weiter.

Vorbei an einigen Gärten steigen wir ins Trimmbachtal ab. Kaum haben wir eine Streuobstwiese passiert, biegen wir links ab, queren den Bach und wenden uns rechts der Sudetenstraße zu. An der Kreuzung „In der Beinde" laufen wir geradeaus und lassen auch den umzäunten Abenteuerspielplatz rechts liegen. Wir umrunden das großzügi-

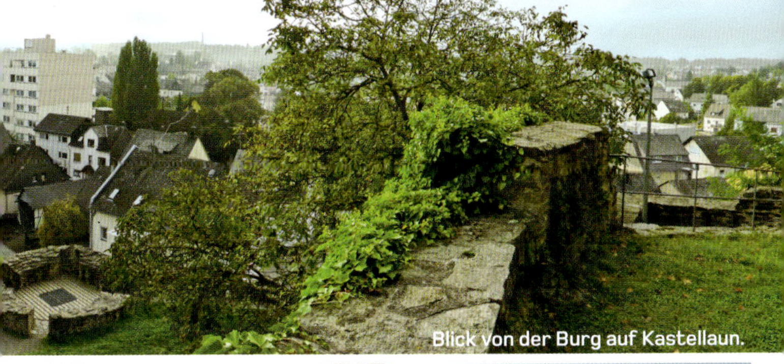
Blick von der Burg auf Kastellaun.

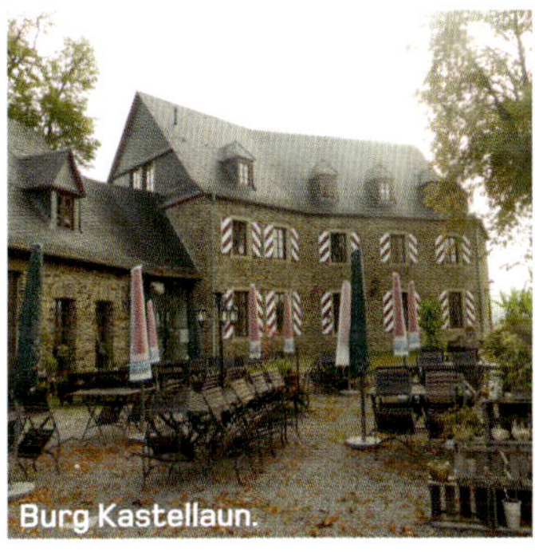
Burg Kastellaun.

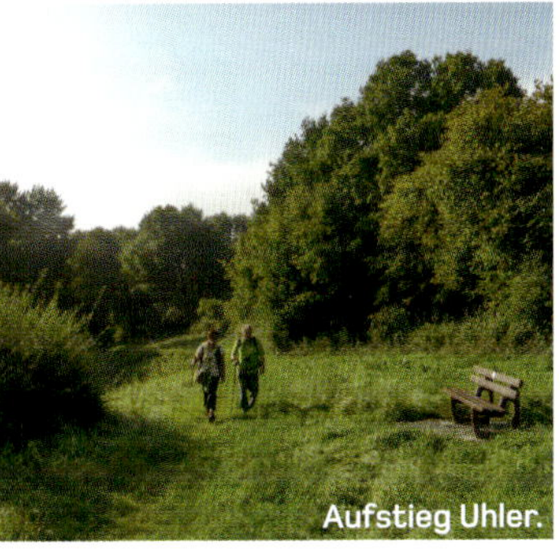
Aufstieg Uhler.

ge Gelände und wenden uns direkt am See mit dem 3-Täler-Weg links dem asphaltierten Uferweg zu. Mit freiem Blick aufs Wasser setzen wir die Tour fort und steuern die hohe Brücke der neuen B 327 an. Kaum haben wir diese unterquert, breitet sich grüne Natur um uns aus.

Am Rand des Gehölzes treffen wir auf einen Waldweg, dem wir links ansteigend folgen. Bald öffnet sich die Baumkulisse, und wir laufen über eine Wiese und anschließend kurz am Waldrand entlang. Mit einer Linkskurve setzen wir den Anstieg nach Uhler fort, der uns bei bester Rundumsicht durch offene Flur führt.

Nach **2.4 km** queren wir die L 105 und wandern noch ein Stückchen geradeaus bergan, bevor wir am nächsten Querweg nach rechts wechseln. Unmittelbar am Ortsrand Uhler schwenken wir nach links und erklimmen die letzten Meter zum gepflegten Areal rund um die Grillhütte **(3)**. Eine Sinnesbank mit schöner Aussicht zurück nach Kastellaun lädt zum Verweilen ein. Nach kurzer Rast queren wir die Wiese und trennen uns vom 3-Täler-Weg. Wir biegen am Rand des Gehölzes rechts auf einen Feldweg ab, der uns mit stetem Gefälle nach Uhler führt. Dort wandern wir geradeaus, bis wir scharf links auf „Im Bungert"

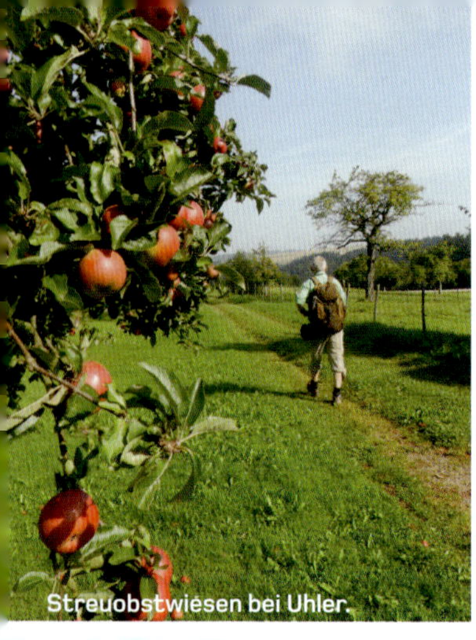
Streuobstwiesen bei Uhler.

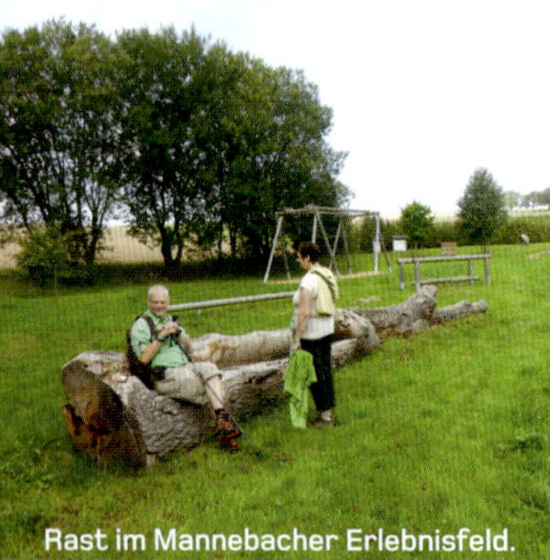
Rast im Mannebacher Erlebnisfeld.

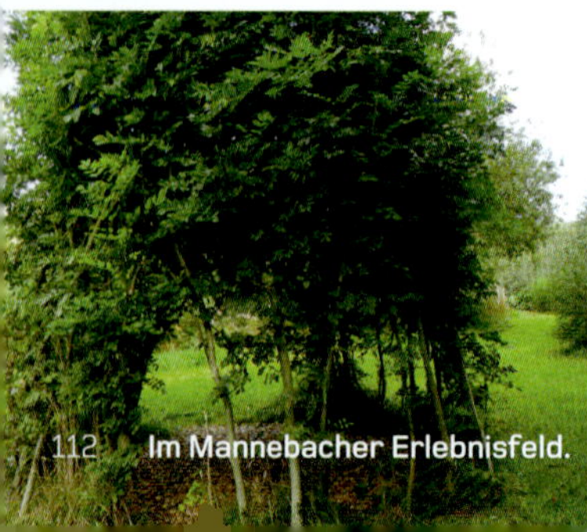
Im Mannebacher Erlebnisfeld.

abbiegen dürfen. Wenig später bleiben die Häuser zurück, und wir dürfen durch ein Spalier von Obstbäumen in die Wiesen und Felder wandern. Wir nähern uns erneut der L 105, begleiten diese kurz auf einem Böschungspfad, bevor wir sie nach **3.9 km** an übersichtlicher Stelle noch einmal queren.

Der SHS senkt sich nun erst noch durch Wiesen, bald aber im Wald sanft zum Deimerbachtal ab. Nach den offenen Flurpassagen genießen wir den Aufenthalt im Wald, der von mächtigen Buchen dominiert wird. Dann treffen wir am Waldrand ein und folgen dem Weg links zur nahen Junkersmühle (hier ist ein Abholpunkt). Hier wenden wir uns nach rechts zur Asphaltzufahrt, passieren die Mühle, queren den Deimerbach und noch einmal den 3-Täler-Weg.

Doch wir bleiben dem SHS treu und biegen halb links auf einen grasigen Waldweg ab, der uns leicht ansteigend durch abwechslungsreichen Mischwald führt. Nach **5.2 km** erhebt sich rechter Hand eine felsige Böschung und gewährt Einblick in den schiefrigen Untergrund des Hunsrücks. Wir folgen unserem federnden Waldweg im Bogen nach rechts. Kurz flankiert ein duftender junger Nadelwald den Weg, dann übernimmt wieder höher gewachsener Mischwald die Regie. An einer Kreuzung wenden wir uns nach links und treffen wenig später am Waldrand ein.

Als die Gehölze enden, biegen wir links ab, folgen weiter dem Waldrand, bevor wir eine Wiese queren. Nach 6.1 km treffen wir auf die Tafel Nummer 12 des Mannebacher Energie- & Naturpfades, der uns nun bis Mannebach begleiten wird. Mal über offene Wiesen und Felder, mal am Rand von üppigen Hecken nähern wir uns der kleinen Gemeinde und passieren dabei weitere Tafeln des Themenweges. Dann schicken uns die Logos des SHS links auf einem Pfad durch einen Gehölzriegel, und nach 6.7 km stehen wir auf dem spannenden Areal des Mannebacher Erlebnisfeldes (4). Hier gibt es nicht nur Erlebnisstationen für alle Sinne, auch vielfältige Rastgelegenheiten, von der originellen Baumbank über eine Hängematte bis hin zur bequemen Sinnesbank, laden zur entspannten Rast ein.

Mit angeregten Sinnen verlassen wir das Areal, folgen kurz der Zufahrt, bevor wir per Stichpfad zur L 215 hinaufsteigen und diese queren. Sogleich wenden wir uns nach rechts und wandern auf federndem Grasweg durch die Talaue des Mannebachs, bevor es mit einer Rechtskurve bergan zum nahen Ort geht. An der Waldecker Straße biegen wir rechts ab und laufen ins Zentrum des schmucken Dorfes. Hier wenden wir uns nach links mit der St. Martin Straße bergan.

Nach 7.5 km lädt das (empfehlenswerte) Hunsrücker Hoxenhaus zur Einkehr, bevor wir der Straße bis zum Ortsrand folgen. Dort wenden wir uns nach rechts und passieren wenig später die Biomasseanlage des Ortes, der sich damit seine eigene Energieversorgung sichert. Wir laufen geradeaus und biegen erst am alten Wasserhaus links auf einen ansteigenden Grasweg ab. Schritt für Schritt gewinnen wir an Höhe. Als der Saar-Hunsrück-Steig bei Tafel 8 nach links abbiegt, lohnt es sich kurz innezuhalten, um die tolle Panoramasicht zu genießen, die sich von hier zumindest bei klarem Wetter bietet.

Anschließend wandern wir höhenparallel durch die Felder und treffen nach 8.4 km zum dritten Mal auf die L 215. Wir folgen dem Bankett rechts bergan und queren die Straße dann auf Höhe des beeindruckenden Mannebacher Zwillingsbaums. Auf bequemem Feldweg streifen wir nun mitten durch die Felder und steuern schnurstracks auf die L 205 zu, die wir nach 9.4 km mit kleinem Versatz nach rechts queren. Als weithin sichtbare Landmarke streben vor uns nun mehrere mächtige Windräder in den Himmel. An einem davon kommen wir recht nahe vorbei, was uns Gelegenheit gibt, die hohen Riesen einmal genauer in Augenschein zu nehmen.

Kaum haben wir das Windrad passiert, ändert sich der Wegbelag von Schotter zu Gras. Auch als wir am Waldrand links abbiegen, spüren wir Gras unter den Sohlen. Wir laufen an einem Gehölz entlang, an dessen Ende der SHS scharf rechts abknickt. Nun wandern wir über eine Wiese und tauchen nach 10 km kurz unters Blätterdach eines Waldstücks.

Bald entlässt uns der Weg wieder aus dem schummrigen Grün und

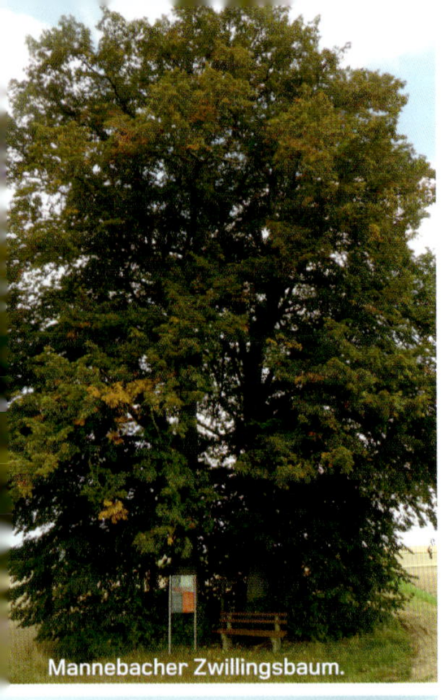

Mannebacher Zwillingsbaum.

gibt nach rechts den Blick frei auf die wogenden Wiesen. Langsam verlieren wir an Höhe und biegen kurz vor der K 31 rechts in den Wald ab. Dort erwartet uns die Heyweiler Grillhütte zur verdienten Pause.

Erholt setzen wir die Wanderung am Waldrand entlang fort und biegen unmittelbar vor der Straße rechts zum Krellbach hinab. Ein Steg bringt uns über das leise murmelnde Nass. Danach führt uns der Steig parallel zur K 31 bergan. Auf der Kuppe angelangt, queren wir die Straße und nutzen Feldwege, um den nahen Waldrand zu erreichen. Dort wenden wir uns nach rechts und erklimmen vollends die Anhöhe. Als der SHS scharf links abbiegt, eröffnet sich vor uns eine grandiose Aussicht: Heyweiler liegt umrahmt von Feldern im Vordergrund, während bei klarer Sicht im Hintergrund bereits die Kuppen der Vulkaneifel zu erkennen sind.

Wir folgen dem Steig am Waldrand entlang abwärts, bevor wir in einer Senke rechts auf einen Grasweg abbiegen, der uns mitten in die offene Flur führt. Es folgen weitere Richtungswechsel, die uns nach **12.6 km** an die Zufahrt zum Wanderparkplatz der Traumschleife

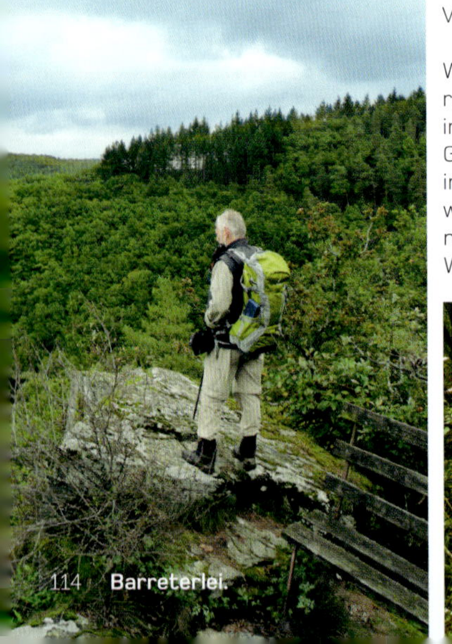

Barreterlei.

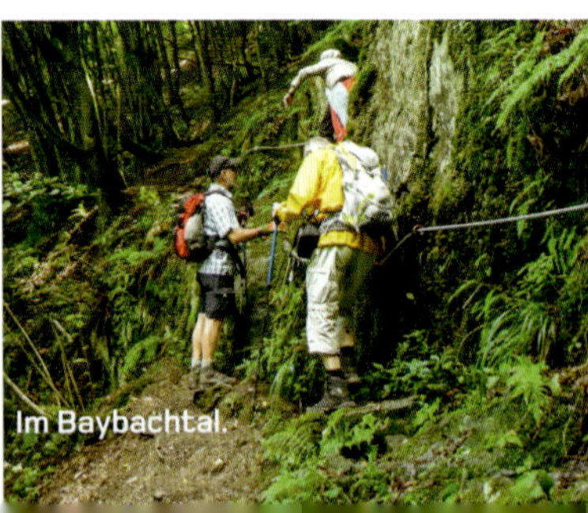

Im Baybachtal.

Baybachklamm bringen. Jetzt folgen wir der Zufahrt nach links und erreichen 300 m später den Abholpunkt am Portal der Traumschleife **(5)**. Nun wird es spannend, denn den Rest der Tagesstrecke dürfen wir auf der ersten mit hervorragenden 90 Erlebnispunkten bewerteten Traumschleife zurücklegen. Wir durchschreiten das Portal und wenden uns am ersten Wegweiser nach rechts Richtung Barreterlei.

Dass der Rundweg die hohe Bewertung wirklich verdient hat, beweist uns nach **13.3 km** der Ausblick von einer urigen Schutzhütte hinab ins Baybachtal: Tief unter uns erspähen wir erstmals das Tagesziel: die Schmausemühle mit ihren Fischteichen. Mühsam reißen wir uns vom Blick los und setzen die Tour fort. Wir folgen dem kurzweiligen Pfad durch den Wald, passieren eine Bank mit Blick Richtung Burg Waldeck und statten wenig später dem Waldrand eine Stippvisite ab. Doch sogleich geht es zurück unter die Baumwipfel. Wir umrunden ein Tälchen um einen alten Windbruch und folgen dem SHS auf abwechslungsreicher Wegführung.

Nach **14.2 km** verlassen wir kurz die Waldkulisse und laufen außen am Wald entlang. Doch schon 100 m später taucht der Waldweg erneut unters Blätterdach ab. Gesäumt von felsiger Böschung, treffen wir an einer Kreuzung nebst Wegweiser ein.

> **!** Hier lohnt es sich unbedingt, den kurzen Abstecher nach links zu machen, denn dort lockt die spektakuläre Felsklippe der Barreterlei **(6)** mit luftiger Aussicht auf das fast unberührte Baybachtal.

Wir kehren zurück zum Steig und folgen diesem leicht ansteigend bis zum Waldrand, wo wir nach links laufen. Nach **14.8 km** biegen wir rechts ab und wandern in die offene Flur. An der nächsten Kreuzung halten wir uns links und erreichen wenig später den Abzweig des Zuwegs nach Heyweiler. An dieser Stelle führt uns der SHS halb links in den Wald, der hier von gedrungen gewachsenen Laubbäumen dominiert wird. Stetig senkt sich der gewundene Pfad ab und bringt uns an einen einladenden Rastplatz. Von hier setzt sich der steile Abstieg über Felsrippen fort und flacht erst ab, als wir den Frankweiler Bach an einer imposanten Felsgruppe erreichen. Wir halten uns links und folgen unmittelbar dem plätschern-

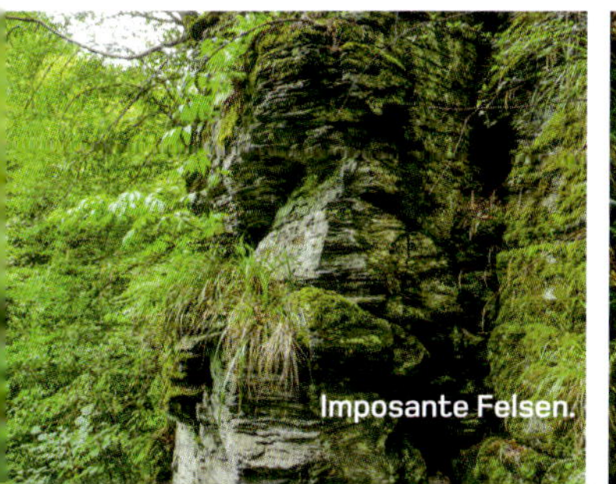
Imposante Felsen.

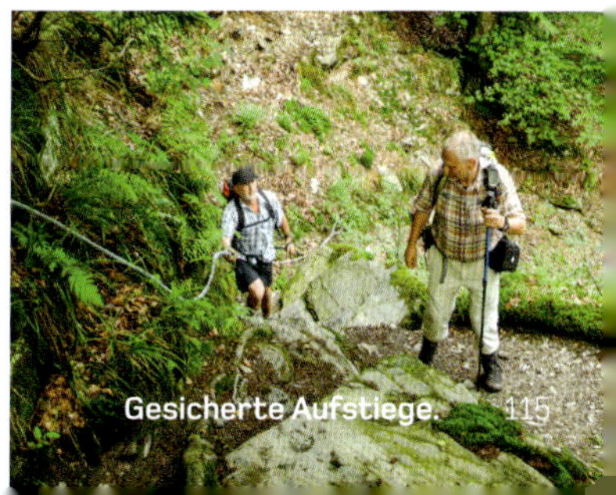
Gesicherte Aufstiege.

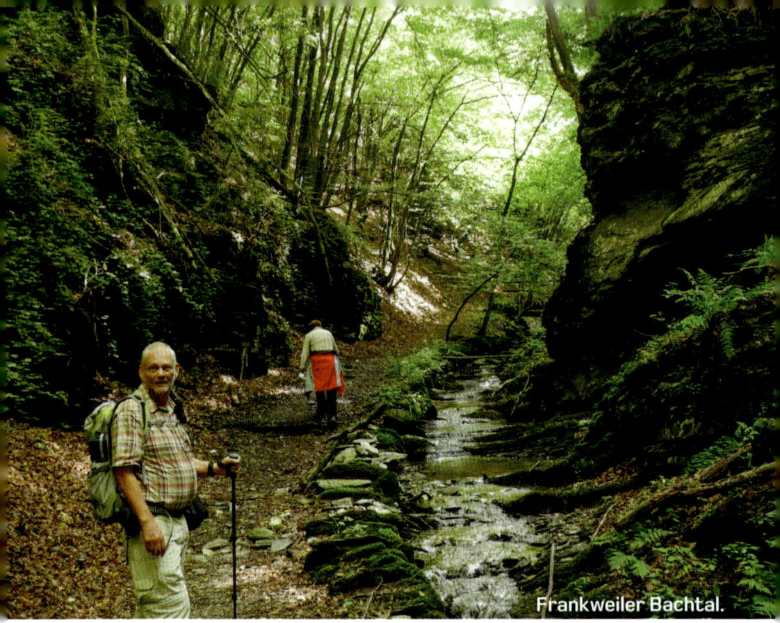

Frankweiler Bachtal.

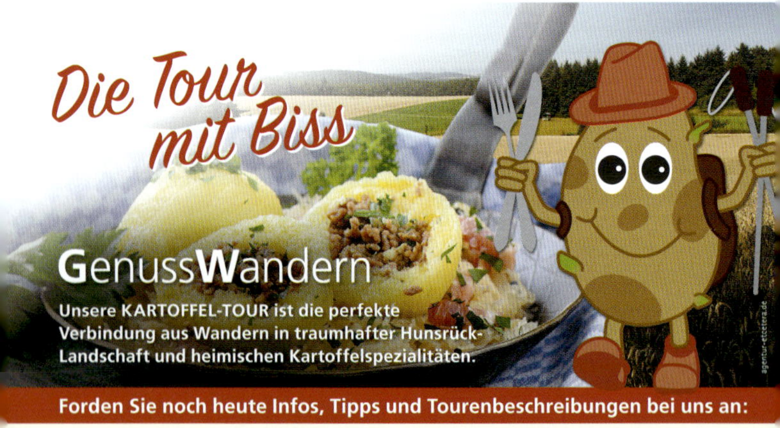

den Nass, bevor uns ein Steg ans andere Ufer bringt. Auch hier bleiben wir zunächst in Bachnähe, doch allmählich steigt der Pfad an und bringt uns in die Hangflanke.

In einem alten Windbruchareal wechseln wir rechts auf einen Grasweg und erreichen nach **16.2 km** eine Bank. Eine Pause tut nun gut, denn im Anschluss stürzt sich der Saar-Hunsrück-Steig auf felsigem Pfad neben einer schroffen Felsklippe talwärts. Wieder kommen wir dem Frankweiler Bach ganz nahe und meistern diese erste Klettereinlage dank Seilsicherung mit Bravour. Und dann ist es so weit: Neben einer kleine luftigen Schutzhütte mündet der Frankweiler Bach in den Baybach **(7)**.

Wir nutzen einen Steg, um den Baybach zu queren und dem quirligen Wasser nun nach links zu folgen. Zunächst gestaltet sich die Baybachklamm moderat, auf ufernahem Pfad folgen wir dem Bach und wechseln über einen Steg die Bachseite. Doch dann wird es wieder abenteuerlich: Nach **16.5 km** gilt es eine herausfordernde Kletterpassage zu überwinden, was uns dank Seilsicherungen gut gelingt. Gleich nach diesem Adrenalinkick bietet ein idyllischer Rastplatz am Bach Gelegenheit zum Ausruhen. Deutlich gemütlicher folgen wir nun dem SHS durch das wildromantische Tal und gelangen bald zur Heyweiler Mühle, wo ein Steg die Kontaktaufnahme zum Bach einfach macht.

Im weiteren Verlauf begeistert das Tal mit Wandergenuss vom Feinsten: Auf schmalem Pfad geht es mit etwas Auf und Ab stets nah am Wasser durch die Schlucht. Als wir einen Seitenbach passieren, rauscht das Wasser zumindest in regenreichen Sommern sogar in kleinen Kaskaden talwärts. Dann treffen wir an einer Weggabelung ein und halten uns rechts. Der Steig führt uns leicht abwärts, und so gelangen wir an den letzten Steg des Tages, der uns an der Schmausemühle **(8)** wieder ans Nordufer des Baybachs bringt.

Nun haben wir unser Etappenziel erreicht und belohnen uns nach **17.9 Tageskilometern** in der urigen Schmausemühle mit leckerer Labung und einem außergwöhnlichen Quartier mitten in der Natur.

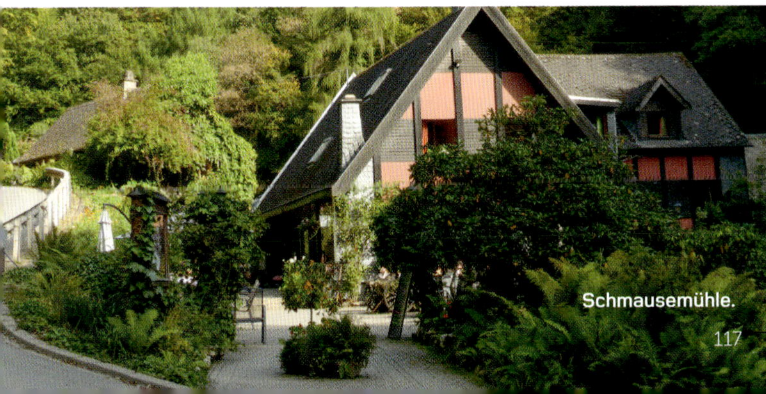

Schmausemühle.

Wanderbüro Saar-Hunsrück, Zum Stausee 198, 66679 Losheim am See ✆ 06872/9018100 ⓘ www.saar-hunsrueck-steig.de
- Hunsrück-Touristik, Gebäude 663, 55483 Hahn-Flughafen ✆ 06543/507700 ⓘ www.hunsruecktouristik.de
- Tourist Information Region Kastellaun, Marktstraße 16, 56288 Kastellaun ✆ 06762/401873 ⓘ www.kastellaun.com

Hunsrücker Hexenhaus, St. Martin Str. 7, 56290 Mannebach ✆ 06762/7510 ⓘ www.hunsruecker-hexenhaus.de

Landgasthof-Hotel Altes Stadttor, Marktstr. 4 a, 56288 Kastellaun ✆ 06762-93130 ⓘ www.altesstadttor.de ⏲ Restaurant: Mo. Ruhetag
- Schmausemühle, Im Baybachtal, 56283 Gondershausen ✆ 06745/270, ⏲ Dienstag Ruhetag (1.5.-31.10. tgl. geöffnet) ⓘ www.schmausemuehle.de

Von Simmern oder Koblenz erreicht man Kastellaun mit der Buslinie 620. Zur Schmausemühle ist eine Anreise mit Bus möglich ⓘ www.vrminfo.de

- BurgStadt-Taxi ✆ 06761/2279
- City Taxi Huet ✆ 06762/962496

Erlebnisfeld Mannebach
Direkt am Hunsrück-Mosel-Radweg auf dem Gelände des alten Schwimmbads Mannebach lädt heute das Erlebnisfeld zu einer außergewöhnlichen Naturerfahrung für alle Sinne ein. Durch die Bepflanzung werden alle Sinne angeregt, Sinnesstationen wie der Wackelsteg oder der Summstein wecken zudem ungeahnte Wahrnehmungsfähigkeiten. Das Areal ist durch einen befestigten Rundweg erschlossen, der auch mit Kinderwagen und Rollstuhl zu benutzen ist.
Weitere Informationen: Förderverein Erlebnisfeld Mannebach e.V., St. Martin Str. 11, 56290 Mannebach ✆ 06762-8934 ⓘ www.erlebnisfeld-mannebach.de

Die neunte Etappe des SHS nutzt viele Naturwege und ab Heyweiler auch enge, teils felsige Pfade. Diese erfordern bei jedem Wetter sehr gute Trittsicherheit. Bei Eis und Schnee wird von einer Wanderung abgeraten.

Die Wegstrecke verlangt im Baybachtal auch von Vierbeinern das Überwinden von Felsstufen, was aber den allermeisten Hunden gut gelingt. Deimerbach, Mannebach, Frankweiler Bach und Baybach bieten Zugang zum Wasser.

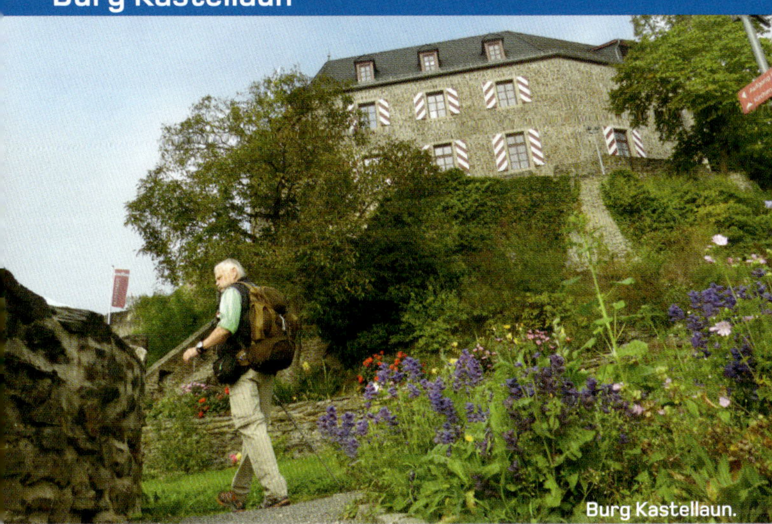

Burg Kastellaun.

Residenz auf Zeit

Mitten im alten Zentrum von Kastellaun erhebt sich ein uraltes Gemäuer: die Burg Kastellaun. Bereits im frühen 13. Jahrhundert wird die Burg und damit auch der Ort Kastellaun in Urkunden erstmals erwähnt. Die Burg gehörte den Grafen von Sponheim, die allerdings ihren Stammsitz in der Nähe von Bad Kreuznach hatten. In Kastellaun residierten die Sponheimer nur unter Simon II. im 14. Jahrhundert. Zwei Jahrhunderte später erkor dann Markgraf Eduard Fortunatus von Baden die Kastellauner Burg zur Residenz auf Zeit.

Im Pfälzischen Erbfolgekrieg kam es 1689 zur Zerstörung der Kastellauner Burg. Im 18. Jahrhundert fiel Kastellaun nebst Burgruine unter französische Herrschaft, die bis 1815 andauerte. Anschließend war Kastellaun Teil der preußischen Rheinprovinz. 1884 erwarb die Stadt die Burgruine und führte eine erste Restaurierung durch. Ende des 20. Jahrhunderts wurde noch einmal kräftig renoviert. Heute reckt die Burg Kastellaun wieder trutzige Mauern in den Himmel. Sie wird für diverse Veranstaltungen genutzt, auch ein intensives Kinderprogramm findet regelmäßig statt.

In der Unterburg befindet sich heute das „Haus der regionalen Geschichte Kastellaun", in dem auf vier Etagen eine ansprechende und kurzweilige Ausstellung untergebracht ist.

Weitere Infos: Tourist-Information Kastellaun Marktstraße 16, 56288 Kastellaun
✆ 06762/401873 oder 401698 ⓘ www.stadt-kastellaun.de

10 *Schmausemühle nach Morshausen*

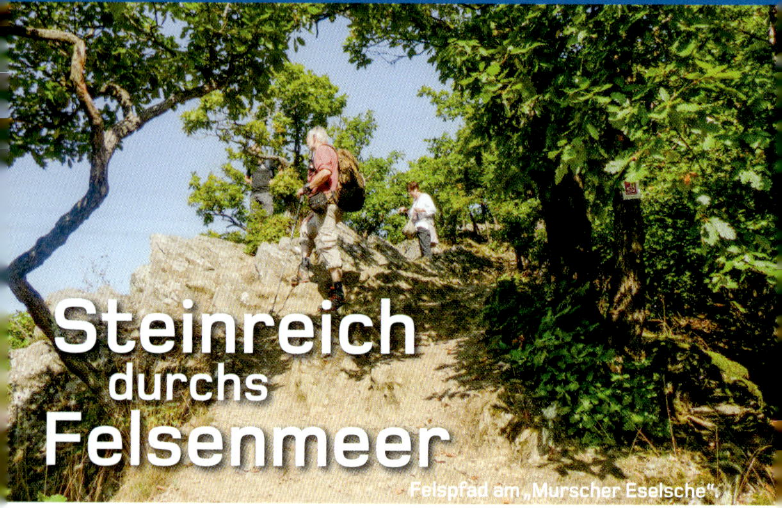

Steinreich durchs Felsenmeer

Felspfad am „Murscher Eselsche“

- **Start:** Schmausemühle
- **Ziel:** Morshausen
- **Länge Hauptweg:** 10.2 km + 0.2 km Abweg
- **Gesamtzeit:** 3 Std. 15 Min.
- **Kalorien:** ♀ 772 ♂ 906
- **Tour Download**: SHS2T11

Anfahrt: Start: Die Schmausemühle erreicht man nur von Gondershausen. Dorthin gelangt man z.B. von Emmelshausen über die L 206. Ziel: Von Emmelshausen folgt man der L 206 über Gondershausen bis Morshausen.

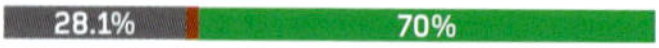

28.1% | 70%

scan to go®

QR-Code mit dem internetfähigen Smartphone einscannen und Startpunkt direkt anzeigen lassen.

- **Parken:**
- Parken Schmausemühle N50° 08' 12.8'' • E7° 27' 13.6''
- Parken Morshausen Jakob-Kneip-Str. 32 N50° 11' 23.7'' • E7° 26' 08.3''

- **Wegpunkte:**

P1: Schmausemühle 32 U 389519 5554991
P2: Felsenhöhle 32 U 389298 5555164
P3: Trennung TS Baybachtal 32 U 388779 5555614
P4: Abzweig Burg Waldeck 32 U 381885 5556371
P5: Murscher Eselsche 32 U 387936 5560097
P6: Rastplatz Ausblick Süd 32 U 387904 5560536
P7: Wurzelbank & Stahlesel 32 U 387991 5560970
P8: Abzweig Morshausen Zentrum 32 U 388638 5561234

■ Höchster Punkt: 327 m ■ Steigung: 348 m ■ Gefälle: 241 m

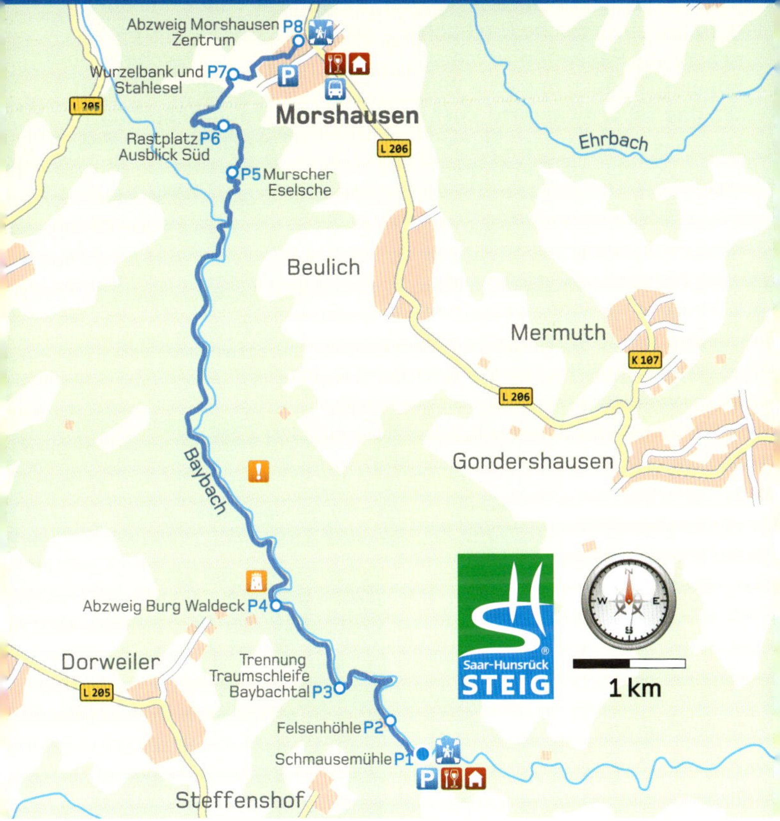

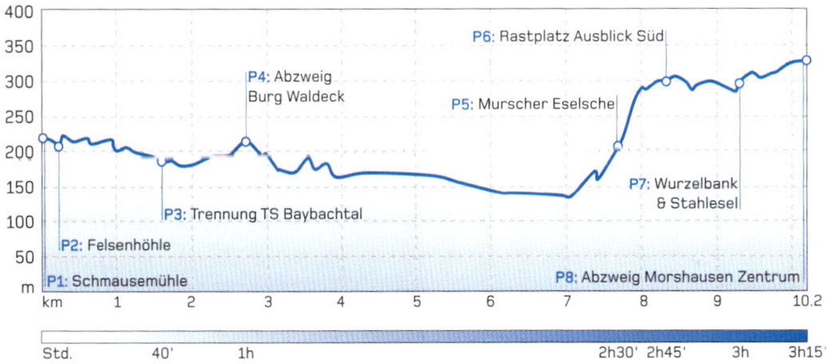

Kurz – aber anspruchsvoll und wunderschön, so lässt sich diese SHS-Etappe treffend beschreiben. Sie führt uns durch die wildromantische Baybachklamm. Immer wieder gilt es grandiose Passagen zu meistern, die absolute Trittsicherheit von uns fordern und eine Winterbegehung unmöglich machen. Wo das Tal breiter wird, ruft die nächste Herausforderung: Über die Klippen des „Murscher Eselsche" erklimmen wir das Hunsrückplateau bei Morshausen.

Mitten in der Natur, an der Schmausemühle (1), beginnen wir die zehnte Etappe auf dem SHS.

Zunächst folgen wir dem breiten Wirtschaftsweg an der Naturkläranlage vorbei oberhalb des Bachs. Doch schon bald queren wir an den imposant aufragenden Felsen der Rabenlay den Bach und wechseln an einem Wegweiser rechts auf einen Pfad. Kaum haben wir uns an die ufernahe Wegführung gewöhnt, erregt links eine große Höhle (2) im Schieferfels unsere Aufmerksamkeit. Klar lassen wir uns den Abstecher zum gähnenden Felsenschlund nicht nehmen ...

Nach 400 m erreichen wir die nächste imposante Felswand, an der diesmal auch eine Bank zum Ausruhen bereitsteht. Doch noch sind unsere Kräfte frisch, und wir meistern das Auf und Ab des Pfades problemlos. Etwas exotisch mutet ein alter Köhlerplatz an, auf den uns eine der Infotafeln der Traumschleife Baybachklamm aufmerksam macht.

Und dann steigt der Adrenalinspiegel, denn die erste Kletterstelle des Tages wartet auf uns. Schon bei den ersten Schritten über die Felsklippe wird klar: Trittsicherheit und feste, knöchelhohe Schuhe sind hier absolut notwendig, denn auch in heißen Sommern sind die Felsen feucht und manche Stellen schlüpfrig.

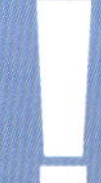

Erst richtig ausgestattet wird die Tour durch die wildromantische Baybachklamm zum erlebnisreichen Abenteuer.

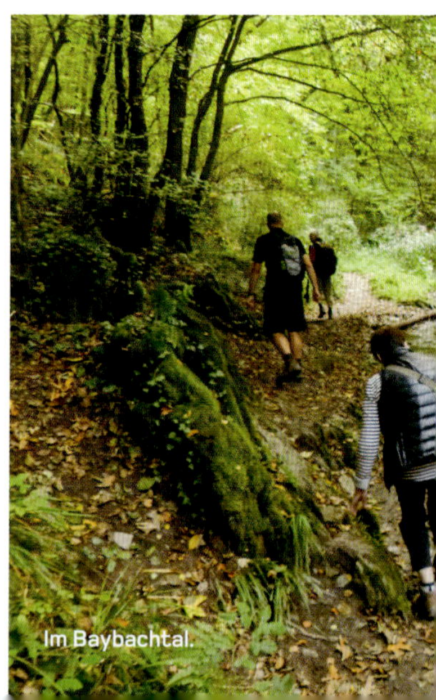

Im Baybachtal.

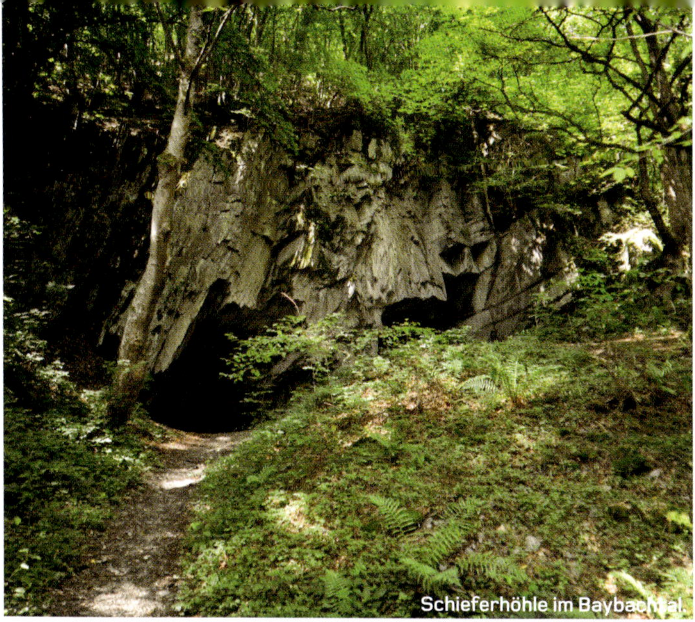

Schieferhöhle im Baybachtal.

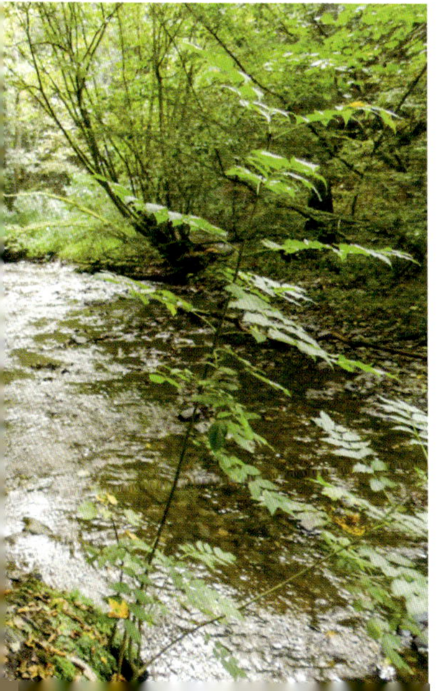

Gut gerüstet absolvieren wir diese erste Herausforderung und steigen wieder auf Bachniveau ab. Dort lassen wir einen Holzsteg unbeachtet rechts liegen und erreichen nach 1.6 km den Abzweig der Traumschleife (3). Wir bleiben dem Tal treu und genießen im weiteren Verlauf die stete Abwechslung: So wandern wir gerade noch mit Tuchfühlung zum plätschernden Bach, dann schwingt sich der SHS seilgesichert über schroffe Klippen und Felsnasen. Neben den Klettersteigen sind es die Details, wie die Wirbel im Wasser oder die Falten im Fels, die uppigen Sternmoospolster oder die langen Moosbärte an den Bäumen, die diesem idyllischen Tal eine zauberhafte Atmosphäre verleihen und uns pures Wanderglück bescheren.

So kurzweilig unterwegs, passieren wir nach **2.7 km** den Zuweg zur Burg Waldeck **(4)**, der links ansteigt. Wir folgen weiter dem Pfad durch die Flanke des Baybachtals und kommen dabei auch an einigen Mauerresten der einst weitläufigen Burgbefestigung der Waldeck vorbei. Dann führt uns der Steig auf einer Kuppe durch ein kleines Felsentor, bevor er sich wieder zum Bach absenkt. Wir queren zwei Seitenbäche und erreichen eine sonnige Talwiese. Wir schwelgen nach der oft etwas kühlen und dämmrigen Klamm in der Lichtflut der Wiese, die für eine reizvolle Abwechslung auf unserer Schluchtentour sorgt. Kaum haben wir die Wiese hinter uns gelassen und wandern wieder durch artenreichen Wald, treffen wir nach **3.4 km** an der Rosskehrbrücke ein. Hier setzt sich der Steig nach links fort, doch zuvor lohnt ein kleiner Abstecher über die Brücke zum Rastplatz auf einer weiteren Auenwiese, von der man auch die Spitze der Waldeck erspähen kann.

Zurück auf dem Steig, gelangen wir wenig später in ein wahres Felsenmeer, denn auch unser Pfad ist „steinreich", und unten im rauschenden Bach zeugen große Felsbrocken vom uralten Gestein des Untergrunds. Kaum rücken die Felsen auf dem Pfad wieder etwas an den Rand, gilt es mal wieder eine seilgesicherte Passage zu meistern. Danach senkt sich der SHS zum Bach ab, und wir wechseln vom engen Pfad auf einen etwas breiteren Uferweg.

Nach **5.2 km** treffen wir oberhalb der ehemaligen Neumühle an einer

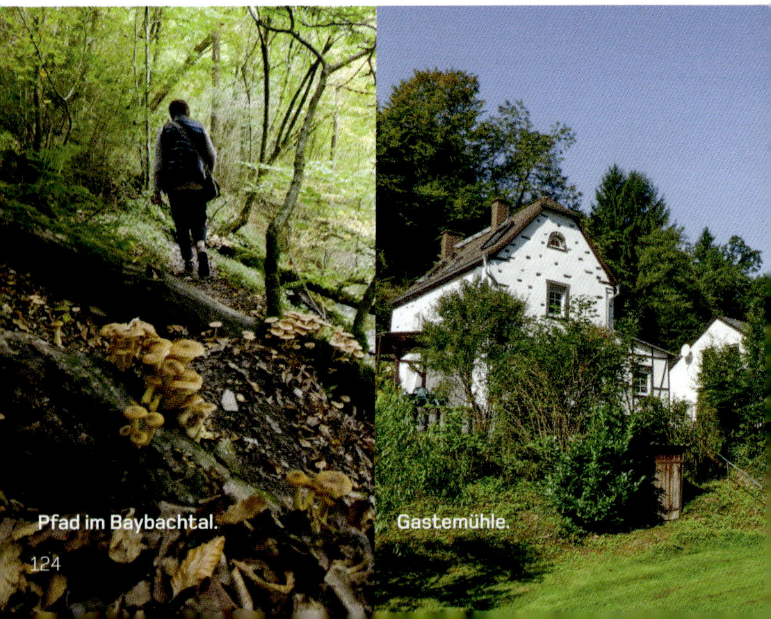

Pfad im Baybachtal.

Gastemühle.

Wegkreuzung ein. Leider ist von der 1979 abgebrannten Mühle heute kaum mehr etwas zu sehen. Wir wandern geradeaus und nutzen an der folgenden Weggabelung den rechten Weg, um uns erneut dem Baybach anzunähern. Munter gurgelnd begleitet uns das Wasser durch das herrlich stille und idyllische Tal. Dann treffen wir auf einen befestigten Weg, dem wir geradeaus zur Gastemühle folgen. Hier treffen wir nach **6.1 km** auf den Moselhöhenweg, der hier von rechts zum SHS stößt. Wir passieren das gepflegte Areal der Mühle und wandern auf breitem Talweg weiter. An einem Rettungspunkt wenden wir uns nach halb rechts und wandern auf befestigtem Grund.

Nach **6.9 km** wird es dann wieder spannend, denn an einem Wegweiser treffen wir auf die Traumschleife „Murscher Eselsche", die uns mit zwei kurzen Unterbrechungen bis zum Etappenende begleiten wird. Wir verlassen den breiten Weg und biegen rechts auf einen Stichweg zum nahen Baybach ab. Ein Steg bringt uns ans andere Ufer, wo die Felsen des „Perdskimbel" emporragen. Eine Tafel erläutert den Namen, und rechter Hand laden gleich zwei Rastplätze zum Verweilen ein. Diese Gelegenheit sollten wir uns nicht entgehen lassen, denn der weitere Verlauf wird anstrengend!

Mit neuen Kräften folgen wir dem Pfad bergan und meistern zügig die erste Steigung. Auf einem Sattel biegt die Traumschleife nach links, während der SHS einen Pfad nach rechts nutzt. Bevor wir den Logos des Steigs folgen, statten wir der

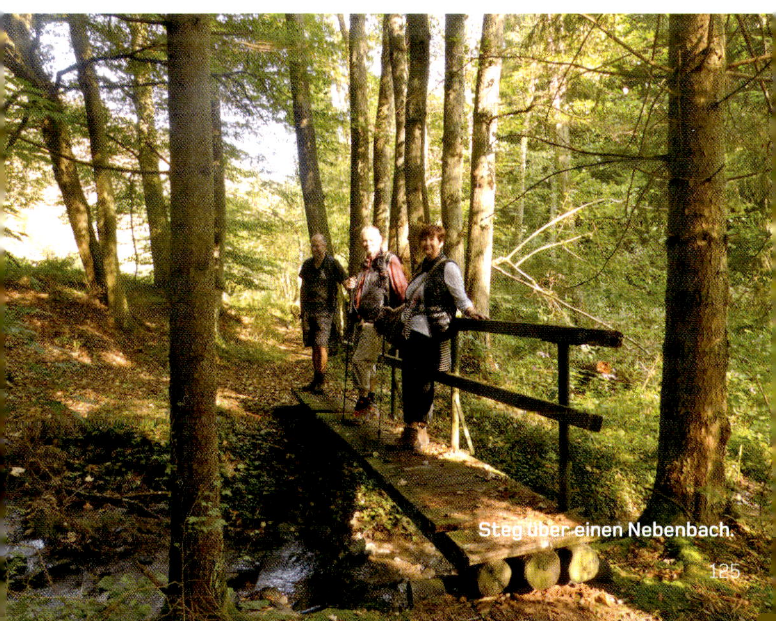

Steg über einen Nebenbach.

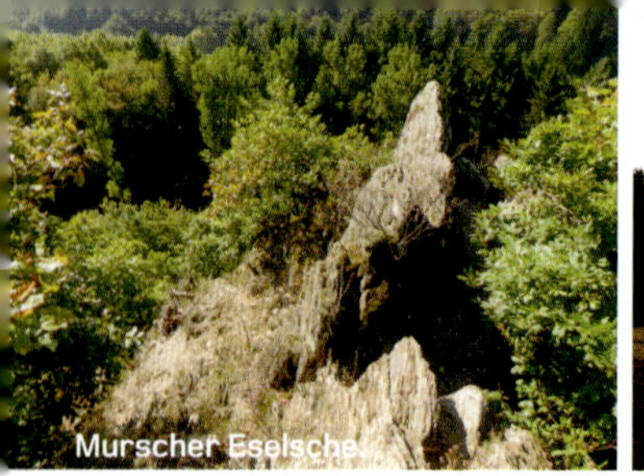
Murscher Eselsche.

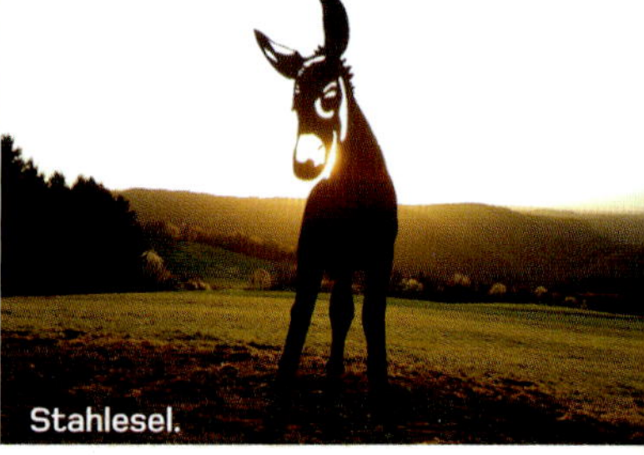
Stahlesel.

nahen Sinnesbank einen Besuch ab, denn hier hält nicht nur eine originelle, lebensgroße Holzfigur mit Flinte einsam Wache, man hat von der Bank auch das nächste Zwischenziel fest im Blick: das Murscher Eselsche.

Uns schwant, dass es gleich wieder recht herausfordernd wird ...

Wir wandern rechts mit dem SHS zu einem kleinen Bächlein, queren es und treffen auf einen breiten Weg, dem wir rechts bergan folgen. Nach **7.4 km** biegen wir dann wieder zusammen mit der Traumschleife scharf links auf einen ansteigenden Serpentinenpfad ab. In zahlreichen Windungen erobern wir den steilen Hang, spüren erste Felsen unter den Sohlen und atmen tief durch, als wir mithilfe von Seilsicherungen dem Eselsche **(5)** aufs Dach steigen und vom luftigen Felsen einen grandiosen Talblick genießen. Doch noch sind wir nicht oben. Der stramme Aufstieg setzt sich fort, führt uns an einer willkommenen Bank vorbei immer weiter bergan. Endlich flacht der Weg ab, und der Pfad trifft auf einen breiten Forstweg. Kaum sind wir wieder zu Atem gekommen, biegen wir links auf einen Pfad ab und treffen nach **8.3 km** an dem ersten von drei Baybachausblicken ein. Hier an der „Schönen Aussicht Süd" **(6)** haben sich die Wegmacher wieder voll ins Zeug gelegt und bieten uns zum Genießen des tollen Blicks eine Bank, zwei Rastplätze und eine Sinnesbank.

Jetzt steigt der SHS nur noch unmerklich an und biegt, nach kurzem Intermezzo auf breitem Weg, erneut links auf einen Pfad ab. Wenige Schritte unterhalb lockt die „Aussicht West" mit einem weiteren fantastischen Ausblick über das Baybachtal, den wir von einer rustikalen Bank aus genießen können.

! Selber schuld, wer hier nicht verweilt ...

Wir kehren zum breiten Weg zurück und wandern durch den dichten Mischwald weiter. In einer Kurve passieren wir schließlich noch die dritte Baybachtalaussicht, die sich allerdings weniger spektakulär als die beiden ersten präsentiert. Nach weiterer Waldpassage trennen wir uns noch einmal von der

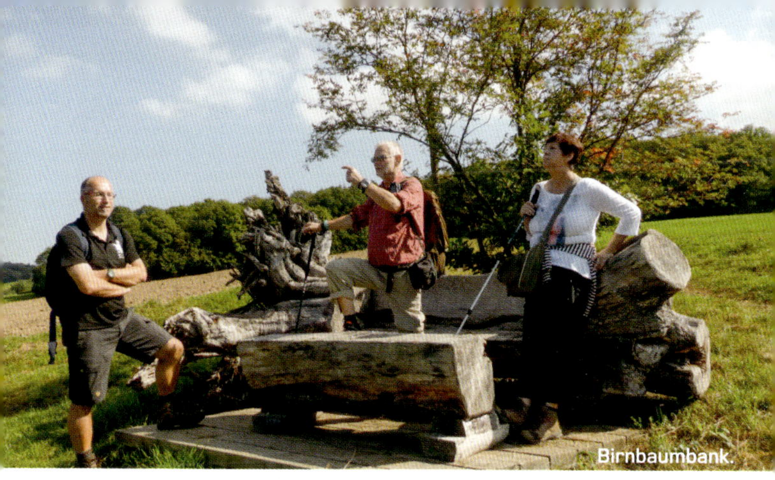

Birnbaumbank.

Traumschleife und biegen links auf einen Waldweg ab. Der führt uns durch ein Nadelwaldareal an den Waldrand. Als der Wald vollends zurückweicht, verharren wir unwillkürlich, denn nach **9.3 km** eröffnet sich zu unserer Linken ein grandioser Panoramablick! Wenige Meter später treffen wir an einer urigen Birnbaumbank **(7)** wieder auf die Traumschleife und werden neugierig vom stählernen „Murscher Eselsche" beäugt.

Mühsam reißen wir uns von der Aussicht los und wandern auf dem Grasweg bergan zum Waldrand. Dort stehen Tafeln mit Erläuterungen der zu den verschiedenen Blickrichtungen bereit, um die 180-Grad-Eifel-Aussicht zu erklären. Bei klarer Sicht reicht der Blick bis zur Hohen Acht oder dem Laacher Kopf.

Wir biegen links auf einen Forstweg ab, wechseln aber vor einem Wäldchen links auf einen Grasweg. Wir verlieren etwas an Höhe, bevor wir rechts in den Wald abtauchen. Dort helfen uns Baumscheiben über feuchte Stellen. Im Bogen durchqueren wir den Wald und treffen nach **9.7 km** an einer Kreuzung am Waldrand ein. Wir folgen dem SHS fast geradeaus bergan, bald spüren wir erstmals für heute Asphalt unter den Sohlen.

Wir laufen zum Ortsrand von Morshausen, dürfen aber vor den ersten Häusern noch einmal links auf einen Grasweg abbiegen. Bei bester Sicht Richtung Eifel wandern wir zu einer Sinnesbank, an der wir uns dann rechts dem Ort zuwenden. Nach **10.2 km** endet hier am „Engen Weg" **(8)** unsere heutige Etappe auf dem SHS. Der Steig setzt sich links fort, wir aber nutzen den rechts abbiegenden Zuweg ins nahe Zentrum, das wir nach weiteren 150 m erreichen.

Wanderbüro Saar-Hunsrück, Zum Stausee 198, 66679 Losheim am See 06872/9018100 www.saar-hunsrueck-steig.de
- *Hunsrück-Touristik, Gebäude 663, 55483 Hahn-Flughafen 06543/507700, www.hunsruecktouristik.de*
- *Tourist Information Boppard, Karmeliterstr. 2, 56154 Boppard 06742/3888 www.boppard-tourismus.de*
- *Tourist-Info im ZAP, Rhein-Mosel-Str. 45, 56281 Emmelshausen 06747/93220 www.rhein-mosel-dreieck.de*

Hotel & Restaurant Forellenzucht, Im Baybachtal, 56332 Burgen/Macken 02605/4640 Mo. Ruhetag www.hotel-forellenzucht.de

Schmausemühle, Im Baybachtal, 56283 Gondershausen 06745/270 Dienstag Ruhetag (1.5.-31.10. tgl. geöffnet) www.schmausemuehle.de
- *Gasthaus Schmitt, Jakob-Kneip-Straße 1, 56283 Morshausen 02605-4479 www.gasthausschmitt.de geöffnet Fr bis So*

Zur Schmausemühle ist eine Anreise mit dem ÖPNV nicht möglich. Von Emmelshausen gelangt man mit den Buslinien 626 und 630 über Gondershausen nach Morshausen. www.vrminfo.de

- *BurgStadt-Taxi 06761/2279*
- *Taxi Huet 06747/597059*

Mühlental Baybach

Wussten Sie, dass entlang des Baybachs einst 33 Mühlen die Kraft des Wassers nutzten? Neben Getreidemühlen gab es auch Öl- und Sägemühlen, die vom Baybach angetrieben wurden. Am bekanntesten ist heute noch die Schmausemühle, die zur Einkehr und Übernachtung lädt. Heinrich Merten und Werner Stoffel haben in einem kleinen Büchlein viel Interessantes zu allen Mühlen am Baybach zusammengetragen. Es ist in der Tourist Info Emmelshausen erhältlich und bereichert so manche Tour entlang des Baches mit historischem Wissen.

Die zehnte Etappe des SHS führt uns über zahlreiche Naturwege und viele, teils felsige Pfade. Viele Passagen im Baybachtal und am Murscher Eselsche erfordern sehr gute Trittsicherheit und ein Mindestmaß an Schwindelfreiheit. Eine Wanderung bei Eis und Schnee ist nicht zu empfehlen! Bei Hochwasser ist der Weg meist ebenfalls unpassierbar. Knöchelhohe Wanderstiefel und Wanderstöcke sind ein Muss.

Die Wegstrecke weist einige für Hunde schwierige Felspassagen auf. Entlang des Baybachs gelangen Hunde immer wieder ans Wasser.

Jakob Kneip

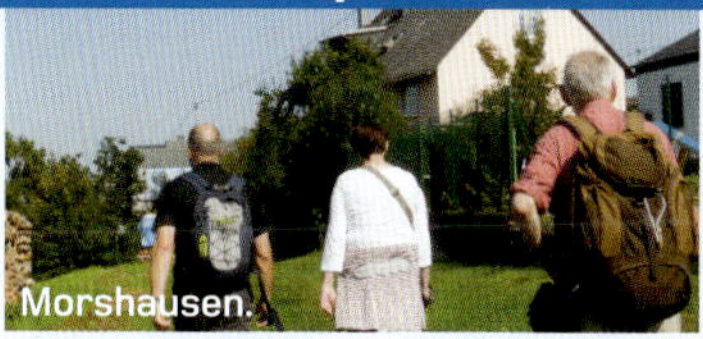
Morshausen.

Berühmter Sohn

Jakob Kneip, 1881 in Morshausen geboren, ist der wohl berühmteste Einwohner dieses Hunsrückortes. Schon während des Studiums in Trier, Bonn, London und Paris verfasste er erste Gedichte und Erzählungen. Von 1921 bis 1929 arbeitete Kneip als Lehrer, schied aber aufgrund seiner antipreußischen Haltung frühzeitig aus dem Dienst aus.

1926 war er Mitbegründer des Rheinischen Dichterbundes. In den Dreißigerjahren lebte er in Köln und verfasste zahlreiche Erzählungen und Gedichte (z.B. Hunsrückweihnacht oder Fülle des Lebens). Der zunehmende Druck durch das nationalsozialistische Regime veranlasste seinen Umzug in die Eifel. Nach dem 2. Weltkrieg entstanden weitere bedeutende Essays, Erzählungen und Gedichte. 1956 wurde Jakob Kneip mit dem Bundesverdienstkreuz ausgezeichnet. Er starb 1958 bei einem Eisenbahnunfall.

In seinem Geburtsort Morshausen ist die Erinnerung an ihn sehr lebendig. Besonders die kleine, aber sorgsam zusammengetragene Ausstellung im Jakob-Kneip-Museum (untergebracht im „Backes", dem alten Backhaus der Gemeinde) ist einen Besuch wert.

Jakob-Kneip-Museum Morshausen
jeden 1. Sonntag im Monat 14-16 Uhr und nach telef. Vereinbarung geöffnet (02605/4576 oder 1865 oder 1682).

11 *Morshausen nach Oppenhausen*

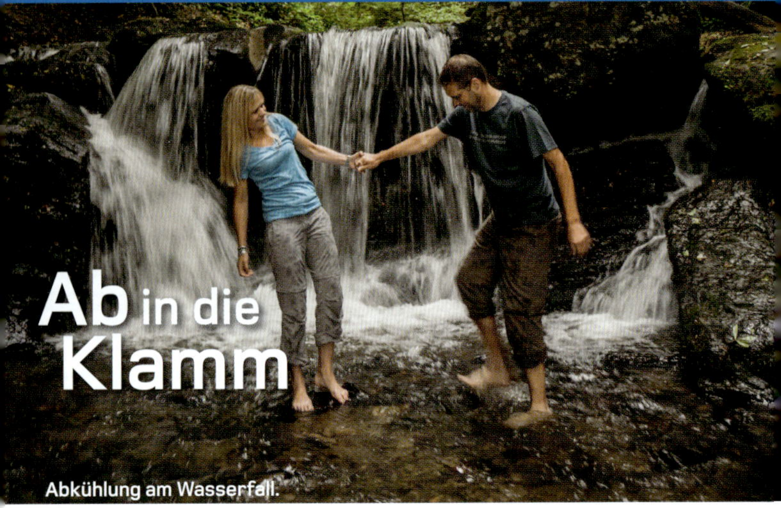

Ab in die Klamm

Abkühlung am Wasserfall.

- **Start:** Morshausen
- **Ziel:** Oppenhausen
- **Länge Hauptweg:** 16.1 km
  + Zuweg 0.2 km
  + Abweg 0.5 km
- **Gesamtzeit:** 5 Std.
  + 15 Min. Zuweg
- **Kalorien:** ♀ 946 ♂ 1383
- **Tour Download**: SHS2T12

- **Anfahrt:** Start: Von Emmelshausen folgt man der L 206 bis Morshausen. Ziel: Über die A 61 fährt man bis Abfahrt Boppard. Danach fährt man durch Buchholz und auf der K 119 nach Oppenhausen.

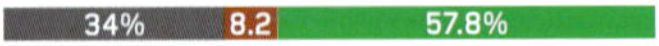

34% | 8.2 | 57.8%

scan to go®

QR-Code mit dem internetfähigen Smartphone einscannen und Startpunkt direkt anzeigen lassen.

- **Parken:**
- Morshausen Jakob-Kneip-Str. 32
  N50° 11' 23.7'' • E7° 26' 08.3''
- Parkplatz Schwedenschanze
  N50° 11' 49.7'' • E7° 30' 16.5''
- Parkplatz Oppenhausen Sportplatz
  N50° 12' 16.8'' • E7° 29' 26.7''
- Parkplatz Oppenhausen K 120
  N50° 11' 58.4'' • E7° 29' 06.6''

- **Wegpunkte:**

P1: Abzweig Morshausen
32 U 388638 5561234
P2: Aussicht Ehrenburg
32 U 389207 5562975
P3: Abzweig Ehrenburg
32 U 389815 5563170
P4: Eckmühle 32 U 390491 5560957
P5: Schöneckblick
32 U 392039 5560244
P6: Daubisbergermühle
32 U 392718 5560696
P7: Rauschenburgblick
32 U 393410 5561255
P8: Abzweig Oppenhausen
32 U 392276 5562449

■ Höchster Punkt: 349 m ■ Steigung: 491 m ■ Gefälle: 473 m

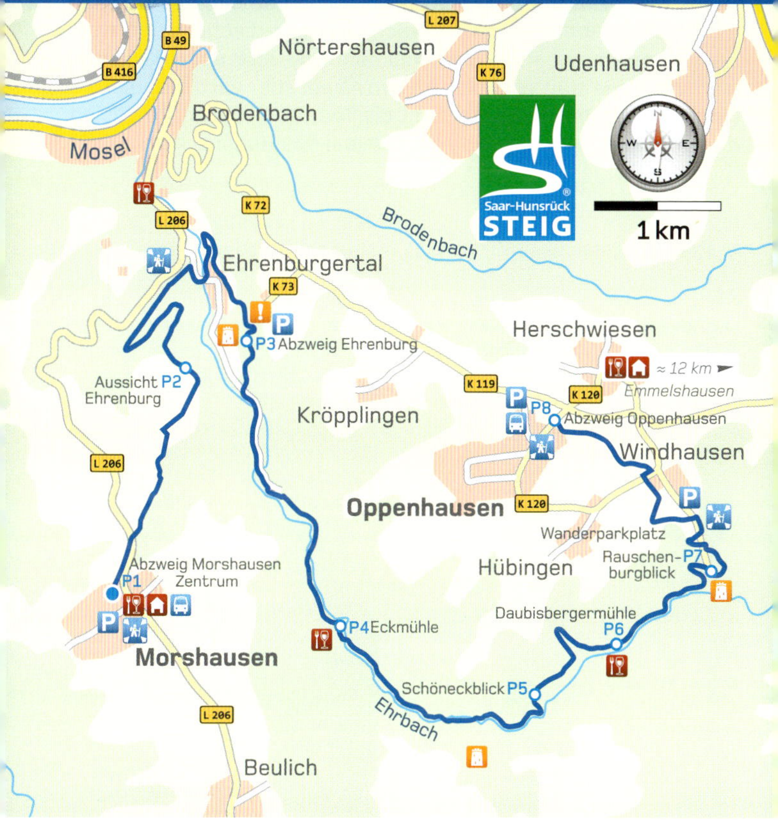

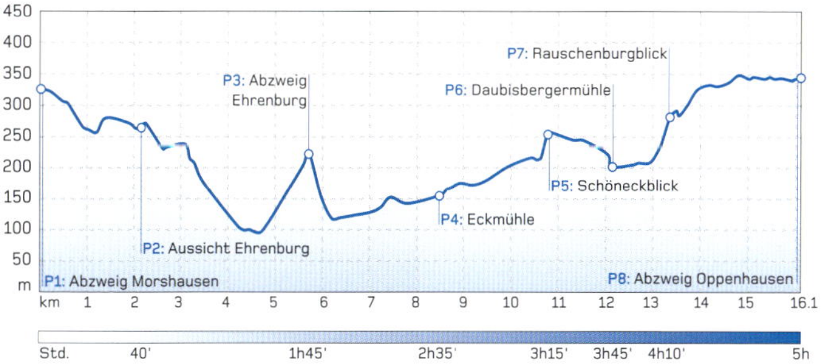

Nörtershausen
Udenhausen
Brodenbach
Mosel
Saar-Hunsrück STEIG
1 km
Ehrenburgertal
Brodenbach
P3 Abzweig Ehrenburg
Herschwiesen
≈ 12 km Emmelshausen
Aussicht P2 Ehrenburg
Kröpplingen
P8 Abzweig Oppenhausen
Windhausen
Oppenhausen
Wanderparkplatz
Rauschen-P7 burgblick
Hübingen
Abzweig Morshausen Zentrum P1
Daubisbergermühle P6
P4 Eckmühle
Morshausen
Schöneckblick P5
Ehrbach
Beulich
B 49, B 416, L 206, L 207, K 72, K 73, K 76, K 119, K 120

P1: Abzweig Morshausen
P2: Aussicht Ehrenburg
P3: Abzweig Ehrenburg
P4: Eckmühle
P5: Schöneckblick
P6: Daubisbergermühle
P7: Rauschenburgblick
P8: Abzweig Oppenhausen

m: 50, 100, 150, 200, 250, 300, 350, 400, 450
km: 1, 2, 3, 4, 5, 6, 7, 8, 9, 10, 11, 12, 13, 14, 15, 16.1
Std.: 40', 1h45', 2h35', 3h15', 3h45', 4h10', 5h

Nach einem Auftakt in den offenen Weiten des Hunsrückplateaus führt uns der Steig rasch talwärts und begeistert dabei mit grandiosem Burgenblick. Nach einem Abstecher zur Ehrenburg wandern wir in die Ehrbachklamm, die spätestens nach der Eckmühle zum verwunschenen Abenteuer wird. Neben sehr guter Trittsicherheit erfordert die Tour auch etwas Kondition, denn am Ende erobern wir noch einmal das Hunsrückplateau.

Rasch gelangen wir vom Zentrum Morshausens über den 150 m langen Zuweg durch den „Engen Weg" wieder zum Saar-Hunsrück-Steig (1). Der kleine Ort bleibt hinter uns zurück, und wir genießen den freien Blick über die Felder und Wiesen. Wir erreichen die L 209, begleiten sie zunächst auf einem parallelen Wiesenpfad, bevor wir sie an zwei Holzkreuzen queren. Wir laufen zum Waldrand und halten uns dort erst links, um wenige Meter später auf einen urigen Hohlweg in den Wald zu wechseln.

Rechts hat ein kaum wahrnehmbarer Bach eine tiefe Kerbschlucht in den Mischwald geschnitten, der wir an der oberen Kante folgen. Dann wechseln wir aus dem Wald an den Feldrand und umrunden ein kleines Seitental. Der SHS schwingt sich mitten durch die Felder auf grasigem Grund bergan. Auf der Kuppe angelangt, sind wir vom herrlichen Rundumblick begeistert, der uns auch treu bleibt, als wir rechts auf einem Feldweg weiterwandern.

Nach 1.9 km treffen wir am Waldrand auf majestätische alte Buchen und folgen der Hangkante nach links. Bald führt uns der Steig durch ein Spalier mannshoher Ginsterbüsche, die besonders im Frühsommer leuchtend gelbe Akzente setzen. Mitten auf dieser sehr reizvollen Passage ergibt sich dann auch noch ein echter Premiumblick auf die Ehrenburg (2), die von der anderen Talseite mit hoch gerecktem Turm herübergrüßt.

Wir gewinnen weiter an Höhe und biegen schließlich rechts in den Wald ab. Wieder umgibt uns eine

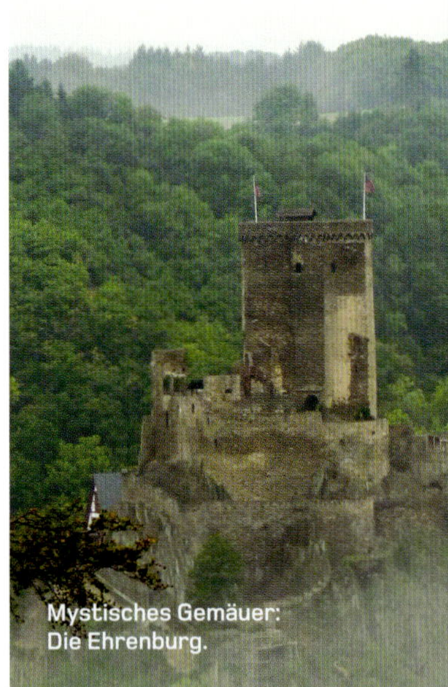

Mystisches Gemäuer: Die Ehrenburg.

tolle Mischung aus Mischwald und Ginsterhecken, während sich der Steig langsam und noch sehr moderat talwärts senkt. Mit einer engen Linkskurve wird der Abstieg steiler und führt uns mit einigen Wendungen durch ein Windbruchareal, bevor wir nach **2.7 km** in den Wald eintreten. Unter dem schattigen Blätterdach von Buche und Co führt uns der SHS nun zunächst sogar leicht bergan, während einige Wege zu uns stoßen. Wir behalten aber die Richtung jeweils bei. Erst nach **3.3 km** läutet ein scharfer Rechtsknick auf einen befestigten Waldweg den endgültigen Abstieg zum Kehrgraben und nach Ehrenburgertal ein.
Immer näher kommen wir dem leise plätschernden Bach, doch auch die nun parallel verlaufende L 209 ist nicht zu überhören. Dann ist es so weit, wir bewegen uns auf Bachniveau und treffen an einem Wanderparkplatz (hier befindet sich auch ein Abholpunkt) nahe der L 209 im Tal ein. Wir wenden uns nach rechts und laufen zu den nahen Häusern von Ehrenburgertal. Dort queren wir erstmals den Ehrbach und wenden uns nach der Brücke sogleich nach links. Wir umrunden ein Haus und dürfen danach auf engem Pfad oberhalb eines alten Mühlenkanals wieder in den Wald abtauchen.

Nach **4.5 km** verlassen wir den Wald und treffen an der kleinen Kapelle am Sonnenwinkel auf den Traumpfad „Bergschluchtenpfad Ehrenburg". Gemeinsam mit diesem Premiumweg nehmen wir den herausfordernden Anstieg

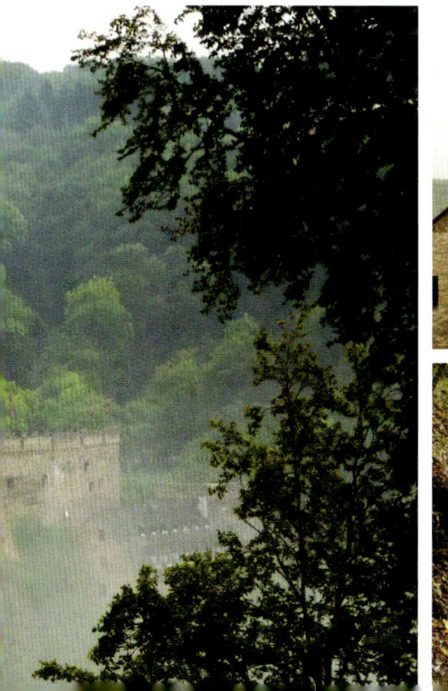

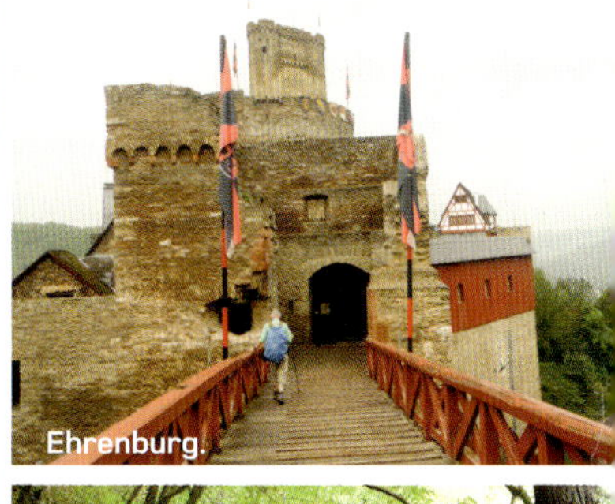

Ehrenburg.

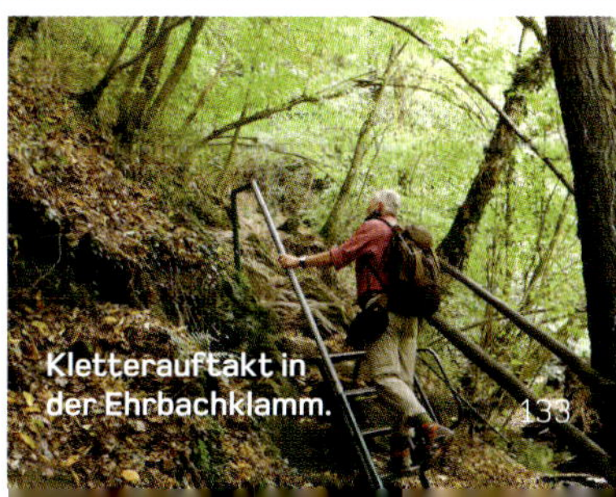

Kletterauftakt in der Ehrbachklamm.

zur Ehrenburg in Angriff. Dazu biegen wir scharf rechts auf einen geschotterten Weg ab. Schritt für Schritt erobern wir auf meist recht steiler Strecke den Berg, zum Glück stehen ab und an Bänke zur Verschnaufpause bereit. Schroffe Felsaufschlüsse am Wegesrand lenken uns ebenso von der Anstrengung ab wie die Aussichten, die wir immer wieder zur Ehrenburg erhaschen.

Schließlich biegen wir in einem Seitental rechts ab und stellen uns dem Endanstieg, der uns noch einmal ordentlich fordert. Dann laufen wir unter der hohen Burgbrücke hindurch und passieren mit leichtem Schauder einen aufgehängten Käfig, der leise knarrend im Wind schwingt. Nur gut, dass die rauen Zeiten des Mittelalters vorbei sind und uns niemand mehr einkerkern möchte ...

Wenige Meter danach gabelt sich bei Kilometer **5.7 km** der Pfad **(3)**: Der Traumpfad biegt links ab, und wer der Burg einen Besuch abstatten möchte (Eintritt!), muss hier ebenfalls links bergan steigen. Der SHS verläuft dagegen geradeaus und folgt einem schmalen Pfad durch die Hangflanke.

Nach sanftem Auftakt wird der Abstieg rasch sehr steil und erfordert mal wieder gutes Schuhwerk und Trittsicherheit.

> **!** Bei Nässe sollte man hier sehr gut auf den Weg achten.

Etliche Höhenmeter tiefer erreichen wir schließlich das Ehrbachtal und wenden uns dem bequemen Asphaltweg nach links zu. Wir passieren die Linkemühle und laufen weiter in das zunehmend ruhigere Tal. Nach **7 km** endet an der Brandengrabenmühle der Asphalt, und wir biegen rechts zum Bach hin ab. So umrunden wir das Mühlenareal unmittelbar am Wasser, bevor wir wieder auf den Talweg stoßen und rechts in den Wald wandern.

Rechts unterhalb rauscht der Ehrbach, während wir das entspannte Waldwandern genießen. Dann erreichen wir wieder das Niveau des Bachs und queren das munter quirlige Wasser per Brücke. Nach **8.5 km** passieren wir das Areal der Eckmühle und queren kurz danach per Steinbrücke erneut den Ehrbach. Nun wird es abenteuerlich! Denn gleich nach der Brücke treffen wir auf die Traumschleife „Ehrbachklamm" **(4)**, die uns durch die wildromantische Ehrbachklamm begleiten wird.

Wir biegen rechts auf den schmalen Uferpfad ab, als wir nach wenigen Schritten an einer kleinen Metallleiter ankommen, ist es so weit: Jetzt befinden wir uns definitiv im Abenteuerland Ehrbachklamm. Sofort erklimmen wir die ersten Felsen und meistern diesen Abschnitt dank einiger Sicherungen souverän. Was folgt, ist eine grandiose Schluchtenpassage, in der wir immer wieder felsige Herausforderungen meistern und die Naturidylle zwischen Fels und Wasser bei jedem Schritt ausgiebig genießen. Besonders

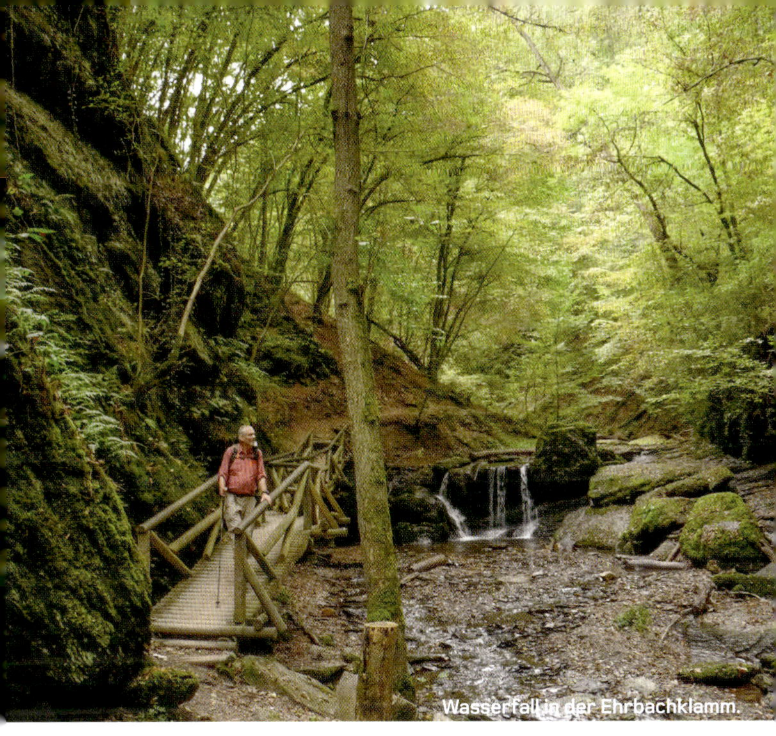
Wasserfall in der Ehrbachklamm.

als nach 9.5 km ein leibhaftiger Wasserfall mit kleiner Kaskade über eine Felsstufe rauscht und das Wasser zum Sprudeln bringt, schlagen unsere Herzen höher. Wenig später helfen Holzstege über schwierige Passagen, und wir fühlen uns geborgen in einem eigenen Kosmos fernab vom Alltag.

Langsam wird das Tal weniger wild und der Bach fließt uns ruhiger entgegen. Eine Bank lädt zum Verweilen ein und wir verabschieden uns vorerst von der Klamm. Denn nun liegt die Rauschenberger Stiege vor uns. Die fordert unsere Kondition heraus. Auf steilem Felsenpfad (der hervorragend mit Stufen erschlossen ist) gilt es das Schiefergebirge zu bezwingen. Etwas außer Atem, aber glücklich über die neuen Einblicke in die Ehrbachklamm verschnaufen wir etliche Höhenmeter höher, bevor wir dem Felsgrat weiter bergan folgen. Nach 10.8 km verschlägt es uns an einer Bank den Atem: Wir stehen am Schöneckblick (5) und sehen uns in Augenhöhe mit Schloss Schöneck, das keck von einem Felssporn herübergrüßt. Bald werden wir selbst dort drüben stehen.
Wenige Meter oberhalb knickt unser

Pfad nach rechts und flacht deutlich ab. Bald mündet er auf einen bequemen Waldweg, der uns durch abwechslungsreiche Vegetation entlang der Hangflanke führt.

> **!** Hier verabschiedet sich die Traumschleife Ehrbachklamm vom SHS, dafür wird uns nun die „Schöneckschleife" bis kurz vor Windhausen begleiten.

Der SHS führt uns in ein Seitental, in dem wir wenig später einen kleinen Bach queren. Dann nehmen wir wieder Kurs auf das Ehrbachtal, treffen bald auch auf einen breiten Forstweg und steigen erneut zur Talsohle ab. Dort erreichen wir nach 6.7 km die Daubisbergermühle **(6)**, die rund ums Jahr Gelegenheit zur Einkehr bietet.

Gestärkt folgen wir anschließend dem Steig bachaufwärts. Nun präsentiert sich das Ehrbachtal als ruhiges, verträumtes Tal, das uns weniger Kräfte abverlangt. Bald wandelt sich der schmale Pfad zum breiten Wanderweg. Als der Hunsrückhöhenweg per Steg ans andere Ufer wechselt, bleiben wir dem bisherigen Ufer treu und wandern weiter geradeaus. Doch nach 12.1 km ist es dann auch für uns Zeit, dem Ehrbach den Rücken zu kehren. An einem alten Schieferstollen biegen wir links in ein Seitental ab, durch das ein schmaler Pfad neben einem Rinnsal bergan führt. Unter den Sohlen spüren wir das Schiefergestein, und bei genauem Hinschauen offenbaren sich uns tief eingeschnittene Spuren im Fels. Die zeugen von schwer beladenen Lastkarren, die einst den wertvollen Schiefer aus dem Tal beförderten. Beim Aufstieg freuen wir uns am leise murmelnden Nass, das lauter wird, als wir an einem kleinen Brunnen eintreffen, dessen Wasser angeblich Augenleiden lindern soll.

Wir wandern weiter geradeaus und dürfen wenige Meter später den scharfen Abzweig nach rechts nicht verpassen. Auf engstem Pfad stellen wir uns der Herausforderung, den steilen Hang zu erobern. In Serpentinen arbeiten wir uns bergauf, passieren alte Schieferhalden und treffen schließlich auf einen Waldpfad. Dem folgen wir rechts zum Rauschenburgblick **(7)**, wo nach 13.3 km eine Bank zum Genießen der herrlichen Aussicht bereitsteht.

Wir befinden uns nun unmittelbar unterhalb des Schlosses Schöneck. Wir umrunden den Privatbesitz. Bald dürfen wir sogar durch den ehemaligen Burggraben laufen und kommen dem alten Gemäuer dabei buchstäblich hautnah. Hinter dem Areal queren wir die Zufahrtsstraße und wandern auf grasigem Pfad rechts bergan. Mit einigen Schlenkern gelangen wir auf das Plateau der Schwedenschanze, wo einst das Heer der Schweden während der Belagerung des Schlosses seine Zelte aufgeschlagen hatte. Heute befinden sich hier bei Kilometer 14.2 ein Wanderparkplatz nebst Abholpunkt und das Gelände der Wanderfreunde Windhausen mit Schutzhütte und Grillplatz.

Nach dem gepflegten Areal tauchen wir ab in den Wald. Bald endet die Pfadpassage am Waldrand, wo

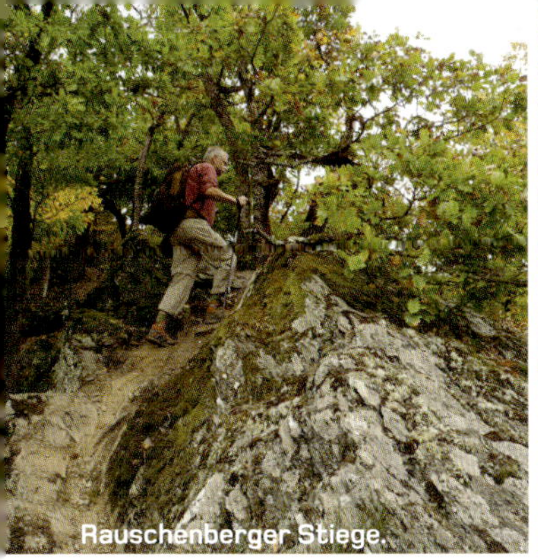
Rauschenberger Stiege.

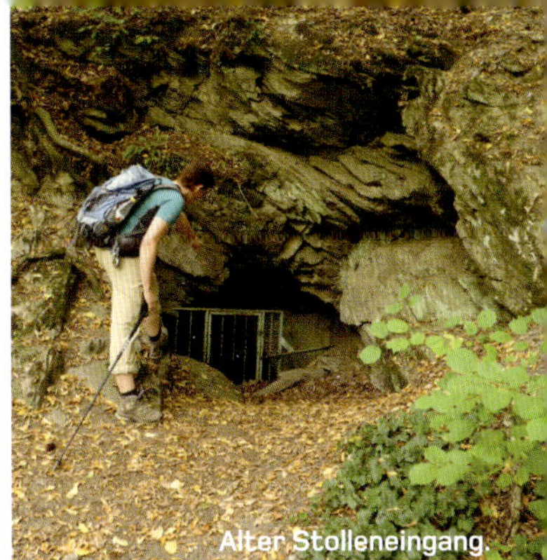
Alter Stolleneingang.

wir uns nach 14.6 km von der Schöneckschleife trennen. Wir folgen dem Steig scharf rechts auf einem Feldweg zum Ortsrand von Windhausen. Noch vor den ersten Häusern biegen wir links zur nahen K 120 ab, der wir 100 m nach rechts folgen. Dann dürfen wir links auf einen Grasweg wechseln, der uns mit einigen Schlenkern durch die offene Flur Richtung Oppenhausen führt.

Wir passieren eine Weide von Hochlandrindern und treffen auf einen Schotterweg. Von diesem biegen wir wenig später rechts auf einen kurzen Stichpfad ab, der uns zum Sportplatz von Oppenhausen führt. Wir laufen am Spielfeld entlang und treffen nach 16.1 km an der K 119 ein, die wir an einem großen Parkplatz (hier ist ein Abholpunkt) (8) queren. Hier endet für heute eine sehr aufregende und spannende Etappe auf dem SHS.

! Der Zuweg ins ca. 500 m entfernte Zentrum von Oppenhausen biegt hier links ab.

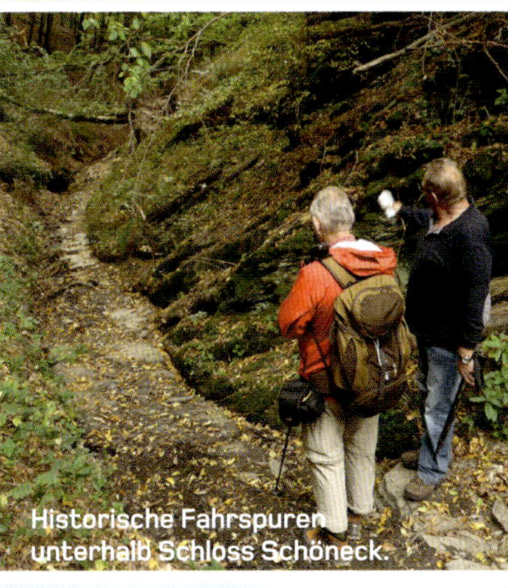
Historische Fahrspuren unterhalb Schloss Schöneck.

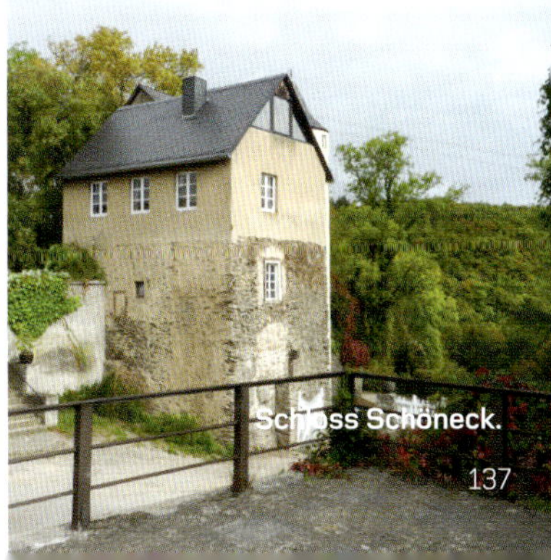
Schloss Schöneck.

Wanderbüro Saar-Hunsrück, Zum Stausee 198, 66679 Losheim am See
06872/9018100
www.saar-hunsrueck-steig.de

- *Hunsrück-Touristik, Gebäude 663, 55483 Hahn-Flughafen 06543/507700, www.hunsruecktouristik.de*
- *Tourist Information Boppard, Karmeliterstr. 2, 56154 Boppard 06742/3888 www.boppard-tourismus.de*

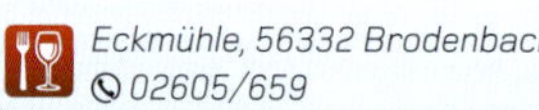

Eckmühle, 56332 Brodenbach 02605/659

- *Cafè Hillen, Rhein-Mosel-Str. 27, 56154 Boppard-Buchholz 06742/3382*

Gasthaus Schmitt, Jakob-Kneip-Straße 1, 56283 Morshausen 02605/4479 www.gasthausschmitt.de Di. Ruhetag

- *Hotel Restaurant Tannenheim, Bahnhof Buchholz 3, 56154 Boppard-Buchholz 06742/2281 www.hotel-tannenheim.de Do. Ruhetag*
- *Hotel Zur Post, Rhein-Mosel-Str.21, 56332 Brodenbach 02605-847251*

Von Emmelshausen gelangt man mit den Buslinien 626 und 630 über Gondershausen nach Morshausen. Zwischen Buchholz (Bahnverbindung nach Boppard) und Oppenhausen bzw. Windhausen verkehrt die Buslinie 613. Weitere Informationen unter: www.rhenus-veniro.de und www.vrminfo.de

- *Taxi Huet 06747/597059*

Ehrenburg
Ritterabenteuer, Mittelaltertage und Spektakel – rund ums Rittertum wird auf der Ehrenburg jede Menge Abenteuer und Spaß geboten! Für einen Besuch der Ehrenburg sollte man in jedem Fall genug Zeit einplanen! Zwar ist der Eintritt in die Burg nicht billig, aber das Preis-Leistungs-Verhältnis ist in Ordnung. Auf der Homepage der Burg gibt es detaillierte Informationen zum Erlebnisprogramm.
www.ehrenburg.de

Die elfte Etappe des SHS verläuft sehr häufig auf Naturwegen und nutzt zahlreiche, teils felsige Pfade, die an einigen Stellen mit Sicherungen versehen sind und sehr gute Trittsicherheit erfordern. Von einer Wanderung bei Eis und Schnee wird abgeraten. Bei Hochwasser ist der Weg nicht benutzbar. Knöchelhohe Wanderstiefel und Wanderstöcke sind unbedingt empfehlenswert.

Die Wegstrecke durch die Ehrbachklamm weist einige schwierige Felspassagen auf, die für einige Hunde problematisch sein können. Die Vierbeiner finden entlang des Ehrbachs immer wieder Zugang zum Wasser.

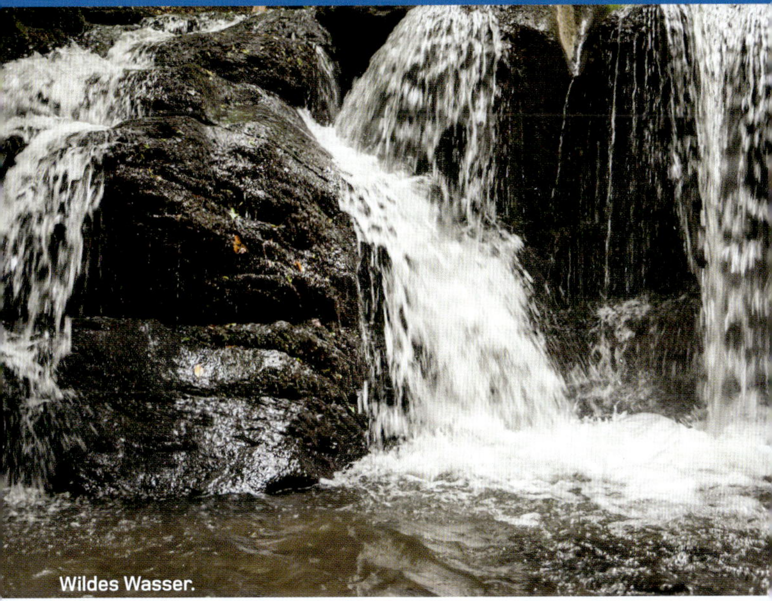
Wildes Wasser.

Im Rausch der Sinne

Zwischen Hunsrückhochplateau und Moseltal haben sich im Lauf der Jahrtausende tiefe, enge Schluchten eingeschnitten. Heute bieten diese Klammen ein außergewöhnliches Naturerlebnis und sind dadurch ein Anziehungspunkt für Wanderer. Herausragend sind dabei zwei der langen, engen Täler: die Baybachklamm und die Ehrbachklamm. Beide werden mittlerweile durch Traumschleifen erschlossen und sorgen für spannende Tage in der Natur.

In der Ehrbachklamm ist es der Ehrbach, der dem harten und schroffen Hunsrückschiefer zu Leibe rückt. Im Kernbereich der Klamm gurgelt das Wasser besonders nach ausgiebigen Regenfällen rauschend zu Tal und schleift dabei die Oberfläche der Felsen ab. Selbst zu regenarmen Zeiten sollte man mit trittsicherem Schuhwerk ausgerüstet sein, damit die Tour durch die Klamm tatsächlich ein Wandergenuss vom Feinsten wird. Immer wieder überspannen hölzerne Stege den Bach, Steintritte mit Seilsicherung helfen über schwierige Felspassagen, und ehemalige Mühlen geben Gelegenheit zur Einkehr und Pause. Berührungsängste mit dem Wasser sind schnell abgebaut, und die urwüchsige Natur übernimmt die Tagesgestaltung.
ⓘ www.saar-hunsrueck-steig.de/traumschleifen

Endspurt zum Rhein

Die Rheinschleife bei Boppard.

- **Start:** Oppenhausen
- **Ziel:** Boppard
- **Länge Hauptweg:** 18.1 km
  + Zuweg 0.5 km
  + Abweg 0.5 km
- **Gesamtzeit:** 5 Std. 45 Min.
  + Zuweg 15 Min.
- **Kalorien:** ♀ 1298 ♂ 1524
- **Tour Download**: SHS2T13

Anfahrt: Start: Über die A 61 zur Abfahrt Boppard. Durch Buchholz und auf der K 119 nach Oppenhausen. Ziel: Boppard erreicht man auf der B 9 durchs Rheintal oder über die A 61.

38.6% | 9.7 | 51.7%

scan to go®

QR-Code mit dem internetfähigen Smartphone einscannen und Startpunkt direkt anzeigen lassen.

- **Parken:**
  - Parkplatz Oppenhausen Sportplatz
    N50° 12' 16.8'' • E7° 29' 26.7''
  - Herschwiesen Kirmesplatz
    N50° 12' 22.4'' • E7° 29' 55.2''
  - Parkplatz Remigiusplatz/Mühltal
    N50° 14' 06.6'' • E7° 34' 38.0''
  - Parkplatz Flogtstraße
    (nur Sa./So./feiertags)
    N50° 14' 05.1'' • E7° 34' 38.9'

- **Wegpunkte:**
  - **P1:** Abzweig Oppenhausen 32 U 392276 5562449
  - **P2:** Hütte „Auf dem Eichels" 32 U 391755 5563295
  - **P3:** Pankratiusblick 32 U 392753 5563519
  - **P4:** Heiligenhäuschen 32 U 393456 5564038
  - **P5:** Hexentanzplatz 32 U 395495 5568049
  - **P6:** Engelseiche 32 U 397942 5567510
  - **P7:** Vierseenblick 32 U 398114 5566992
  - **P8:** Mühltal Boppard 32 U 398498 5565737

■ Höchster Punkt: 466 m ■ Steigung: 495 m ■ Gefälle: 765 m 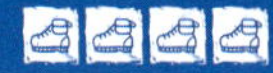

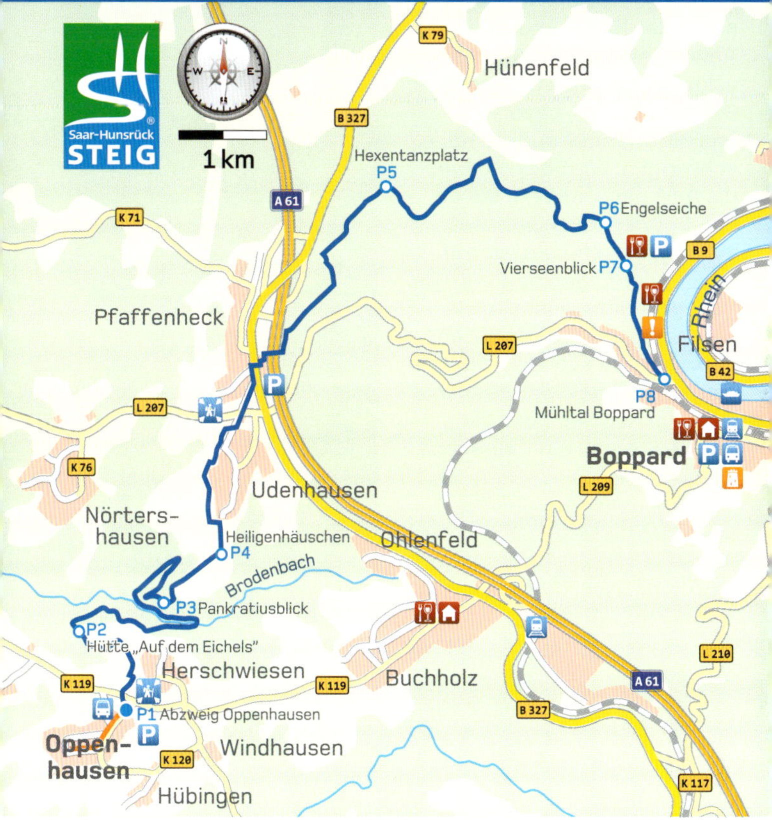

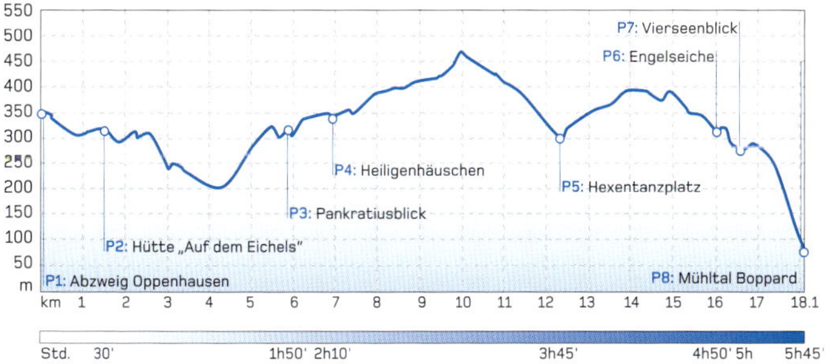

Saar-Hunsrück STEIG

1 km

Hünenfeld
Hexentanzplatz P5
P6 Engelseiche
Vierseenblick P7
Rhein
Filsen
P8 Mühltal Boppard
Boppard
Pfaffenheck
Udenhausen
Nörters-hausen
Heiligenhäuschen P4
Brodenbach
P3 Pankratiusblick
P2 Hütte „Auf dem Eichels"
Herschwiesen
Ohlenfeld
Buchholz
P1 Abzweig Oppenhausen
Oppen-hausen
Windhausen
Hübingen
K 79, B 327, A 61, K 71, B 9, L 207, B 42, K 76, L 209, L 210, K 119, B 327, K 120, K 117

P1: Abzweig Oppenhausen
P2: Hütte „Auf dem Eichels"
P3: Pankratiusblick
P4: Heiligenhäuschen
P5: Hexentanzplatz
P6: Engelseiche
P7: Vierseenblick
P8: Mühltal Boppard

m: 50 100 150 200 250 300 350 400 450 500 550
km: 1 2 3 4 5 6 7 8 9 10 11 12 13 14 15 16 17 18.1
Std. 30' 1h50' 2h10' 3h45' 4h50' 5h 5h45'

Auch auf der letzten Etappe begeistert uns der SHS mit toller Natur und viel Abwechslung: Zu Beginn erkunden wir das idyllische Brodenbachtal, bevor wir uns noch einmal auf die Höhe schwingen. Wir überwinden die A 61 und wandern durch den Bopparder Stadtwald zur Engelseiche, wo wir auf den RheinBurgenWeg treffen. Vom grandiosen Vierseenblick aus visieren wir Vater Rhein an und krönen unsere Tour auf dem SHS schließlich mit dem Abstieg über den Felsgrat hinab nach Boppard.

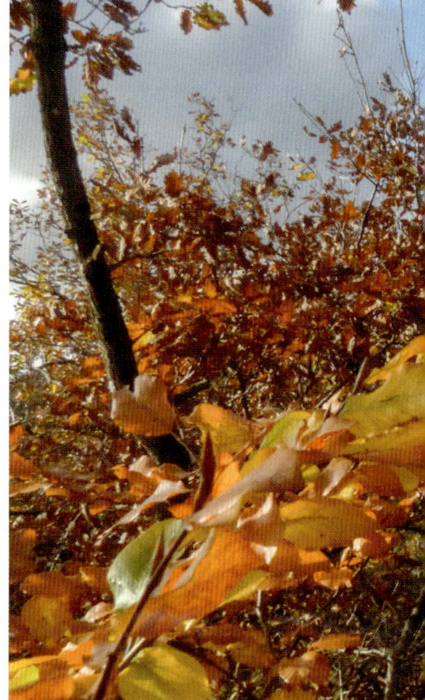

Am Parkplatz beim Sportplatz Oppenhausen (1) trifft der Zuweg aus dem Zentrum von Oppenhausen auf den SHS, und wir starten in die Abschlussetappe nach Boppard. Wir laufen hinter den Hecken zur nahen K 119 und queren sie. Danach passieren wir den Friedhof von Herschwiesen und stoßen an einer Bank auf die Traumschleife „Hasenkammer“, die uns bis kurz vor Udenhausen begleiten wird.

Geradeaus geht es durch die offene Flur, und wir genießen den weiten Ausblick Richtung Moseltal. Dann senkt sich der SHS in eine Talsenke ab, wo wir einen verlandeten Bachlauf queren und links auf einen Naturweg abbiegen. Herrlich weich federt der Boden unter unseren Sohlen, und üppige Hecken und Gehölze sorgen für ein abwechslungsreiches und im Herbst herrlich farbenfrohes Rahmenprogramm. Nach 1 km gewährt uns ein längst aufgelassener Steinbruch einen Einblick in den Hunsrückschiefer, danach schließt sich erstmals das Blätterdach des Waldes über unseren Köpfen.

Wir folgen dem Pfad durch gedrungen gewachsenen Eichenniederwald. Mit etwas Auf und Ab treffen wir nach dieser sehr kurzweiligen Pfadpassage an der Schutzhütte „Auf dem Eichels“ ein (2). Vorne an der Hangkante öffnet sich die Waldkulisse und gibt einen prächtigen Ausblick über das nahezu unberührte Brodenbachtal frei. Wir genießen die Szene von der Ruhebank aus

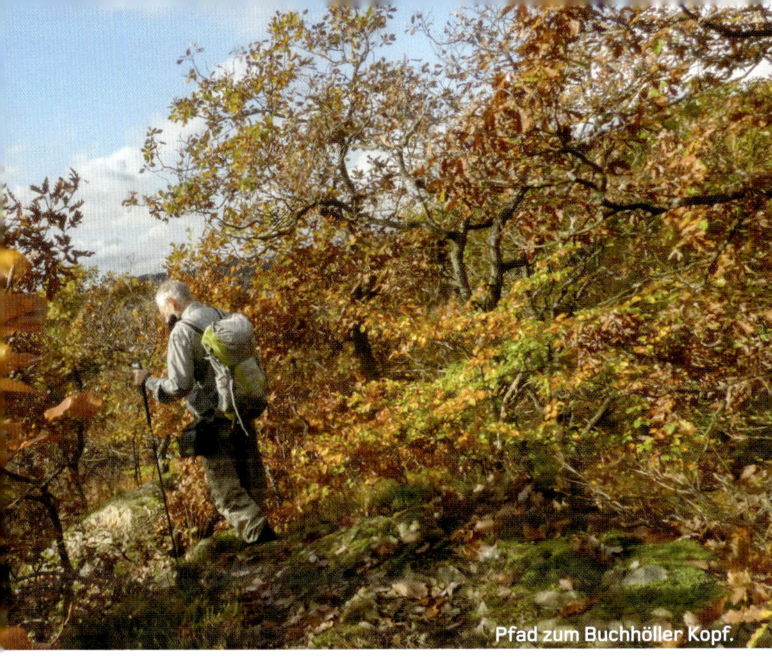

Pfad zum Buchhöller Kopf.

und reißen uns nur mühsam los, doch die Neugier auf den weiteren Wegverlauf siegt.

Langsam senkt sich der Pfad ab und trifft an einer Tafel zum Brodenbachtal auf einen breiten Forstweg. Wir wenden uns nach rechts leicht bergan und wandern bis zum Waldrand, von wo wir die markante Kirche von Herschwiesen im Blick haben. Doch es ist nur eine kurze Stippvisite in der offenen Landschaft, denn der SHS führt uns sogleich wieder in den Wald. Es dauert nicht lange, und an der „Großen Kanzel" lädt eine Bank an der Hangkante zur nächsten Pause ein. Wieder schweift der Blick über das naturbelassene Brodenbachtal und auf der anderen Talseite können wir eine weitere Bank ausmachen. Dort werden wir in Kürze vorbei kommen, aber noch liegt das tief eingeschnittene Brodenbachtal dazwischen ...

Bevor sich unser Weg dorthin absenkt, genießen wir noch einmal eine herrliche Waldpassage. Vor allem wenn der Herbst die Blätter bunt färbt, ist dieser Wegabschnitt einfach sagenhaft schön. Dann geht es doch spürbar abwärts. Mit einigen Schlenkern verlieren wir an Höhe, bis der Pfad schließlich nach 3.1 km auf einen breiten Weg mündet. Der steigt unmerklich an und führt uns

zunächst zum Elmsgraben, einem Seitental des Brodenbachs.
Kurz folgen wir dem Elmsgraben links abwärts, dann dürfen wir den Brodenbach queren und diesem links weiter bergab folgen. Mal leise murmelnd, mal quirlig rauschend begleitet uns der Brodenbach in ein verzaubertes Tal, dessen Stille zum Träumen verführt.

Nach **4.3 km** heißt es aber vorerst Abschied nehmen vom Wasser, denn ein Wegweiser schickt uns scharf rechts auf einen ansteigenden Waldweg. Meter um Meter erobern wir den hochgewachsenen Mischwald und wenden uns an einer Bank scharf nach rechts. Bald haben wir fast wieder das Niveau des Hunsrückplateaus erreicht. Als sich der Weg gabelt, laufen wir einfach geradeaus – und der Weg wird zum Pfad, der uns auf teils felsigem Grund auf einen Felsgrat führt.

Nach **5.6 km** ist es dann so weit: Wir stehen auf dem Buchhöller Kopf und genießen die atemberaubend schöne Aussicht auf das Brodenbachtal. Zum Glück steht auf dem Felsgrat eine Bank bereit, sodass wir diese herrliche Szenerie geruhsam genießen können.

Auch die Fortsetzung bietet Naturgenuss vom Feinsten, denn der Pfad schlängelt sich hoch über dem Tal idyllisch durch den Krüppeleichenwald, immer wieder treten Felsen ans Tageslicht. Nach kurzer Waldpassage werden wir erneut an die Hangkante geführt und dürfen diesmal sogar auf einer Sinnesbank den „Pankratiusblick“ **(3)** genießen.

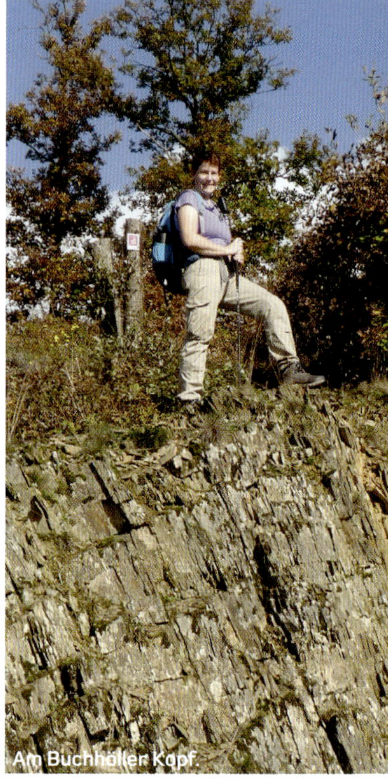
Am Buchhöller Kopf.

Es folgt ein kurzer Abstieg auf felsigem Pfad, bevor wir sanft ansteigend zurück in den Hochwald gelangen. Nach **6.2 km** treffen wir am Waldrand ein und können über die Wiesen und Felder weit Ausschau halten. Das wird noch besser, als wir rechts auf einen fast alleeartigen Feldweg abgebogen sind, der uns mitten über das freie Hochplateau führt. Da lassen wir uns auch durch die querende Stromleitung nicht stören, sondern wandern weiter, bis wir die Kreuzung am Udenhauser

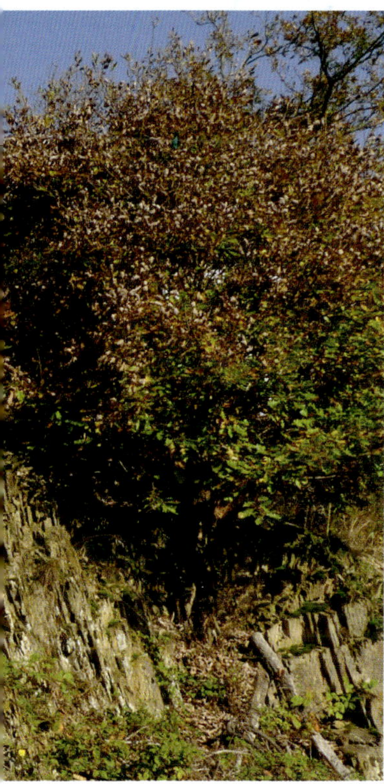

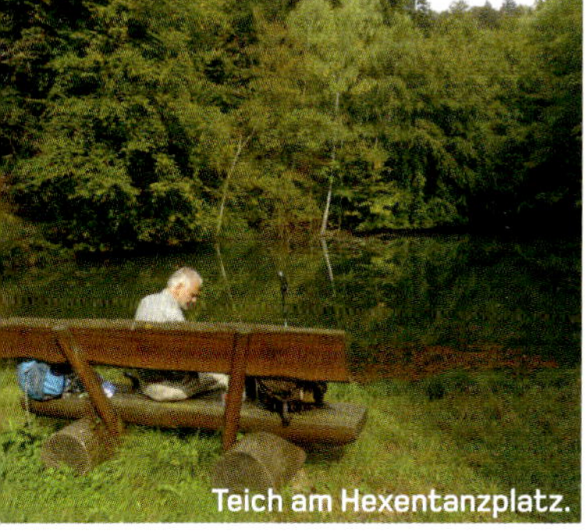

Teich am Hexentanzplatz.

Heiligenhäuschen erreichen (4). Hier verabschieden wir uns von der Hasenkammer und wandern mit dem SHS geradeaus.

Nach 7.3 km dürfen wir den Asphalt vorerst verlassen und links auf einen Feldweg abbiegen. Kurz verlieren wir an Höhe, dann folgen wir dem Steig rechts auf recht grob befestigtem Feldweg bergan. Langsam nähern wir uns Udenhausen und queren schließlich am Ortsrand einen Wirtschaftsweg, behalten aber unsere Richtung bei. Noch einmal führt uns der Steig durch die Wiesen westlich des Ortes, dann knickt er nach rechts. Bei der nächsten Biegung passieren wir ein Insektenhotel, bevor wir an einer Weggabelung links weiterwandern.

Nach 8.6 km treffen wir schließlich auf die Anliegerstraße „Auf dem Balkan" und folgen ihr links zur nahen L 207. Diese queren wir auf Höhe einer Bushaltestelle unweit eines Abholpunktes und laufen dann geradeaus bis zur B 327, die wir am Ortsrand von Pfaffenheck erreichen. Wenig später nutzen wir einen Zebrastreifen, um die viel befahrene Bundesstraße zu queren.

Wir folgen den SHS-Logos geradeaus, bis es an der Kirche links weiter geht. Nur wenige Schritte später verlassen wir die Bebauung und wechseln rechts per Asphaltweg in ein Wäldchen, durch das wir die letzten Höhenmeter bis zur Fußgängerbrücke über die unüberhörbare A 61 aufsteigen. In luftiger Höhe queren wir die Autobahn, wenden uns auf der anderen Seite nach

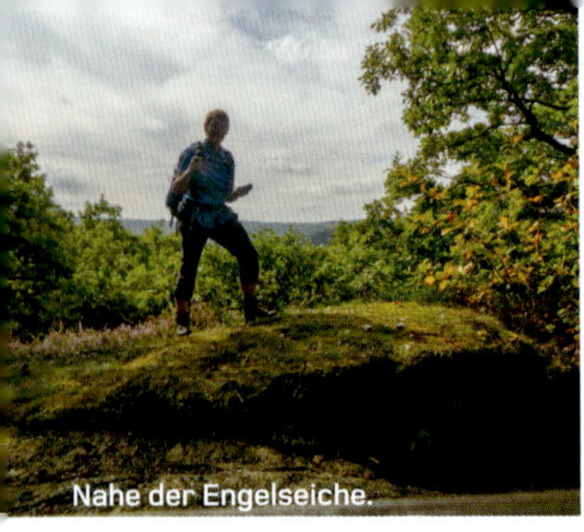

Nahe der Engelseiche.

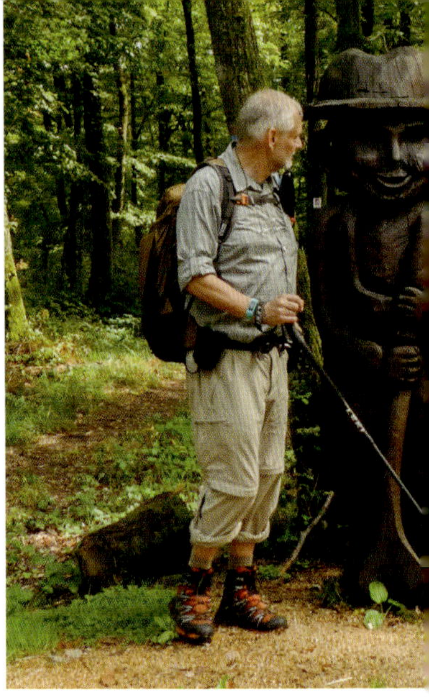

links und sind heilfroh, als wir in der nächsten Kurve geradeaus wandern dürfen und dem Asphalt endlich den Rücken kehren. Der Lärm der Autobahn bleibt uns dagegen auch erhalten, als wir uns wenig später an einer Gabelung rechts dem stramm aufsteigenden Pfad zum Horstkopf zuwenden. Doch wenigstens die Natur ist premiumverdächtig, denn auf dem Areal eines alten Steinbruchs sorgen Birken und Heidekraut für ein spezielles Flair.

Auf schmalem Grat erobern wir im Bogen den Horstkopf und folgen dem Pfad danach leicht bergab in den Wald. Dort queren wir noch einmal den Radweg, bevor es geradeaus tiefer in den üppigen Mischwald geht.

Unser Naturweg endet nahe einer großen Kreuzung an einem breiten Forstweg. Wir halten uns links, und auch an der Kreuzung neben einer Waldwiese biegen wir links ab. Sanft senkt sich der SHS ab und bringt uns erneut bis fast an den Radweg. Nur 50 m vorher biegen wir aber rechts auf einen Stichpfad ab, laufen durch dichtes Unterholz und queren den Radweg unweit der zuvor gesichteten großen Kreuzung. Der SHS führt uns nun mit einigen Schlenkern durch den lockeren Mischwald und quert nach **11.4 km** ein letztes Mal den Asphaltweg. Wir dürfen hier geradeaus auf einen Waldweg wechseln, der uns kontinuierlich abwärtsbringt. Dabei wandern wir durch herrlichen Hochwald, in dem die schlanken hohen Buchen Akzente setzen. Ganz allmählich verklingt das Rauschen der A 61, und wir können auf der idyllischen Waldpassage noch einmal unsere Erlebnisse auf dem Steig Revue passieren lassen.

Nach schönen Einblicken in das unberührte Waldtal, erreichen wir bei **Kilometer 12.3** den Hexentanzplatz **(5)**. An diesem Naturidyll laden neben dem Waldsee ein Rastplatz

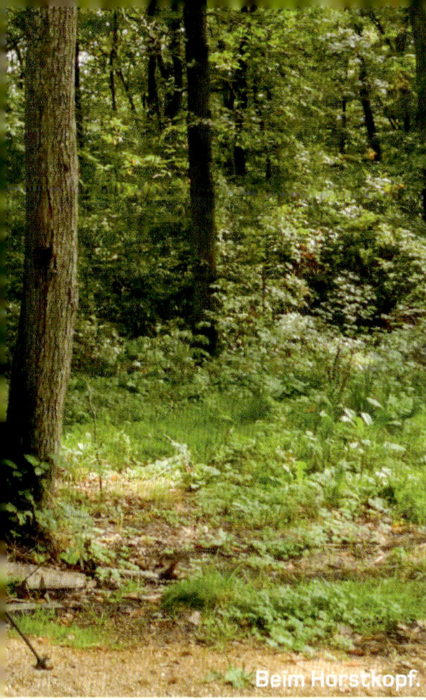
Beim Horstkopf.

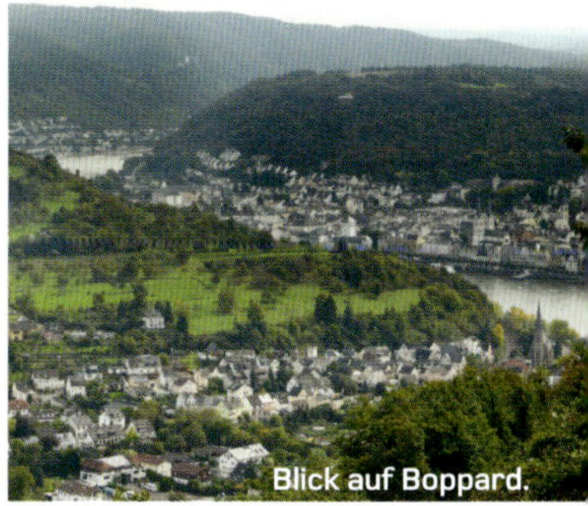
Blick auf Boppard.

und eine Bank zum Verweilen ein, eine urige Holz-Hexe hat uns dabei fest im Blick ...

Mit frischen Kräften laufen wir an der nahen Kreuzung geradeaus weiter und gewinnen auf breitem Forstweg wieder moderat an Höhe. Besonders begeistert der abwechslungsreiche, nun tatsächlich ruhige Wald und sorgt für Hochstimmung. Knorrige Eichenareale wechseln mit duftenden Nadelwaldbereichen, und einzelne Felsen am Wegesrand setzen schroffe Kontrapunkte. Einige Weggabelungen überstehen wir dank guter Markierung problemlos, und nach 13.5 km genießen wir an einer Lichtung den weiten Blick nach rechts: Vor uns breitet sich schier endloser Wald aus. Mittlerweile haben wir deutlich an Höhe gewonnen, und unser Waldweg endet an einem Forstweg, dem wir nach rechts folgen. Wir wandern durch ein offenes, von Jungbäumen und Büschen neu besiedeltes Windbruchfeld und stoßen auf dem Kamm auf einen weiteren Forstweg. Hier halten wir uns rechts und wandern ohne merkliche Höhendifferenz zur nahen Schutzhütte an der imposanten Hedwigseiche. An der großen Kreuzung biegen wir halb rechts auf einen alten Waldweg ab, der uns mitten ins schummrige Grün führt. Bald gabelt sich der Weg, und wir laufen halb links weiter, verlieren etwas an Höhe und gehen mit dem Wald mal wieder auf Tuchfühlung.

Nach einer Rechtskurve führt uns der SHS bergan und trifft nach 14.9 km auf einen bequemen Forstweg. Wir wandern rechts abwärts und erreichen in der nächsten Kurve den Viaduktblick. Tatsächlich erkennen wir von der bereitstehenden Bank aus mitten im Grün des Gegenhanges die eindrucksvollen Bögen eines Viadukts der Hunsrückbahn. Nur 100 m später verlassen wir den breiten Weg und folgen dem SHS pfadig rechts in den Hang. Nach weitem Bogen treffen wir wieder auf den Forstweg und wandern auf diesem hinab zur Engelseiche **(6)**, wo wir nicht nur eine Schutzhütte und eine Sinnesbank vorfinden, sondern auch auf den RheinBurgenWeg und die Traumschleife „Mittelrhein Klettersteig" treffen, die nun unser Finale bis zum Schluss begleiten wird.

Direkt hinter der beeindruckenden Engelseiche wenden wir uns einem urigen Pfad zu, der uns verschlungen über felsigen Grund bergan zum nahen Mühltalblick (mit Bank) führt. Nur wenige Schritte später lädt eine weitere Bank zum Verweilen im Krüppeleichenwald ein, doch uns zieht es weiter. Auf Höhe des Mountainbike-Parcours erreichen wir nach **16.4 km** die neue Köhlerhütte. Sofort verlassen wir den breiten Forstweg wieder und laufen links pfadig weiter zum Vierseenblick **(7)**.

Von der Terrasse des Restaurants haben wir nicht nur das erste Mal Vater Rhein im Blick, unser Ziel nach fast 380 Kilometer SHS, wir genießen auch noch ein einmaliges Szenario, denn dank der 180-Grad-Rheinschleife erscheint der majestätische Strom nicht als Fluss, sondern aufgeteilt in vier Seen!

Nach diesem besonderen Ausblick folgen wir der Zufahrt in die Talsenke, wo wir erneut auf einen Waldpfad wechseln dürfen. Der schwingt sich kurz bergan und führt uns an der Hangkante zu einem weiteren tollen Aussichtsplatz, bevor wir nach **16.9 km** das Ausflugsrestaurant am Gedeonseck erreichen. Von hier wandern wir auf schmalem

> **!** Wenn die Kräfte für den finalen Abstieg nicht mehr ausreichen, kann man zur Bergstation des nahen Sesselliftes laufen und damit gemütlich talwärts gondeln.

Pfad weiter Richtung Boppard. Wir mobilisieren die letzen Reserven, denn den spektakulären, unbedingte Trittsicherheit erfordernden Abstieg nach Bopprad wollen wir uns nicht entgehen lassen. So folgen wir weiter dem Pfad durch den Niederwald. Bald verlassen wir den Wald und folgen nun dem gewundenen, meist felsigen Serpentinenpfad, der immer wieder die Trasse des Sesselliftes kreuzt.

Nach **17.4 km** wandern wir gerade auf dem rheinseitigen Grat, als uns ein kleiner Pavillon zum Innehalten einlädt. Angesichts der grandiosen Aussicht auf die Rheinschleife und unser Ziel Boppard verweilen wir gerne. Danach setzen wir den Abstieg fort, wobei einige felsige Abschnitte erhöhte Aufmerksamkeit und sehr gute Trittsicherheit erfordern. Als die Passage wieder etwas einfacher wird, passieren wir den Einsteig zum Klettersteig. Von hier sind es nur noch wenige Schritte, bis wir das Mühltal erreichen und unser großes Abenteuer auf dem Saar-Hunsrück-Steig nach **18.1 Tageskilometern** am Parkplatz **(8)** neben einem einladenden Wirtshaus zu Ende geht.

Wir haben es also geschafft: Seit unserem Start in Perl an der Mosel liegen 27 Tagesetappen und gut 370 km hinter uns. Wir haben vielfältige Landschaften erleben dürfen, in rauschenden Wäldern und an murmelnden Bächen die Seele baumeln lassen, aber auch trutzige Burgen erobert oder geologische Schätze besucht.

Auch keltischen und römischen Spuren sind wir gefolgt, und immer wieder durften wir fantastische Ausblicke genießen. Nun stehen wir also in Boppard am Ufer des Rheins. Um die aufkeimende Wehmut angesichts des Endes unseres großen Wanderabenteuers zu bekämpfen, gibt es zwei Möglichkeiten: Wir schlendern durch die reizvolle Altstadt Boppards, dessen Wurzeln immerhin bis in die Keltenzeit zurückreichen, und lassen uns in einer der verwinkelten Gassen oder der Uferpromenade mit leckerem Rebensaft vom berühmten Bopparder Hamm belohnen. Oder wir machen gleich weiter, denn hier in Boppard haben wir die Gelegenheit, nahtlos gleich auf zwei ausgezeichneten Fernwanderwegen weiterzulaufen.

Entweder wir setzen mit der Fähre ans rechte Ufer über und nehmen dort den Rheinsteig unter die Füße, oder wir bleiben linksrheinisch und erleben mit dem RheinBurgenWeg das Rheintal von seiner schönsten Seite. Also, Stiefel schnüren und weiterwandern, weitere 520 km links und rechts von Vater Rhein wollen erkundet werden!

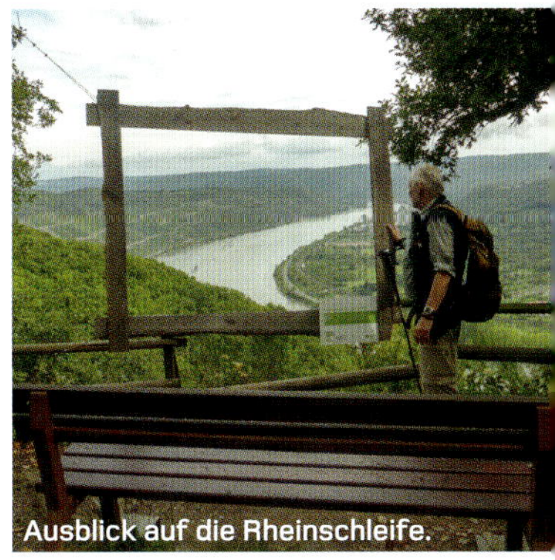

Ausblick auf die Rheinschleife.

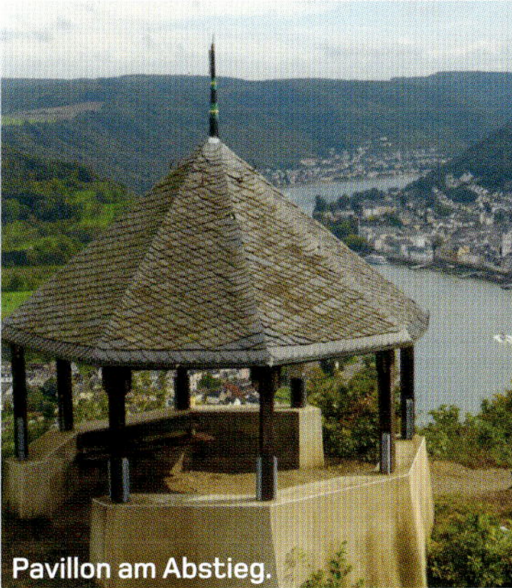

Pavillon am Abstieg.

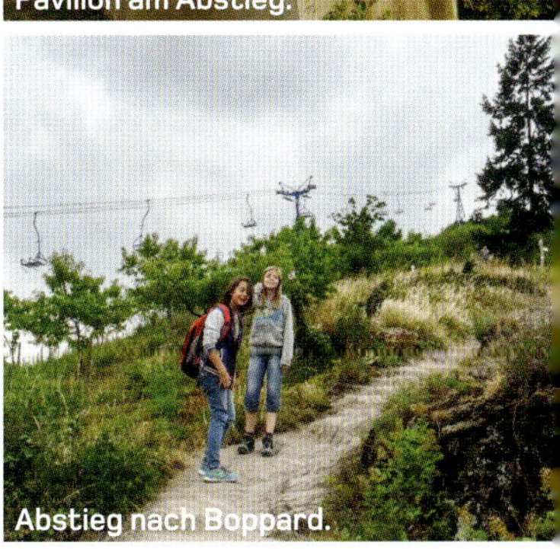

Abstieg nach Boppard.

Wanderbüro Saar-Hunsrück, Zum Stausee 198, 66679 Losheim am See 06872/9018100 www.saar-hunsrueck-steig.de ▪ Hunsrück-Touristik, Gebäude 663, 55483 Hahn-Flughafen 06543/507700 www.hunsruecktouristik.de ▪ Tourist Information Boppard, Marktplatz, 56154 Boppard 06742/3888 www.boppard-tourismus.de

Vier-Seen-Blick, 56154 Boppard. 06742/3540 April bis Oktober (solange der Sessellift fährt). ▪ Gedeonseck, 56154 Boppard 06742/2675 April bis Oktober täglich 9 bis 18 Uhr (solange der Sessellift fährt); Nov., Dez., Jan. und März Mi. bis So. 12 bis 19 Uhr ▪ Mühlenschänke, Mühltal 13, 56154 Boppard 06742/896754 Di. Ruhetag

Baudobriga Rheinhotel, Rheinallee 43, 56154 Boppard 06742/80550 www.baudobriga.de ▪ Hotel Ebertor, Heerstr. 172, 56154 Boppard 06742/807251 www.ebertor.de

Zwischen Buchholz (Bahnverbindung nach Boppard) und Oppenhausen bzw. Windhausen verkehrt die Buslinie 613. Boppard hat einen Bahnhof und ist im Stundentakt mit der Mittelrheinbahn zu erreichen. Weitere Informationen: www.mittelrheinbahn.de und www.vrminfo.de

▪ Taxi Gras 06742/82188
▪ Taxi Kremser 06742/5530

Klettersteig
Einen echten Adrenalinschub bekommt man bei der Tour auf dem Bopparder Klettersteig. Der ebenfalls als Traumschleife markierte ca. 6 km lange Rundweg bietet Nervenkitzel auf Leitern, Stiegen und Felswandquerungen. Klettergurte können an der Aral Tankstelle ausgeliehen werden (Gebühr). Die schwierigsten Passagen können auch auf Pfaden umgangen werden. Informationen unter: www.boppard-tourismus.de

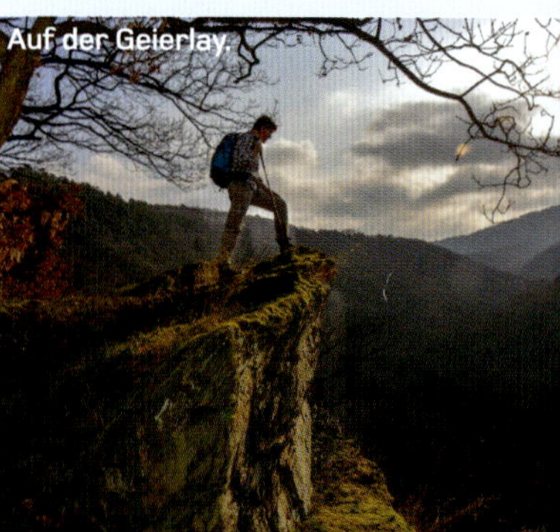
Auf der Geierlay.

Die zwölfte Etappe des SHS führt über zahlreiche Naturwege und Pfade, die bei Nässe rutschig sein können. Besonders der Endabstieg über den Felsenpfad nach Boppard verlangt sehr gute Trittsicherheit. Knöchelhohe Wanderstiefel und Wanderstöcke sind unbedingt empfehlenswert. Der Endabstieg kann alternativ auch mit der Sesselbahn bewältigt werden (April bis Oktober).

Die Wegstrecke weist keine unüberwindbaren Hindernisse für Hunde auf. Unterwegs finden die Vierbeiner am Brodenbach Wasser.

Romantik auf Schritt und Tritt

Auf der linken Rheinseite bietet der zertifizierte Qualitätswanderweg RheinBurgenWeg zwischen Bingen und dem beruhmten Rolandsbogen bei Remagen hochkarätigen Wandergenuss. Auf rund 200 Kilometern erschließt dieser attraktive Fernwanderweg nicht nur herrliche Naturlandschaften, sondern führt auch zu 53 Burgen, Ruinen und Schlössern. Gelegenheit zur Zeitreise ins Mittelalter ist also auf Schritt und Tritt gegeben. Besonders spannend sind die Touren durchs Weltkulturerbe Oberes Mittelrheintal (zwischen Koblenz und Bingen), das der RheinBurgenWeg auf voller Länge durchstreift. Immer wieder offenbaren sensationelle Aussichten tolle Blicke auf Vater Rhein oder winden sich uralte, fast alpine Pfade durch die steilen Hänge. In 13 Etappen überwindet der RheinBurgenWeg gut 6500 Höhenmeter. Dank zahlreicher Fähren besteht vor allem im Welterbetal die Gelegenheit, RheinBurgenWeg und Rheinsteig miteinander zu kombinieren. ⓘ www.rheinburgenweg.com

Buchtipps:

Rheinsteig & RheinBurgenWeg 33 Touren, 520 Kilometer links und rechts des Rheins.
Rheinschleifen – Die schönsten Premiumwanderwege.
Mehr Informationen unter: ⓘ www.ideemediashop.de

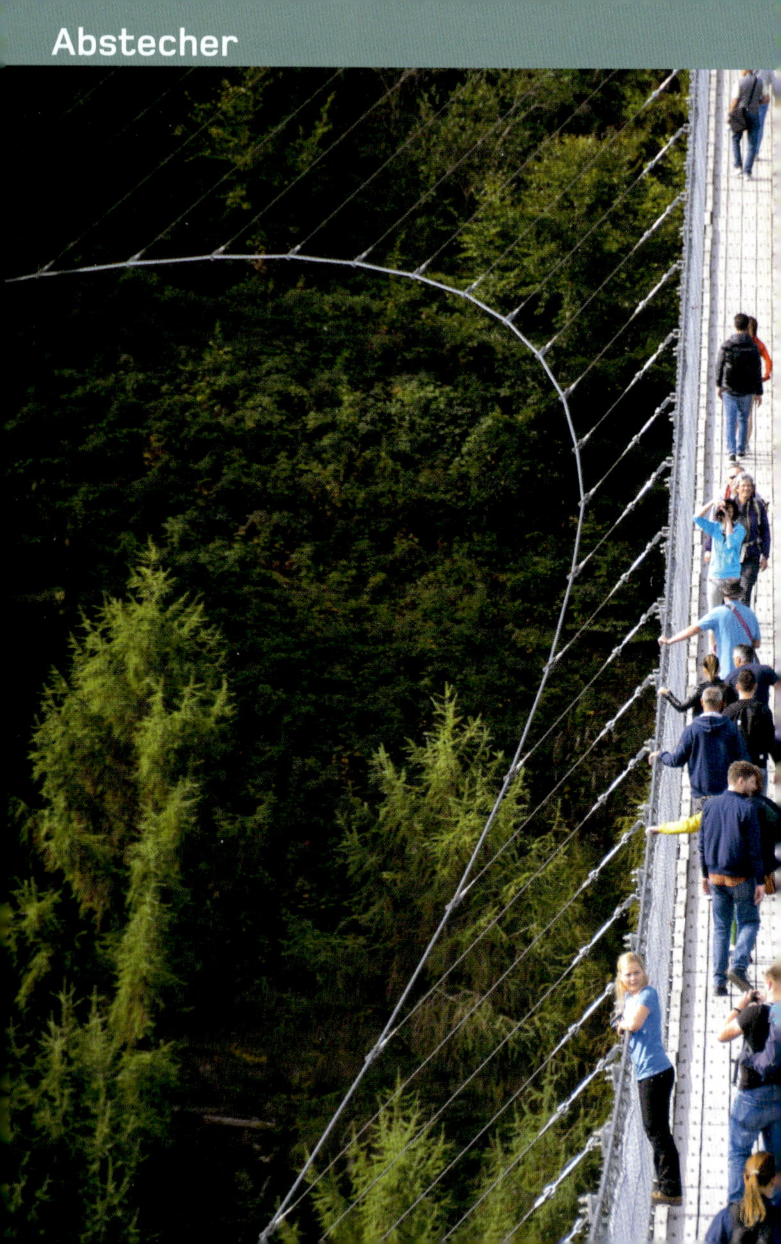

Geierlayschleife

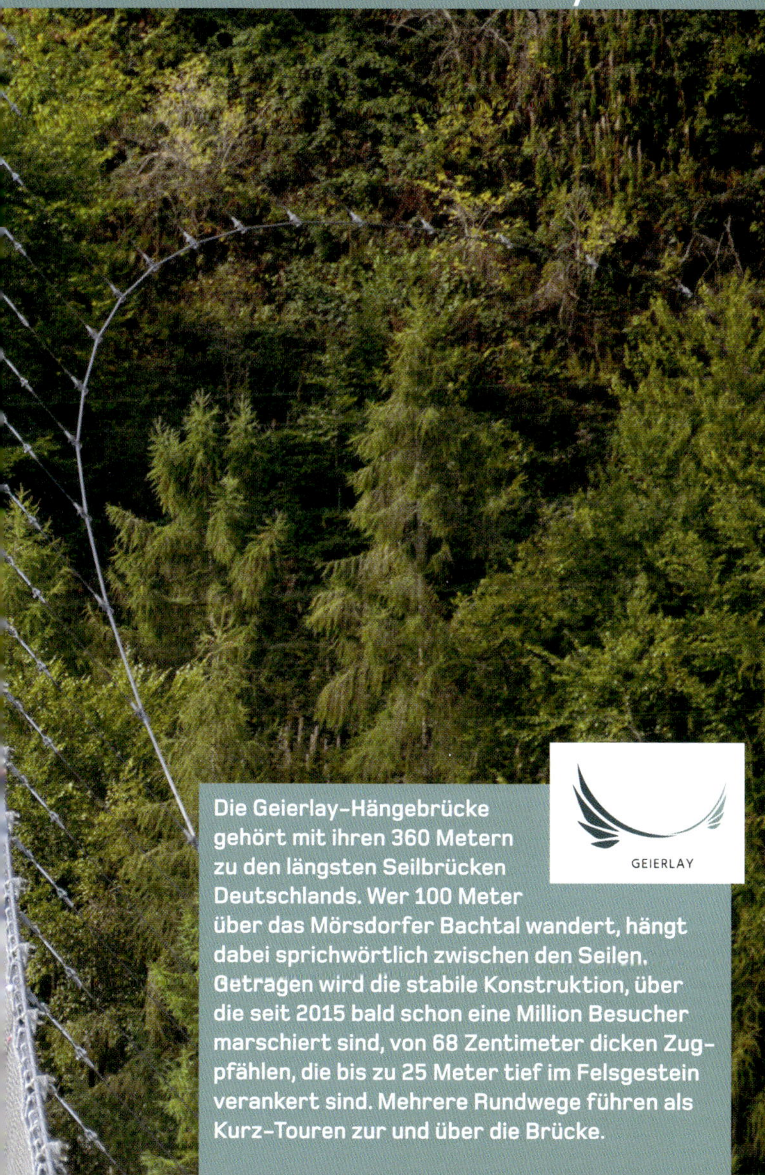

Die Geierlay-Hängebrücke gehört mit ihren 360 Metern zu den längsten Seilbrücken Deutschlands. Wer 100 Meter über das Mörsdorfer Bachtal wandert, hängt dabei sprichwörtlich zwischen den Seilen. Getragen wird die stabile Konstruktion, über die seit 2015 bald schon eine Million Besucher marschiert sind, von 68 Zentimeter dicken Zugpfählen, die bis zu 25 Meter tief im Felsgestein verankert sind. Mehrere Rundwege führen als Kurz-Touren zur und über die Brücke.

Geierlayschleife

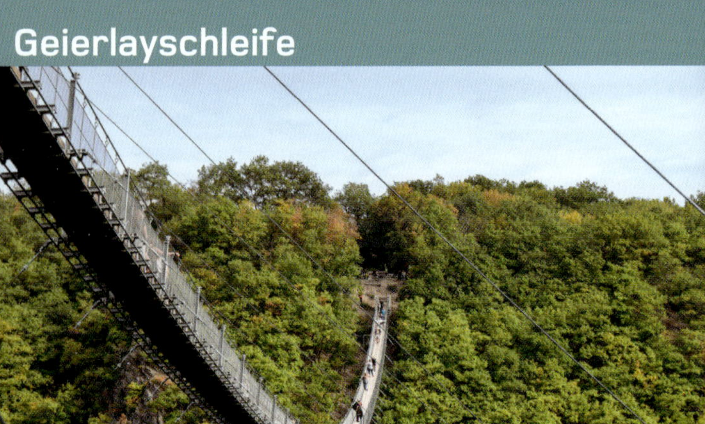

Spannendes Abenteuer

- **Start/Ziel:** Parkplatz Besucherzentrum (gebührenpflichtig)
- **Gesamtlänge:** 7.6 km
- **Gesamtzeit:** 2 Std. 30 Minuten
- **Kalorien:** ♀ 584 ♂ 685
- **Tour Download**: TSSXGS1

- **Anfahrt:** Von Kastellaun (L204) oder von Treis-Karden (L202 und L204) gelangt man nach Mörsdorf. Dort kann man am Besucherzentrum und weiteren ausgewiesenen Parkplätzen gegen Gebühr parken. Ein Wohnmobilparkplatz ist ausgeschildert.

scan to go

- **Wegformat:**

Verbunddecke:	13 %
Befestigt:	17 %
Naturwege:	70 %

- **Koordinaten Startpunkt:**
  - Parkplatz Besucherzentrum N50° 06' 12.9'' • E7° 20' 50.0''

Wegcharakter: *Die Tour ist mittelschwer und weist einige An- und Abstiege auf, die bei Nässe oft rutschig sein können. Daher sind normale bis gute Kondition und etwas Trittsicherheit sowie feste Wanderstiefel wichtig. Für die Passage über die Hängeseilbrücke sollte man schwindelfrei sein..*

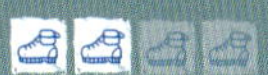

Wir erobern etwas abseits der Besucherströme die Geierlaybrücke und nutzen dazu die neue Geierlayschleife. Vom Besucherzentrum folgen wir der Kastellauner Straße in die Ortsmitte. Die Kirchstraße bringt uns zur Kirche, wo wir links abbiegen und zum nahen Ortsrand laufen. Nach kleinem Versatz an einem Trafohaus lassen wir die Bebauung hinter uns und beginnen den Abstieg ins Mörsdorfer Bachtal.

Nach 0.8 km erreichen wir an der Kläranlage den Tripelpunkt und eigentlichen Start der Rundtour: hier kommen wir später von links zurück. Doch zunächst wandern wir geradeaus weiter und meistern auf dem engen Pfad den Abstieg ins Tal. Dort angelangt queren wir über einen Steg den Bach und steigen die wenigen Meter zum 5-Wege-Platz auf, wo wir auf den Saar-Hunsrück-Steig treffen.

Auf gemeinsamer Trasse wandern wir durch den idyllischen Bachgrund - und hören schon bald hoch über uns erste aufgeregte Stimmen. Ein Blick gen Himmel zeigt uns: wir sind genau unter der längsten Hängeseilbrücke Deutschlands, bald werden auch wir dort oben stehen!

Doch zunächst genießen wir das herrliche Tal mit dem leise strömenden Bach, den immer wieder zutage tretenden Felsen und dem artenreichen Wald. Wir passieren die Petrymühle und gewinnen leicht an Höhe. Nach 3.6 km verabschieden wir uns mir scharfer Rechtskehre vom Saar-Hunsrück-Steig und beginnen den Anstieg zum Sosberger Brückenkopf.

Schritt für Schritt erobern wir den Berg und kommen dabei noch einmal bis unter die Brücke. Mit weiteren Kehren gelangen wir vollends auf das Sosberger Plateau und stehen nach 5.1 km am südlichen Brückenkopf. Nun gilt es! Zaghaft, dann immer mutiger laufen wir auf die leicht schwingende Brücke und überschreiten das gerade noch durchwanderte Tal. Wir genießen die Aussicht aus luftiger Höhe und haben dennoch immer die Felsen auf der Mörsdorfer Seite als Ziel vor Augen.

Spürbar geht es im letzten Drittel der Brückenpassage bergan und schließlich spüren wir wieder festen Grund unter den Sohlen. Was für ein Abenteuer! Stolz die atemberaubende Querung gemeistert zu haben, setzen wir die Wanderung auf der Geierlayschleife fort. Nachdem der offizielle Zubringerweg rechts abgebogen ist, wird es rasch etwas ruhiger und wir können die herrliche Pfadpassage durch die Hangflanke genießen. An der Kläranlage schließt sich der Kreis der Runde und wir kehren auf der vom Anfang bekannten Strecke zurück in den Ort.

Wer auf den Wandergeschmack gekommen ist, der findet rund um Mörsdorf zahlreiche Gelegenheiten. Neben dem Saar-Hunsrück-Steig und den nahen Traumschleifen Masdascher Burgherrenweg in Mastershausen (Wanderweg des Jahres), Dünnbachpfad in Zilshausen und Layensteig Strimmiger Berg in Mittelstrimmig wurden auch sechs lokale Wanderwege auf Vordermann gebracht. Startpunkt der lokalen Rundwege ist das Besucherzentrum in Mörsdorf. Die ausgeschilderten Besucher-Parkplätze sind kostenpflichtig. Im Ort selbst dürfen nur Anwohner mit Parkausweis das Auto abstellen.

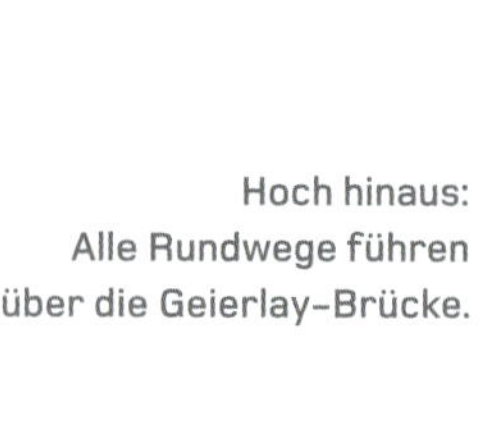

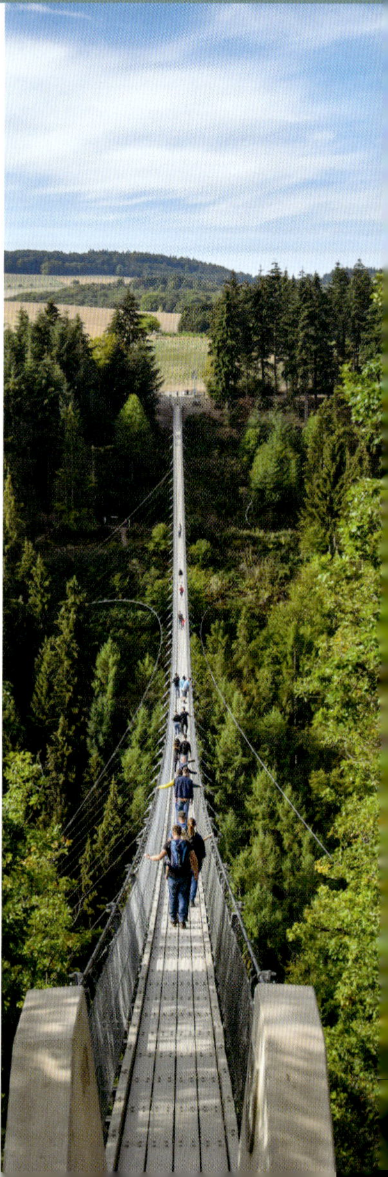

Hoch hinaus: Alle Rundwege führen über die Geierlay-Brücke.

Rundweg Kleine Dachskaul-Runde 1

Nachdem wir den Ort hinter uns gelassen haben, erfreut uns die Kleine Dachskaul-Runde mit einer aussichtsreichen Feldpassage. Nach Querung der L 204 statten wir der Dicken Eiche einen Besuch ab. Nun prägt herrlicher Laubmischwald die Wanderung auf bequemen Wegen und der leise murmelnden Dünnbach lässt uns beschwingt ausschreiten. Entspannt meistern wir den Rückanstieg aufs Plateau und zum Besucherzentrum in Mörsdorf.

Start/Ziel: Mörsdorf, Besucherzentrum
Gesamtzeit: 2h 30 Minuten
Gesamtlänge: 8.4 km
Steigung/Gefälle: 169 m

Schlüsselstellen: keine

Schwierigkeit: 

Tour Download: TSSXGS2

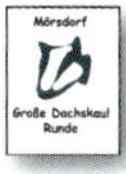

Rundweg 4-Bäche-Runde 2

Mit der 4-Bäche-Runde erwartet uns eine ruhige Wanderung abseits der Hektik. Vom Ort steigen wir zunächst ins Mörsdorfer Bachtal ab. Rasch bleibt der Trubel rund um die Geierlay hinter uns, denn wir folgen dem leise plätschernden Bach zu Fettsmühle. Dort erobern wir die Hangflanke und genießen bis zum Bildbach ruhiges Waldwandern. Durch das stille Seitental laufen wir stetig bergan zurück aufs Plateau und erreichen durch offene Flur wieder den Ort.

Start/Ziel: Mörsdorf, Besucherzentrum
Gesamtzeit: 2h 45 Minuten
Gesamtlänge: 8.7 km
Steigung/Gefälle: 220 m

Schlüsselstellen: keine

Schwierigkeit: 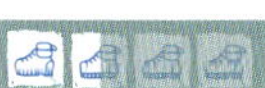

Tour Download: TSSXGS3

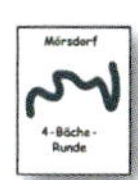

3 Rundweg **Rabenlay-Runde**

Auf der kurzen, aber herausfordernden Rabenlay-Runde erwartet uns ein Abenteuer im Fels! Nach dem anfänglich bequemen Abstieg passieren wir eine Quelle und erreichen kurz darauf die Rabenlay. Nun sind feste Wanderstiefel und gute Trittsicherheit gefragt, damit die teils ausgesetzten und gesicherten Pfadpassagen wirklich Spaß machen. Tolle Blicke ins unberührte Dünnbachtal zählen zu den Höhepunkten, bevor wir wieder bergan nach Mörsdorf wandern

scan to go

Tour Download: TSSXGS4

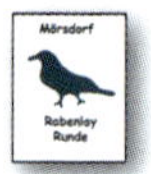

Start/Ziel: Mörsdorf, Besucherzentrum
Gesamtzeit: 1h 30 Minuten
Gesamtlänge: 4.8 km
Steigung/Gefälle: 113 m

Schlüsselstellen:
1x Sicherung

Schwierigkeit: 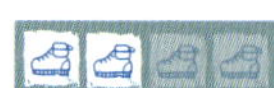

4 Rundweg **Bergkreuz-Runde**

Fast alpiner Nervenkitzel erwartet uns auf der Bergkreuz-Runde, was Trittsicherheit und feste Wanderstiefel zur Pflicht macht. Vom Ort wandern wir an den Rand des Plateaus und steigen steil zum Bergkreuz ab. Dort können wir von einer Sinnesbank einen tollen Blick zur Hängeseilbrücke genießen, bevor uns ein anspruchsvoller, gesicherter Felspfad ins Tal bringt. Wir folgen dem idyllischen Bach zu Fettsmühle, von wo wir bergan zurück nach Mörsdorf laufen.

scan to go

Tour Download: TSSXGS5

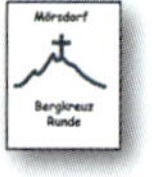

Start/Ziel: Mörsdorf, Besucherzentrum
Gesamtzeit: 2 h
Gesamtlänge: 5.4 km
Steigung/Gefälle: 144 m

Schlüsselstellen:
2x Steilstufen, 2x Sicherungen

Schwierigkeit: 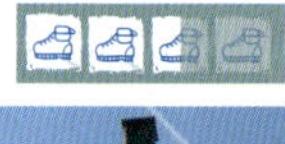

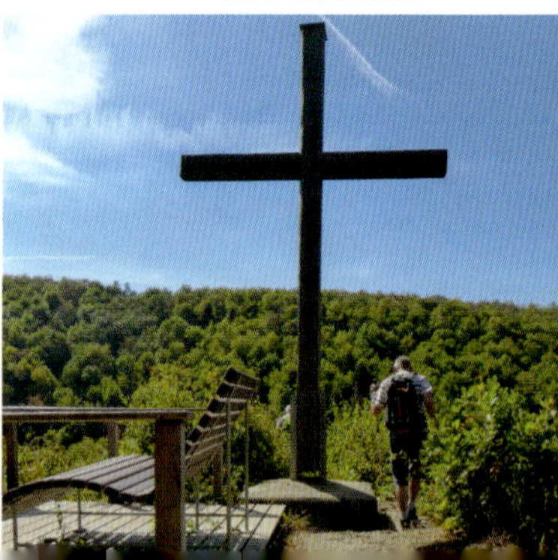

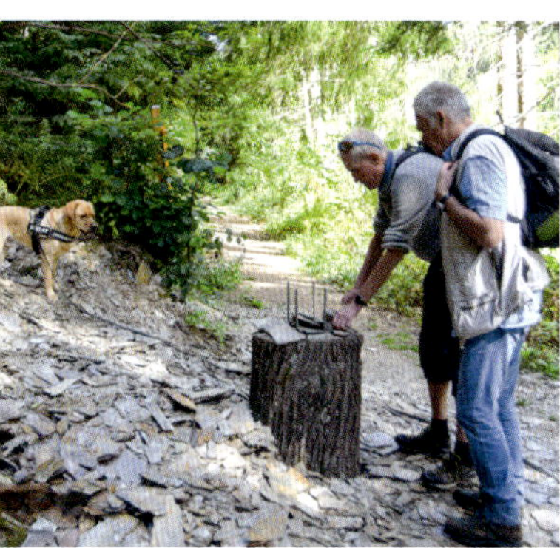

Rundweg **Schieferhöhlen-Runde** 5

Die Tour verlangt sehr gute Kondition, Trittsicherheit und feste Wanderstiefel. Denn nach dem Abstieg ins Dünnbachtal begeistert uns das zauberhafte Bachtal und alte Stollen gewähren geologische Einblicke, doch es gilt auch ausgesetzte und gesicherte Pfade zu meistern. Wir verlassen das Tal, überwinden einen Bergrücken und wandern hinab zum Mörsdorfer Bach. Wir laufen unter der Hängeseilbrücke durch zum 5-Wege-Platz, von wo wir nach Mörsdorf aufsteigen.

Start/Ziel: Mörsdorf, Besucherzentrum
Gesamtzeit: 5 h
Gesamtlänge: 14.4 km
Steigung/Gefälle: 504 m

Schlüsselstellen: 1x ausgesetzt (nach Fritzhütte), 1x Sicherungen

Schwierigkeit: 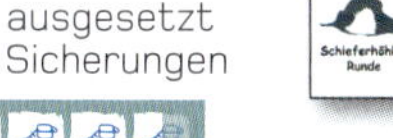

Tour Download: TSSXGS6

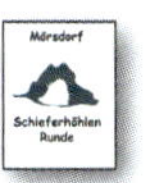

scan to go

Rundweg **Große Dachskaul-Runde** 6

Geführt vom Dachs, erkunden wir den Norden von Mörsdorf und erobern dabei auch Felsen, was Kondition, sehr gute Trittsicherheit sowie feste Wanderstiefel verlangt. Nach gemütlichem Auftakt über offene Flur tauchen wir ein in vielfältigen und herrlich stillen Wald. Bald treffen wir im unberührten Dünnbachtal ein, wo extrem schmale, ausgesetzte, mit Ketten gesicherte Pfade um die Dachskaul führen. Danach führen uns bequeme Waldwege wieder bergan in den Ort.

Start/Ziel: Mörsdorf, Besucherzentrum
Gesamtzeit: 4h 45 Minuten
Gesamtlänge: 14.5 km
Steigung/Gefälle: 369 m

Schlüsselstellen:
3 Sicherungen, 1x ausgesetzt

Schwierigkeit: 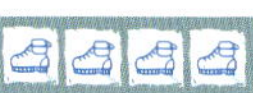

Tour Download: TSSXGS7

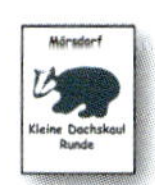

scan to go

Saar-Hunsrück-Steig West

In der Tabelle lassen sich übersichtlich die Entfernungen zwischen den einzelnen Etappenzielen ablesen.

	Zuweg/ Abweg	Idar-Oberstein	Herrstein	Forellenhof	Rhaunen	Sohren Süd	Sohren Nord
Zuweg/ Abweg		0.6	0.0	0.0	0.5	1.9	1.2
Idar-Oberstein	0.6		20.3	33.8	46.6	60.1	67.2
Herrstein	0.0	19.7		13.5	26.3	39.8	46.9
Forellenhof	0.0	33.2	13.5		12.8	26.3	33.4
Rhaunen	0.5	45.5	25.8	12.3		14.5	21.6
Sohren Süd	1.9	57.6	37.9	24.4	12.1		10.9
Sohren Nord	1.2	65.4	45.7	32.2	19.9	7.8	
Altlay	0.5	75.9	56.2	42.7	30.4	18.3	10.5
Blankenrath	0.2	93.0	73.3	59.8	47.5	35.4	27.6
Mörsdorf	1.6	106.3	86.6	73.1	60.8	48.7	40.9
Kastellaun	0.0	120.9	101.2	87.7	75.4	63.3	55.5
Schmausemühle	0.0	138.8	119.1	105.6	93.3	81.2	73.4
Morshausen	0.2	149.0	129.3	115.8	103.5	91.4	83.6
Oppenhausen	0.5	165.1	145.4	131.9	119.6	107.5	99.7
Boppard	0.5	183.2	163.5	150.0	137.7	125.6	117.8

SHS nur Hauptweg

Altlay	Blankenrath	Mörsdorf	Kastellaun	Schmausemühle	Morshausen	Oppenhausen	Boppard
0.5	0.2	1.6	0.0	0.0	0.2	0.5	0.5
77.0	93.8	108.5	121.5	139.4	149.8	166.2	184.3
56.7	73.5	88.2	101.2	119.1	129.5	146.9	164.0
43.2	60.0	74.7	87.7	105.6	116.0	132.4	150.5
31.4	48.2	62.9	75.9	93.8	104.2	120.6	138.7
20.7	37.5	52.2	65.2	83.1	93.5	109.9	128.0
12.2	29.0	43.7	56.7	74.6	85.0	101.4	119.5
	17.8	32.5	45.5	63.4	73.8	90.2	108.3
17.1		15.1	28.1	46.0	56.4	72.8	90.9
30.4	13.3		16.2	34.1	44.5	60.9	79.0
45.0	27.9	14.6		17.9	28.3	44.7	62.8
62.9	45.8	32.5	17.9		10.4	26.8	44.9
73.1	56.0	42.7	28.1	10.2		16.8	34.9
89.2	72.1	58.8	44.2	26.3	16.1		19.1
107.3	90.2	76.9	62.3	44.4	34.2	18.1	

SHS mit Zuwegen

Saar-Hunsrück STEIG

Abholpunkte

Etappe	Abholpunkt	UTM Ost	UTM Nord	geogr. Nord
SHS Ost 1	Schlossweiher	379578	5507507	49° 42'28.9''
SHS Ost 1	Nahbollenbach	382169	5508295	49° 42'56.2''
SHS Ost 1	Fischbach L 160	382964	5511739	49° 44'48.3''
SHS Ost 1/2	Herrstein	380217	5515367	49° 46' 43.7''
SHS Ost 2/3	Forellenhof (Reinhardsmühle)	384427	5521908	49° 50'18.4''
SHS Ost 3	Bundenbacher Kreuz	383912	5522863	49°50'49.0''
SHS Ost 3 / 4	Rhaunen: P an L 160	381002	5525290	49° 52'05.5''
SHS Ost 4	Laufersweiler Grillhütte	377832	5527618	49° 53'18.4''
SHS Ost 5a+b	Sohren Ortsmitte	378562	5532337	49° 55'52.0''
SHS Ost 5b	P an L 193 bei Flugplatz Hahn	377336	5536194	49°57'55.7''
SHS Ost 6	Schauren, B 421	376132	5543365	50°01'46.9''
SHS Ost 7	L 200 bei Mittelstrimmig	377277	5548659	50° 04'39.1''
SHS Ost 7/8	Mörsdorf Ortsmitte	381601	5551375	50° 06'10.0''
SHS Ost 8	Ruine Balduinseck	382909	5548465	50° 04'36.9''
SHS Ost 8	Beller Bahnhof	387249	5546032	50° 03'21.2''
SHS Ost 9	Junkersmühle	387112	5550656	50° 05'50.6''
SHS Ost 9	Heyweiler: Portal Traumschleife	389417	5554530	50° 07'57.7''
SHS Ost 9/10	Schmausemühle	389519	5554991	50° 08'12.8''
SHS Ost 10/11	Morshausen	388670	5561140	50° 11'31.1''
SHS Ost 11	Parkplatz Ehrenburgertal	389420	5563732	50° 12'55.5''
SHS Ost 11	Windhausen	393357	5561640	50° 11'50.4''
SHS Ost 11	Oppenhausen	392276	5562449	50°12'15.9''
SHS Ost 12	Udenhausen	393745	5565629	50°13'59.8''

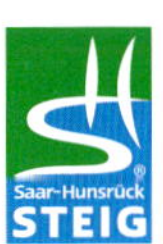

	geogr. Ost	Anmerkung
	7° 19'47.1''	Parkplatz nahe Schlossweiher Idar-Oberstein
	7° 21'55.6''	Industriegebiet Michelswies, Nähe Aldi
	7° 22'31.5''	Querung der L 160 bei Rastplatz Fischbach
	7° 20'10.3''	Großparkplatz Brühlstraße
	7° 23'33.8''	Parkplatz südlich Forellenhof
	7° 23'07.0''	P Besucherbergwerk, auf Wegweisern „Bundenbacher Kreuz"
	7° 20'38.6''	Abzweig Zuweg Rhaunen Ortsmitte
	7° 17'57.0''	an der Grillhütte
	7° 18'28.6''	Hauptstraße, Gastgeber „Zum Felsenkeller"
	7° 17'22.6''	bei Querung L 193 nahe Flughafen Hahn
	7° 16'13.8''	bei Querung der B 421 nahe Schauren
	7° 17'05.3''	bei Rastplatz an L 200 vor Abzweig Mittelstrimmig
	7° 20'39.9''	bei Gastgeber an L 204
	7° 21'48.7''	Parkplatz an L 203 bei Ruine Balduinseck
	7° 25'29.6''	Parkplatz an B 327 „Beller Bahnhof"
	7° 25'17.9''	bei Gastgeber im Deimerbachtal an L 108
	7° 27'09.7''	Wanderparkplatz am Waldrand
	7° 27'13.6''	Gastgeber im Baybachtal
	7° 26'25.0''	Ortsmitte beim Bürgerhaus
	7° 27'00.2''	am Ortsrand Ehrenburgertal
	7° 30'20.9''	P Schloss Schöneck, Grillhütte an TS Ehrbachklamm
	7° 29'25.6''	P am Ortsrand Oppenhausen gegenüber Sportplatz
	7° 30'36.5''	P am Gemeindehaus Udenhausen bei Querung L 207

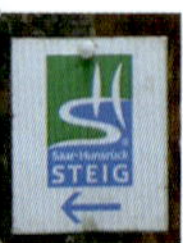

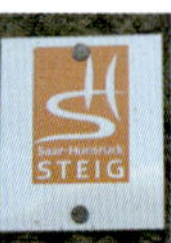

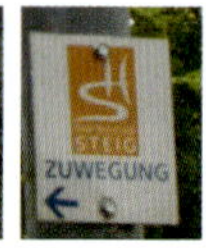

Der Saar-Hunsrück-Steig ist durchgehend in beiden Richtungen auf Sicht mit seinem markanten Logo markiert. Zuwege sind mit orangegelben Schildern, teils mit dem zusätzlichen Hinweis „Zuwegung" markiert.

Der gesamte Saar-Hunsrück-Steig ist zusätzlich zur Markierung auch mit einem durchgehenden Wegweisersystem ausgestattet. Schilder mit blauen Spitzen weisen auf Ziele am Steig, Schilder mit gelben Spitzen auf solche, die über Zuwege angebunden sind.

Auf den Schildern sind zu jedem Ziel die Entfernung in Kilometern und einige Symbole aufgeführt, die zeigen, was am jeweils genannten Ziel geboten wird. Die Symbole haben folgende Bedeutung:

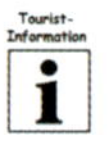
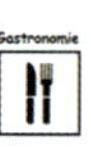
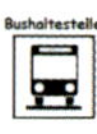
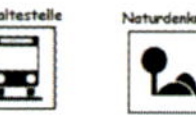
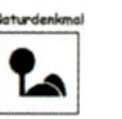
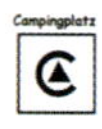
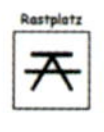
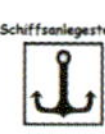
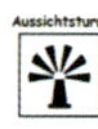
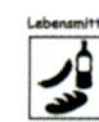

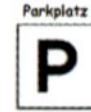
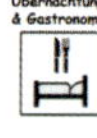
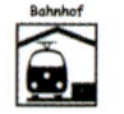
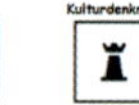

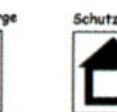
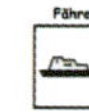
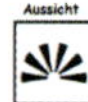

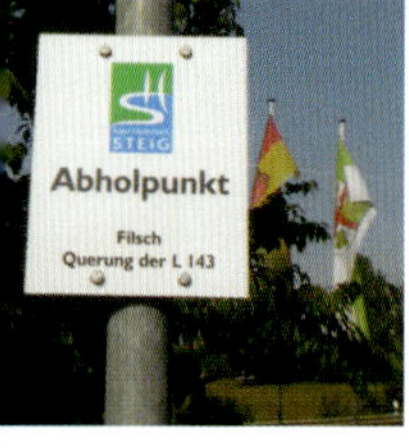

Entlang des Saar-Hunsrück-Steigs gibt es zahlreiche sogenannte Abholpunkte (AHP). An diesen Punkten ist Handyempfang gewährleistet. Zudem sind diese Punkte den einheimischen Taxiunternehmen und Gastgebern bekannt, sodass eine Abholung an diesen Punkten reibungslos organisiert werden kann. Teilweise sind die AHPs auch auf den Wegweisern angekündigt. Die eigentlichen Abholpunkte sind durch Tafeln gekennzeichnet.

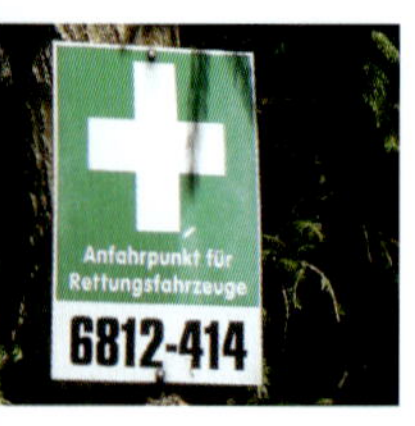

In Rheinland-Pfalz hat sich ein System an Rettungspunkten etabliert. Dabei handelt es sich um mit einer Tafel und Nummer gekennzeichnete Punkte, an denen Handykontakt zur Notrufnummer (112) gewährleistet ist. Die Rettungspunkte sind durch ihre Nummer eindeutig zu orten und in den Karten der Rettungsleitstelle eingetragen, um eine möglichst schnelle Rettung zu gewährleisten.

Zentraler Ansprechpartner rund um den SHS ist das Wanderbüro Saar-Hunsrück:
✆ 06872/9018100 ⓘ www.saar-hunsrueck-steig.de

Register

A

B

D

E

F

G

H

I

J

K

L

M

Register

Notizen

GPS: So funktioniert's

▸ EINFACH HIMMLISCH GEFÜHRT

Besitzer von GPS-Navigationsgeräten (Outdoor-Geräte oder Smartphones) kommen nie vom Weg ab und wissen immer, wo sie gerade sind: In allen Rad- und Wanderführern des ideemedia-Verlags finden Sie die Rad-, Wander- und Erlebnisrouten für Outdoor-Navigationsgeräte. Die Touren liegen im weit verbreiteten *gpx-Format vor.

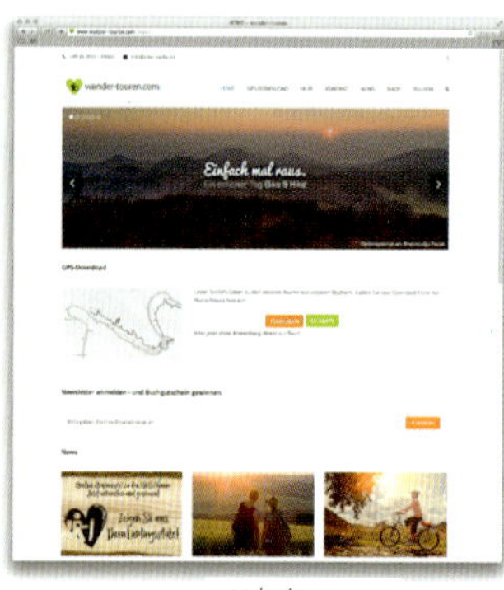

wander-touren.com

Mit dem kostenlosen Programm BaseCamp von Garmin ist es möglich, die Tracks anzusehen, zu bearbeiten und direkt auf Garmin-Geräte zu laden. Dieses Programm kann auch ohne die zusätzlich zu kaufende Karte eingesetzt werden, bietet dann aber nur eine globale Karte ohne Details. BaseCamp läuft zudem auch auf Apple Computern. Alle anderen Hersteller von Outdoor-GPS-Geräten bieten ebenfalls kostenlose Programme an. Allerdings müssen Sie meistens auch eine digitale Karte erwerben, um den Track am PC und auf Outdoor-Geräten auf der Karte zu sehen. Für PC-Nutzer ist auch die Software MagicMaps Tour Explorer empfehlenswert. In OpenStreetMaps oder Google Maps können die Daten mit Hilfe eines GPX Viewer angezeigt werden. Diese Kartenansicht können Sie für unterwegs zum persönlichen Gebrauch ausdrucken.

▸ DIREKT ZUM PREMIUM-TRACK: SO FUNKTIONIERT ES

Zum Download der Routen benötigen Sie entsprechende Tour-Codes. Diese finden Sie unter anderem jeweils am Anfang der einzelnen Kapitel oder am Ende. Auf der Internetseite **www.wander-touren.com** geben Sie den Code ein. Eine gesonderte Anmeldung ist nicht mehr erforderlich. Sie bestätigen mit der Downloadanfrage, dass Sie im Besitz des entsprechenden Buches (Print oder elektronische Ausgabe) sind. Wenn Sie per Mail über Updates informiert werden möchten, melden Sie sich bitte unter www.wander-touren.com zum Newsletter an.

Premium TOUREN 1

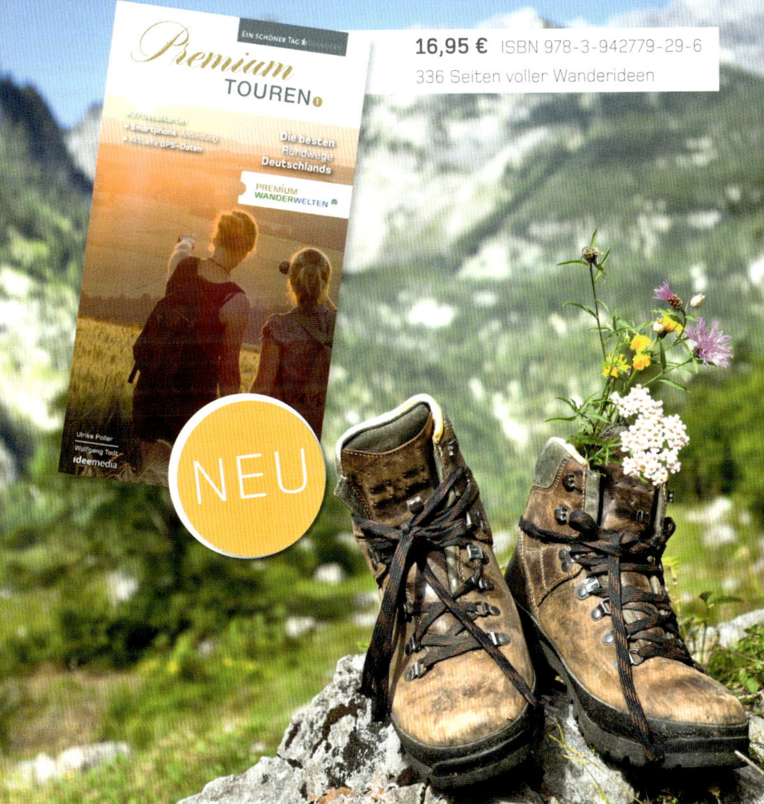

Die besten Rundwege Deutschlands zwischen Teutoburger Wald und Allgäu.

GPX-DATEN AUF OUTDOOR-NAVIS LADEN

Als Buchbesitzer können Sie die Daten als Datei im weit verbreiteten *gpx-Format als Einzeltour laden und danach auf Ihrem PC ablegen. In einzelnen Fällen können die Daten hinter den Codes auch gebündelt als *.zip-Datei verpackt vorliegen, die Sie vor der weiteren Verwendung entpacken müssen.

Als Nächstes müssen Sie die gewünschte Tour auf Ihr Navigationsgerät übertragen. Für die meisten GPS-Outdoor-Geräte ziehen Sie einfach den Track von Ihrem Desktop nach Verbinden des GPS-Geräts mit dem Computer in das GPS-Verzeichnis Ihres Outdoor-Geräts, das Sie als Laufwerk auf dem Desktop sehen. Sollte Ihr GPS-Gerät ein besonderes Format verlangen, so können Sie den Track mit der Software „RouteConverter" in fast jedes Format konvertieren. „RouteConverter" ist ein kostenloses GPS-Werkzeug, um Routen, Tracks und Wegpunkte anzuzeigen, zu bearbeiten und zu konvertieren.

Es läuft sowohl auf PC als auch auf Apple Computern. Zur Übertragung der Tour-Daten können Sie auch die Ihrem Kartenprogramm oder Ihrem Navigationsgerät beigelegte Software nutzen. Bei Problemen mit der Übertragung der Daten auf Ihr Navigationssystem wenden Sie sich bitte an Ihren Hersteller oder Lieferanten. Sollte der von Ihnen verwendete Internet-Browser den Daten-Download blockieren, kontrollieren Sie bitte Ihre Sicherheitseinstellungen und beachten die Angaben des Anbieters.

GPS FÜR SMARTPHONES/IPHONES

GPS-Daten auf ein Smartphone zu laden, ist inzwischen recht einfach und funktioniert mit mehreren Apps sowohl für iPhones als auch für Android-Geräte. Unser Tipp: Laden Sie sich verschiedene Apps auf Ihr Gerät und testen Sie, mit welcher Software Ihr Gerät fehlerfrei arbeitet. Laden Sie nun von www.wander-touren.com den *.gpx-Track herunter und öffnen ihn mit einem geeigneten Programm. Meist schlägt das Betriebssystem eine Auswahl geeigneter Programme vor. Probleme kann es evtl. mit den Karten geben, wenn diese unterwegs über das Netz geladen werden müssen. Von Netzproblemen abgesehen, kann das zu hohen Downloadkosten führen.

GRATIS-APP traumtouren: SCANNEN, LADEN, LOSLEGEN

Wesentlich einfacher geht es mit der neuen App „traumtouren“, die Sie für Smartphones und Tablet-PCs als kostenlose Basis-Version über GooglePlay (Android) und iTunes App-Store (iOS) laden können. Via Tour-Code oder über das Scannen des QR-Codes aus der App heraus können Sie dann schnell, einfach und bequem die komplette Tour auf Ihr Smartphone oder Tablet übertragen. Neben der Wegstrecke erhalten Sie zusätzliche Kurzinfos, sehen (bei bestehender Mobilfunk- bzw. Satellitenverbindung) Ihren aktuellen Standort und können der vorgeschlagenen Route folgen. Die App ist auf einfache Bedienbarkeit ausgelegt und auf die wesentlichen Funktionen für unterwegs reduziert. Bedenken Sie bitte: Je nach Mobilfunkvertrag können für die Nutzung der Verbindung Kosten anfallen. Die App ist nicht Bestandteil des Buchkaufs, die Verfügbarkeit ist nicht garantiert. Bitte beachten Sie die gesonderten Nutzungsbedingungen. Eine ausführliche Anleitung zur Bedienung der App finden Sie auf **www.wander-touren.com/www/app-hilfe**.

Bitte beachten: Wenn Sie den QR-Code nicht aus der App heraus scannen, öffnet sich Google Maps, und es wird Ihnen der Startpunkt der Tour angezeigt.

ALLGEMEINE HINWEISE

Alle Daten wurden auf Fehlerfreiheit geprüft und werden bei Änderungen der Wegführung nach Möglichkeit aktualisiert. ideemedia übernimmt keine Haftung für mögliche Abweichungen, Vollständigkeit, Verfügbarkeit und Einsatz auf allen Navigations-Modellen. Sollte ein Gerät das Laden von GPS-Daten nicht ermöglichen, so wenden Sie sich in diesem Fall bitte an den Hersteller. Die Nutzung der Tour-Downloads ist nur Buchbesitzern zur privaten Verwendung gestattet, eine Weitergabe an Dritte sowie das Vervielfältigen auf Datenträgern jeder Art ist untersagt. Kommerzielle Nutzung ist nur nach schriftlicher Vereinbarung mit ideemedia gestattet. Idee, Konzeption und Daten sind urheberrechtlich geschützt. Die Daten enthalten einen Sicherheitscode. Eine Vervielfältigung zur Verteilung oder Verlinkung ist strikt untersagt und kann bei Missbrauch zu Schadenersatzforderungen führen.

GPS: So funktioniert's

PREMIUM-GPS: WAS IST DAS?

Im Gegensatz zu vielen anderen Anbietern im Print- und Online-Bereich greifen wir nicht auf die Standard-Daten von kostenlosen Internetportalen, privaten oder öffentlichen Anbietern zurück, sondern ermitteln die Daten vor Ort und aktualisieren diese im Regelfall, wenn uns gravierende Änderungen bekannt werden. Um es Kunden so komfortabel wie möglich zu machen, bieten wir Ihnen, neben den *.gpx-Daten, die Nutzung der App „traumtouren". Die Arbeit ist aufwendig und kostenintensiv – und daher bitten wir um Verständnis, dass wir diese aufbereiteten Daten in vollem Umfang nur unseren Kunden zur Verfügung stellen.

GPS-DATEN VERARBEITEN: NICHT OHNE ÜBUNG

Trotz enormer Fortschritte in der Gerätebedienung ist es für Laien immer noch nicht völlig unkompliziert, die Daten auch richtig nutzen zu können. Da es sich bei den *.gpx-Daten um ein kostenfreies Zusatzangebot zu unseren Printprodukten handelt, können wir keine Unterstützung für GPS-Geräte, GPS-Software oder Kartengrundlagen leisten. Bitte wenden Sie sich dazu an Ihren Hersteller oder Lieferanten und arbeiten Sie sich gründlich in die Möglichkeiten der GPS-Nutzung ein. Verlassen Sie sich auch bei Ihren Touren nicht ausschließlich auf Ihr GPS-Gerät, Empfangsprobleme in engen Schluchten oder hohen Wäldern, Batterie- oder Softwareprobleme sind nicht unbekannt. Wir empfehlen aus Erfahrung die zusätzliche Mitnahme von Buch und Karten.

PROBLEME MIT .GPX-DATEIEN BEI MANCHEN PROGRAMMEN UND APPS

Wenn Sie sich unsere Touren einfach und bequem auf dem Smartphone anzeigen lassen möchten, empfehlen wir Ihnen unsere App „traumtouren", da Ihnen hier alle wichtigen Infos und alle vorhandenen Tracks zur Tour einfach und schnell angezeigt werden.

Leider kommt es ab und an vor, dass andere Programme oder Apps Probleme mit den von uns bereitgestellten umfangreichen *.gpx-Daten haben. Da wir unsere *.gpx-Daten häufig mit zusätzlichen Informationen zu Zuwegen, Abwegen und Varianten ausstatten, enthalten unsere Daten häufig mehrere Tracks. Einige Apps und Programme wie bspw. Komoot können jedoch nur einen Track pro *.gpx-Datei darstellen. Befinden sich mehrere Tracks in einer Datei, wird bei diesen automatisch der erste für die Darstellung ausgewählt und angezeigt. Die anderen Tracks können nicht ausgewählt oder angezeigt werden, weshalb manche Touren zu kurz oder unvollständig erscheinen. Kunden, die eine solche App oder ein solches Programm zur Navigation nutzen, empfehlen wir die *.gpx-Datei mit dem Programm „RouteConverter" zu öffnen. Dieses Programm gibt es (auch für Mac) zum kostenfreien Download im Internet. Hier werden Ihnen alle Tracks angezeigt, die in der heruntergeladenen *.gpx-Datei enthalten sind. Über dieses Programm können Sie die Tracks nun bearbeiten, separieren und sogar auch in anderen gewünschten Formaten abspeichern. So können Sie die gewünschte Route von den anderen isolieren und abspeichern und schließlich auch mit Programmen und Apps öffnen, die zuvor den gewünschten Track nicht anzeigen konnten.

KARTEN IM BUCH

Bei längeren Strecken ist eine Kartendarstellung mit detailliertem Maßstab im besonders beliebten Pocketformat leider nicht möglich. Die übersichtlichen und aufgeräumten Karten dienen vor allem der kompletten Streckendarstellung mit den wichtigsten Stationen. Sie erleichtern eine erste Orientierung, die sowohl durch die detaillierte Beschreibung ergänzt wird als auch durch die Anbindung an die kostenfreie App „traumtouren", die auf nahezu allen Smartphones läuft. Für Navigationsgeräte, zur Karten-Darstellung und zum Ausdrucken via PC steht der Download der *.gpx-Daten zur Verfügung. Mit wenig Aufwand und vielen online angebotenen Programmen (sogen. GPX-Viewer) können damit (u.a. auch über Google Maps oder Open Street Map) Kartendarstellungen ausgedruckt werden. Autoren und Verlag haben sich daher konsequent dazu entschieden, diese bequeme, einfache und moderne Form der Darstellung und Navigation zu wählen. Die in der gedruckten Übersichts-Karte und im Text herausgestellten P-Punkte (Point of Interest) sind nicht als Beschilderung zu verstehen, sondern bezeichnen besondere Streckenpunkte topografischer Art, erleichtern die Orientierung bei Abzweigungen oder bezeichnen Sehenswürdigkeiten, bei denen sich ein Halt lohnt.

Impressum

Herausgeber: Uwe Schöllkopf (ideemedia GmbH)
Autoren: Ulrike Poller und Wolfgang Todt
Redaktion: Uwe Schöllkopf
Redaktionelle Mitarbeit: Janina Kröner, Anna Ley
Grafik / DTP / Produktion: Julia Klein, Irene Wall, Dominik Molz
Verlag: ideemedia GmbH, Karbachstr. 22, D-56567 Neuwied
Telefon: 02631/9996-0 • Telefax: 02631/9996-55 • E-Mail: info@idee-media.de
Karten & Höhenprofile: KGS Kartografie Schlaich/ideemedia

Internet: www.ideemediashop.de • www.wander-touren.com • www.saar-hunsrück-steig.de

Wir danken dem Wanderbüro Saar-Hunsrück und der Hunsrück-Touristik GmbH für die Kooperation.

Alle Angaben wurden nach bestem Wissen recherchiert und sorgfältig überprüft. Sollten sich dennoch Fehler eingeschlichen haben, bitten wir um Entschuldigung und Benachrichtigung. Für Fehler übernimmt der Verlag keine Haftung. Aktuelle Änderungen, Downloads und Updates zum Buch finden Sie unter **www.wander-touren.com**

Die Deutsche Bibliothek – CIP – Einheitsaufnahme: ISBN 978-3-942779-30-2

Titelbild: Andreas Pacek
Fotos: Uwe Schöllkopf | Wanderbüro Saar-Hunsrück | Hunsrück-Touristik GmbH/Eike Dubois
Rheinland-Pfalz Tourismus | Tourist-Information Ferienregion Kastellaun | Andreas Pacek
Ulrike Poller | Wolfgang Todt | Elke Bitzer | Tourist-Info Emmelshausen/Thomas Biersch

Autoren

Ulrike Poller studierte in ihrer Heimatstadt Würzburg Mineralogie und promovierte in der Schweiz über das Silvretta Massiv. 1995 kam sie als Wissenschaftlerin ans Max-Planck-Institut für Chemie in Mainz, wo sie zusammen mit Wolfgang Todt Altersbestimmungen durchführte.

Wolfgang Todt, aufgewachsen in Heidelberg, studierte Physik und Geologie. Von 1980 bis 2005 leitete er am Max-Planck-Institut für Chemie in Mainz die Arbeitsgruppe für Geochronologie.

Wolfgang Todt und Ulrike Poller sind verheiratet. Gemeinsam bemühen sie sich heute, die Qualität von Wanderwegen zu verbessern. Infos unter: **www.schoeneres-wandern.de**

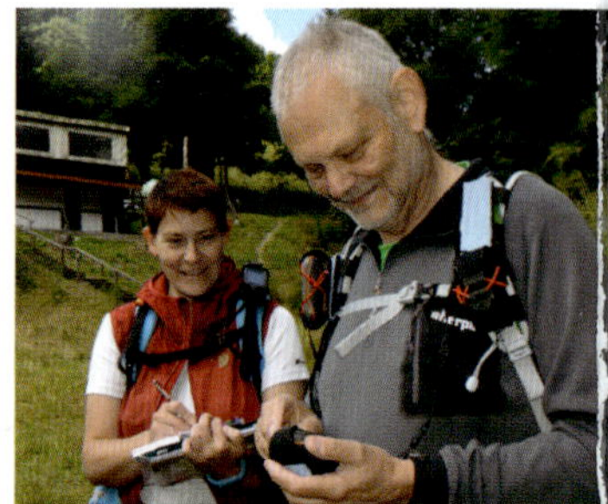